论
大战略

[美] 约翰·刘易斯·加迪斯 著
臧博 崔传刚 译

On
Grand Strategy

John Lewis Gaddis

中信出版集团 | 北京

图书在版编目（CIP）数据

论大战略 /（美）约翰·刘易斯·加迪斯著；臧博，崔传刚译. -- 北京：中信出版社，2019.6（2023.12重印）
书名原文：On Grand Strategy
ISBN 978-7-5217-0367-2

Ⅰ.①论… Ⅱ.①约…②臧…③崔… Ⅲ.①战略管理 Ⅳ.①C931.2

中国版本图书馆CIP数据核字（2019）第066022号

On Grand Strategy
Copyright © 2018, John Lewis Gaddis
Simplified Chinese translation copyright © 2019 by CITIC Press Corporation
ALL RIGHTS RESERVED

本书仅限中国大陆地区发行销售

论大战略

著　者：[美]约翰·刘易斯·加迪斯
译　者：臧博　崔传刚
出版发行：中信出版集团股份有限公司
　　　　　（北京市朝阳区东三环北路27号嘉铭中心　邮编 100020）
承　印　者：嘉业印刷（天津）有限公司

开　　本：880mm×1230mm　1/32　印　张：13　字　数：336千字
版　　次：2019年6月第1版　　　　印　次：2023年12月第13次印刷
京权图字：01-2019-0682
书　　号：ISBN 978-7-5217-0367-2
定　　价：69.00元

版权所有·侵权必究
如有印刷、装订问题，本公司负责调换。
服务热线：400-600-8099
投稿邮箱：author@citicpub.com

献给大战略家

尼古拉斯·F. 布雷迪（耶鲁大学 1952 级）

查尔斯·B. 约翰逊（耶鲁大学 1954 级）

亨利·"萨姆"·昌西（耶鲁大学 1957 级）

目 录

| 推荐序 | III |
| 序　言 | XIII |

第一章	穿越赫勒斯滂海峡	001
第二章	长　墙	031
第三章	老师和约束	071
第四章	灵魂与国家	103
第五章	作为枢纽的君主	133
第六章	新世界	169
第七章	最伟大的战略家	205
第八章	最伟大的总统	239
第九章	最后的美好希望	277
第十章	以赛亚	315
注　释		335

推荐序

傅 莹
清华大学兼职教授、战略与安全研究中心主任，中国外交部前副部长

狐狸式思维和刺猬式思维的差异

加迪斯用狐狸和刺猬的隐喻开篇。这个典故最早出现在古希腊诗人阿尔基洛科斯的残篇中："狐狸多知，而刺猬有一大知。"当代英国哲学家以赛亚·伯林在 1953 年出版的《刺猬与狐狸》中加以引申，借此描述历史人物思维的差异。狐狸追逐多个目标，其思维是零散的、离心式的。而刺猬目标单一、固执，其思维坚守一个单向、普遍的原则，并以此规范一切言行。伯林据此为分析人的思维提供了一种分类法。

伯林认为，柏拉图、但丁、尼采、黑格尔属于刺猬类型，而亚里士多德、莎士比亚、歌德则属于狐狸类型。问题在于，这种简单的"二分法"能普遍适用吗？狐狸式思维和刺猬式思维能否共存？大文豪托尔斯泰，时而像一只固执的刺猬，试图追寻历史发展的规律，时而像一只多疑的狐狸，鄙夷历史解释和经验。狐

狸和刺猬的特点在他身上出现某种交汇，而交汇点就是"常识"。伯林的结论是：常识是某种自发、单纯而未被理论污染的东西，经得住时间检验。

伯林的理论被演绎成历史研究者的罗盘，也启发了加迪斯对战略行为的思考。他认为：狐狸式思维的人善于归纳各种不同信息，而不是仅依据"宏大图式"进行推导；刺猬式思维的人则恰恰相反，他们拒绝批判和反思，往往沉浸在自己先入为主的观念里。而加迪斯认为，"狐狸和刺猬的悲剧在于，彼此都缺乏对方所具有的一些能力"。那么，这两种互相对立的思维方式能否并存？如果把刺猬的方向感和狐狸对环境的敏感性结合起来，也许就能孕育出成功的大战略。

目标与能力的平衡即为战略

加迪斯认为，人的思维往往处于刺猬式和狐狸式两种思维方式的对抗之中。前者重视目标的单一性和纯粹性，而忽视手段的配合；后者重视环境的变化和对自身能力的评估，但往往模糊了目标和焦点。加迪斯在书中展现了这种对抗和矛盾，他引用大量的历史事件，分析其中历史人物的思维和行为，从而体现出战略的内涵。为什么有的战略意图能得到超水平的实现，而有的战略意图一败涂地？加迪斯的结论是：如果把刺猬式思维理解为对战略目标和愿景的规划，把狐狸式思维理解为对自身能力的评估和调控，那么目标与能力的平衡即为战略。

不过，加迪斯也说明，这种平衡不可能一成不变，而应是动态的和不断变化的，因为在战略的执行过程中，外部的影响因素随时都在发生变化，目标与能力需要互相适应和配合，尤其要防止两者脱节。要做到这一点，需要拥有"好的判断力"和"均衡的行为"，简言之，就是运用常识。加迪斯写道，所有战略问题的核心不过是常识而已，但保持常识并不易。

加迪斯认为，战略意图的追求者从不缺乏伟大理想，然而，成败往往取决于现实条件，而不仅仅是伟大理想。战略的失败者给人类战争史留下了许多不可思议的问号。例如，以拿破仑之伟大，何以忽略了俄国拥有辽阔地域和恶劣气候的现实，执意让大军向纵深挺进，最终陷入补给不足和天寒地冻的境地，以一场惨败终结了一生的辉煌之旅。年轻时的伯里克利（古希腊政治家、雅典黄金时期领导人）聪慧过人，从不失算，何以在老年时对危机失去了敏感性和判断力，以至顽固地鼓动雅典与斯巴达对抗，最终导致繁盛的希腊文明在战争中毁灭。这便是著名的伯罗奔尼撒战争，被历史学家修昔底德总结为强国争霸的经典案例。在加迪斯看来，这些失败者都曾是伟大的政治家，但他们不愿受现实条件约束，试图摧毁任何阻碍自己的东西，固执地追求超出能力的目标。

加迪斯也列举了一些实现目标与能力平衡，成功贯彻战略的案例，如罗马帝国第一位元首屋大维、美国第16任总统林肯和年轻时的伯里克利。加迪斯最推崇的是美国第32任总统富兰克林·罗斯福，罗斯福对目标和能力的判断始终清晰，包括在第二次世界大战后愿意与苏联谈判，做交易。罗斯福有充分的自信在大国间协调，操控战后安排，试图为分裂、残破和前途不明的世界找到希望。然而，这个进程在他离世后戛然而止，世界滑入冷战深渊。不过，加迪斯忽略了美国与苏联在争夺世界霸权上存在的结构性矛盾和利益冲突的必然性，另外，核武器的诞生也让罗斯福的继任者有了与苏联抗衡的勇气和条件。

在加迪斯看来，保持刺猬式专注固然不易，但像狐狸一样灵活调整自己的策略似乎更难。他的结论是：实施大战略不能让固定的原则或偏见捆住手脚，一个好的战略未见得自始至终都能逻辑自洽，甚至不排除前后矛盾和冲突的可能。战略更多关注的是"规模"，也就是说，可以影响多少人，能带来多大收益，或导致多大成本损耗，由此判断目标与能力是否相匹配。

东西方战略对话

加迪斯在书中谈到中国古代军事思想家孙子和东方世界的战略思维。《孙子兵法》讲审时度势，其中的逻辑无外乎目标与能力的关系。加迪斯认为，如果在后冷战时期确实出现西方与东方的较量，那么它将主要反映罗马文化和中国文化的韧性；因为二者都是思想型和文明型国家，都在各自的时空里多次成功克服危机，顽强生存下来。虽然早年西方的战略家未必知晓孙子在世界另一端的存在，但他们与孙子在逻辑上互相映衬，展现了战略逻辑跨文化的关联性。

　　加迪斯说，东西方战略都告诉我们，在争取成功的道路上，必须认清存在什么样的限制和约束条件。好的战略要考虑到制约条件，限定行为范围。这正是孙子所强调的"谋定而后动，知止而有得"。在多数情况下，能力与愿望之间总是有差距的，因此需要采用谋略和迂回的方式，知所进退。

　　现实中，战略的目标有时未必是要争取更大的利益，而是减少损失。因此，即便面对重大诱惑，战略的考虑仍然要把成本计算进去，否则可能会在更宏观的盘点中失分。在实施战略的过程中有许多变数，条件复杂多变，受益还是受损也并非一眼就能看清楚。而当目标远远超出自身能力时，更容易出现矛盾激化的情况，导致不得不选择战争。然而，即便能预知战争的后果，就一定可以避免发动战争吗？战争的发起者很难承认一个事实，那就是战争所得如此之少，而代价如此之大。

　　加迪斯认为，东西方两大文明之所以能延续数千年，就在于这两大文明内部能不断反思、调整和重塑。加迪斯在《论大战略》一书中既介绍了对战略本质的认识，也为东西方战略对话提供了参考。

后冷战时代美国战略的得失

　　作为美国冷战史研究的权威人物，加迪斯推出这本新书，自然引发美国学界关注，看法有褒有贬。赞赏的观点认为，加迪斯把焦点放到"领导力"（statesmanship）上非常重要，历史上无数政治家由于缺乏谋略，把国家导向覆亡，教训深刻。也有评论提到现实的美国政治，认为过多的常规战争和非常规战争正持续消耗美国的国家财富，美国现任和未来的领导人都应读读这本书，反思美国战略。

批判的观点则认为：核武时代进行战略决策受到比较大的限制，加迪斯未能对此给予重视；书中只谈到抽象的战略和常识，未对现实决策提出具体建议；书中强调的主要是西方战略思维，对东方战略思维的探索不够深入。也有批评意见认为，在现实中很难判断某种决策究竟是更像"狐狸"还是更像"刺猬"，多数情况下只能从结果反推，以成败论英雄。

作为中国读者，从加迪斯勾勒出的上千年世界战略历史中，可以观察到国家兴衰的各种印记，引人入胜。然而，人们可能更想了解他对冷战后美国战略的得失如何盘点。

20世纪90年代初，苏联解体标志着冷战走到尽头，在美国看来，"历史已终结"。本着"赢者通吃"的心态，美国把新的国际战略转向在全球推行美式价值观和民主制度，宣称自己拥有"世界灯塔"的"天赋使命"。当时的美国拥有不受挑战的绝对霸权地位和实力，获得在国际上空前的行动自由，没有力量能限制其选择和行为。那么，美国是否就可以摆脱加迪斯所描绘的条件对目标的制约了呢？

冷战结束后的第一个10年，美国致力于对原苏东地区的改造，甚至不惜在前南地区动用武力，强势推进"民主化"。然而，一些被改造的国家出现水土不服现象，滋生了失业、通胀、社会分化、债务负担等一系列问题，有些隐忧在后来遍及欧洲的债务危机中进一步显现出来。冷战后的第二个10年，美国把注意力转向反恐战争，先后入侵阿富汗和伊拉克，同时继续推进政治变革，引发的安全、经济和社会余波至今未消。中东地区出现严重的政治衰败和人道主义危机，冲击欧洲国家的难民潮成为可悲的后遗症。

如果说冷战时期的美国试图做刺猬和狐狸的综合体，注意制定符合自身条件的战略目标，并随着形势变化不断调整策略，那么冷战后的美国则执意用强大的军事和政治力量推进一个无边的政治目标，失去了对复杂环境的敏感性和权衡代价的意识，这是否更像偏执的刺猬？美国试图让自己主导下的单极格局成为世界的永久现实，声称要做一个有益于世界人民的"仁慈霸权"。但美国在战略选择上的执拗和失误，以及所付出的超乎能力的代价，使其透支了自己的力量和声望。

美国也曾试图将实行社会主义制度的中国纳入改造的轨道，采取了"接触+遏制"的政策，一方面让中国融入美国主导的国际经济体系，另一方面从未停止促使中国按照美国希望的方向转变。然而，中国不仅在经济上取得巨大成功，而且探索出一条中国特色的社会主义发展道路。如果说美国在中国未能实现自己的政治意图，那只能说明美国对中国乃至对世界的政治意图本身是错误的。

近年来，世界上许多所谓的民主制国家陷入政党政治和国家治理困境，即使是一些老牌的西方大国也未能幸免，甚至出现了极端右倾思潮的回流。什么才是有效的国家治理模式？单一模式的主张是否需要调整？进而，国际事务是应被个别国家掌控，还是需要各国共同探索应对挑战之策？

如果美国的对外战略存在钟摆效应，那么特朗普上台是否代表了推动美国对外战略有所收缩、社会向保守主义复归的力量？特朗普政府主张战略收缩，恢复国家实力，着眼于美国自身利益。他的目标反映了美国的现实处境，因此，尽管美国各界对其个性和做法颇多批判，但比较一致地支持他的一些政策方向。然而，国际事务的关联性很强，尤其是大国对全球趋势的带动性非主观意志所能掌控。美国放弃国际责任，甚至主动破坏世界秩序，例如对中国等重要贸易伙伴采取关税惩罚措施，破坏自由贸易体制，由此对他国造成的伤害和对世界经济的冲击，必然会反过来侵蚀美国自身利益。这又何尝不是大国行为需要计入的代价呢？

狐狸式思维和刺猬式思维的分类可以为观察美国战略得失和取向提供有趣的角度，对从事战略研究的人有一定价值。加迪斯在书中虽未明说，但字里行间还是有警示意味的，提到维护和平与繁荣需要智慧和历史责任感。他希望美国人，特别是战略决策者关注到，一个合理的战略目标须有与之相匹配的能力，而且在执行过程中应根据情势发展不断调整推进战略目标的方式和手段，必要时甚至要对战略目标进行果断的调整。

诚然，这些都是重要的。但是，从中国人的角度看，任何战略的成败都不能脱离战略演进所处的时代背景，成功的战略构建更是要基于对时代潮流的准确判断。冷战的终结打破了世界被集团隔绝的状况，给经济全球化提供了更大空间，而各国希冀和平、追求发展构成后冷战时期的基本潮流。回过头来看，中国对世界大势的判断是准确的，即世界的主题是和平与发展。中国的改革开放之所以能取得成功，在很大程度上正是顺应了和平与发展的潮流。当前，中国提出的构建人类命运共同体的理念，符合时代潮流和人类发展方向，是对我们的国际言论和行为的根本指导。中国对外政策的目标一向以为国内发展建设构建和维护一个好的外部环境为准则，基本内涵是和平与合作。当然，没有什么理想能够轻易实现，没有哪条路径可以畅通无阻。中国需要让自身的追求与人类发展的基本方向保持一致，与世界各国一道努力，共同维护和平与稳定，促进发展与繁荣。

序　言

我知道，起这个书名有引人侧目的风险。但是，我在耶鲁大学历史系的同事蒂莫西·斯奈德已先我一步著有《论暴政》，而更早的还有塞内加的《论生命之短暂》。不过，我最担心的是引来卡尔·冯·克劳塞维茨的崇拜者的不满，虽然我也是他的崇拜者之一。他的遗作《战争论》[①]，成为此后所有关于战争和大战略主题文字的准绳。既然已有珠玉在前，又何必再写另一本关于大战略的书？我的理由是"言简意赅"——这是克劳塞维茨的著作所不具备的特点。《论大战略》所涵盖的时限长于《战争论》，篇幅则不及后者一半。

本书源于对大战略问题的两段研究经历，其间相隔约25年。第一段经历是1975—1977年，我在美国海军战争学院教授"战略与政策"研讨课程，当时的背景我将在本书第二章末尾处述及。第二段经历是从2002年至今，源于我每年与人合作教授耶鲁大学的"大战略研究"课程。这两门课程一直以来更多仰赖经典文本

[①] 卡尔·冯·克劳塞维茨逝于1831年，《战争论》翌年付梓。——编者注

和历史案例研究，纯理论探讨则显不足。在纽波特[①]的研讨课程每期持续一个学期，主要面向正处于职业生涯中期的军官。为时两个学期的耶鲁大学课程则面向本科生、研究生和职业学校的学生，此外，该课程每年都招收一名现役陆军和海军陆战队中校。[1]

这两门课程均以合作形式授课：在纽波特的每一堂研讨课，通常由一位普通教师和一名军队教员合作讲授，而在耶鲁大学的课程则有多种组合。我和同事查尔斯·希尔、保罗·肯尼迪组成三人组，从一开始就参加所有课程，我们在学生面前互相辩难，并在课后单独指导他们（但也并非始终如此）。更难得的是，我们至今仍是邻居和亲密的朋友。

2006年，"布雷迪-约翰逊大战略研究项目"启动，我们得以扩充研究人员，其中包括戴维·布鲁克斯、沃尔特·拉塞尔·米德、约翰·内格罗蓬特、佩吉·努南、维多利亚·纽兰、保罗·索尔曼、杰克·苏利文和埃文·沃尔夫森。该课程还吸引了耶鲁大学其他院系的教师，他们是斯科特·布尔曼（社会学系）、伊丽莎白·布拉德利（原供职于公共卫生学院，2016—2017年任布雷迪-约翰逊项目主任，现任瓦萨学院校长）、贝弗利·盖奇（历史系，自2017年起任布雷迪-约翰逊项目主任）、布赖恩·加尔斯滕（政治科学与人文学系）、努诺·蒙泰罗（政治科学系）、克里斯蒂娜·塔尔伯特-斯莱格尔（流行病学与公共卫生系）和亚

---

① 美国海军战争学院坐落于罗得岛州纽波特市。——编者注

当·图兹（原供职于历史系，现任教于哥伦比亚大学）。

这些同事都对我多有教益，这也是我现在感到有义务将自己所学付诸文字的另一个原因。本书在某种程度上并非是板板正正的论述，更多的是主观观点的描述，且完全不受束于窠臼套路：我的老师们不应为此承担责任，他们为我启蒙，我却信马由缰，逐渐脱离他们的控驭。我所探寻的模式超越了时间、空间和规模，[2] 兴之所至时，我会暂时抛弃上述因素的限制，以达到进行比较或对话的目的。例如，圣奥古斯丁和马基雅维利偶尔会互相交谈，克劳塞维茨和托尔斯泰也会彼此倾诉。我发现，他们个个都是"想象者"，大大助益了我的研究，此外还有维吉尔、莎士比亚和弗朗西斯·斯科特·菲茨杰拉德。最后，我常常谈及以赛亚·伯林爵士的观念。[3]1992—1993 年，我在牛津大学访学时与他小有交谊。但愿他乐意被看作一位大战略家。我想，这必能让他会心一笑。

动笔之初，我的经纪人安德鲁·怀利和我的编辑斯科特·莫耶斯比我自己对本书更有信心，再次与他们合作是一件令人愉快的事情。本书的出版还得益于整个企鹅出版社团队的高效工作，在此要感谢其成员：安·葛多夫、克里斯托弗·理查兹、米娅·康斯尔、马修·博伊德、布鲁斯·吉福兹、德博拉·韦斯·热利纳，以及朱莉安娜·基扬。

我还要特别感谢 2017 年秋季参加我的"狐狸与刺猬"研讨课程的耶鲁大学学生，他们认真地为这本书的每一章节做了校验，他们是摩根·阿吉亚尔-卢坎德、帕特里克·宾德、罗伯特·布林克曼、亚历山德罗·布拉蒂、迭戈·费尔南德斯-帕格斯、罗伯特·亨德森、斯科特·希克斯、杰克·希尔德、亨利·伊斯曼、因迪亚·琼、德克兰·孔克尔、本·马利特、亚历山大·波得里洛、马歇尔·兰金、尼古拉斯·雷利加、格兰特·理查森、卡特·斯科特、萨拉·西摩、戴维·夏默和贾里德·史密斯。我还得到了几位才华横溢的本科生研究助理的帮助,他们是:库珀·达戈斯蒂诺、马修·劳埃德-托马斯、戴维·麦卡洛三世、坎贝尔·施内布利-斯旺森和纳撒尼尔·泽林斯基。

耶鲁大学校长理查德·莱文和苏必德从一开始就大力支持我们的大战略教学,他们的特别助理,也是我们早期的学生之一特德·威滕斯坦同样给予了大力支持。耶鲁大学国际安全研究和布雷迪-约翰逊项目的各位副主任帮助我们顺利开展工作,他们是威尔·希契科克、特德·布罗蒙德、明良(已故)、杰弗里·曼科夫、瑞安·欧文、阿曼达·贝姆、杰里米·弗里德曼、克里斯托弗·米勒、埃文·威尔逊和伊恩·约翰逊。还要感谢在希尔豪斯大街31号为我们大家服务的员工,他们是利兹·瓦斯塔基斯、凯思琳·加洛、迈克·斯科尼克兹尼和伊戈尔·比留科夫。20年来,我的妻子托妮·多尔夫曼在各个方面都给予我支持和陪伴,她是一位老师、学者、导师、演员、剧作家、戏剧和巴洛克歌剧导演、手稿评论家和文字编辑、美食大厨、夜间治疗师和我一生的挚爱。

我将以下面的寄语致谢两位伟大的项目赞助人,以及一位睿智的协调人:他们的愿景、慷慨,以及永远管用的好建议,不仅为我们的研究提供了必要的支持和工具,而且为我们指明了方向。

约翰·刘易斯·加迪斯

2017年秋,著于康涅狄格州,纽黑文市

第一章　穿越赫勒斯滂海峡①

时间来到公元前 480 年，地点位于赫勒斯滂海峡亚洲一侧的小镇阿比多斯，赫勒斯滂海峡途经此处收紧，只有约一英里②宽。这里的场面堪比好莱坞鼎盛时期的作品。薛西斯一世——波斯的万王之王，登上置于海岬上的王座，目视其军队集结。据历史学家希罗多德记述，这是一支超过 150 万人的军队，即便实际人数只有这个数字的 1/10（这种可能性很大），也已接近 1944 年诺曼底登陆当日艾森豪威尔指挥的盟军人数。如今已没有能横跨赫勒斯滂海峡的桥梁，但彼时的薛西斯一世架起两座桥：一座建于捆绑在一起的 360 艘船上，另一座由 314 艘船承载。两座桥均呈拱形，以抵御狂风和激流。因为此前建成的桥在遇到风暴后分崩离析，愤怒的薛西斯一世砍掉了修桥者的脑袋，并下令对水流施以鞭刑和烙刑。这还不够，他又命令手下向水中投下镣铐，它们或许至今还沉在水底的某个地方。③

---

① 赫勒斯滂海峡，今达达尼尔海峡，连接马尔马拉海和爱琴海，是亚洲和欧洲的分界线之一。——编者注
② 1 英里 ≈1.609 千米。——编者注
③ 传说薛西斯一世在赫勒斯滂海峡修桥遇阻，下令鞭笞海水，并投入镣铐以示惩戒。——编者注

那天的水面平静无波，薛西斯一世颇为自得，片刻之后，他却突然潸然泪下。他的叔叔兼幕僚阿尔达班问其缘故。"这成千上万人，"薛西斯一世答道，"百年后将无一人存世。"阿尔达班安慰他说，世间有许多灾祸常常会令人苦不堪言，死亡反倒是一种解脱。薛西斯一世表示赞同，但命令道："告诉我真相。"薛西斯一世想知道，若不是他们俩都做了相同的噩梦，阿尔达班是否会赞成眼前的这项重任（波斯人在10年内第二次入侵希腊）。听到这话，阿尔达班战战兢兢："我仍充满恐惧，不，极度恐惧。"

10年前的马拉松战役中，薛西斯一世之父大流士遭希腊人羞辱。薛西斯一世一度听从阿尔达班的劝阻，未报这一箭之仇，但自那之后，薛西斯一世的噩梦已二度袭来。就好像哈姆雷特的故事提前了2 000年上演：一个颇具王者威严的幽灵，像对待儿子一样，向他发出最后通牒，"如果你不立即发动战争，……一如你弹指间登上至尊之位，重回卑微也不过电光火石间"。阿尔达班起初认为这一梦境的寓意不值一哂。于是，薛西斯一世让他换上自己的衣服，睡在王宫卧榻。幽灵再次出现，阿尔达班吓得魂飞魄散，尖叫着醒来，随即敦促薛西斯一世发兵攻打希腊。随后，薛西斯一世下令发兵，其精兵在萨迪斯集结，在特洛伊遗址上宰杀1 000头小母牛祭祀。当军队抵达赫勒斯滂海峡时，桥梁已架设完毕。在准备过桥之际，薛西斯一世给他叔叔最后一次机会，令其和盘托出心中的保留意见。

尽管受到噩梦惊吓，阿尔达班仍按捺不住心中的犹疑。他警告说，前方的敌人不仅有强大的希腊军队，还有土地和海洋。沿爱琴海海岸进军途中将要穿越的区域，根本无法为这支庞大的军队提供给养。当风暴袭来时，也没有港口足以容纳这些战舰。未及与敌军交战，将士可能已疲惫不堪，甚至食不果腹。慎重的领袖"会对所有可能发生在他身上的事情都心存敬畏并细加思量，但在采取行动时英勇果断"。薛西斯一世耐心听完后反驳道："如果把什么事都考虑到……，你永远做不成任何事。与其坐在那儿患得患失，最终无所作为，不如凭借一颗无畏的心，直面我们的恐惧……不奋勇一搏，何来胜利？"

争论就此告歇。薛西斯一世派阿尔达班回去管理波斯帝国现有的区域，自己则专心为帝国开疆拓土。他向太阳祈祷，请求太阳赋予自己足够的力量，使自己不仅能击败希腊，还能征服整个欧洲。他在桥前摆上番樱桃的枝条，命令祭司焚香。作为对赫勒斯滂海峡的奖赏，他将祭酒洒入水中，随后依次将盛放祭酒的金杯、配制祭酒用的金碗和一把利剑投入水中。这样，渡海之路准备就绪，整支军队耗时七天七夜跨越了赫勒斯滂海峡。当薛西斯一世踏上欧洲一侧的海岸时，听到一名惊惧的旁观者问，为什么众神之王宙斯要乔装成波斯君主，还带来了"全世界的人"？难道宙斯凭自己的力量还不足以摧毁希腊吗？[1]

1

2 419 年之后，一位牛津大学的教师上完课后去参加了一场派对。出生在里加的以赛亚·伯林正当而立之年，他在圣彼得堡长大，8岁时亲眼见证了布尔什维克革命，后随家人移民英国。他在这里如鱼得水，掌握了这门新语言，但始终没能消除浓重的口音。他在牛津大学的各类考试中出类拔萃，成为有史以来第一个成为牛津大学全灵学院研究员的犹太人。1939年，伯林在成立于1379年的牛津大学新学院教授哲学，他逐渐疏远了逻辑实证主义（西方最有影响力的哲学思潮之一，认为未经可重复的验证，任何东西都不具意义），生活惬意。

伯林才华横溢且颇为健谈，对各种观点都充满无尽的渴求，乐于把握机会展示自我并吸纳他人的观点。在这次派对上（确切日期不可考），他偶遇阿斯奎斯家族第二代牛津伯爵朱利安·爱德华·乔治·阿斯奎斯，当时阿斯奎斯正在牛津大学贝利奥尔学院攻读古典文学学位。阿斯奎斯当时偶得一诗句，颇为着迷，它出自古希腊诗人阿尔基洛科斯之手。在伯林的记忆中，这句诗是这样说的："狐狸多知，而刺猬有一大知。"[2]

这首诗只剩下断编残简，所以它本来的语境已无处追寻。但文艺复兴时期著名学者伊拉斯谟曾将这一诗句信手征引，[3]伯林也忍不住要如法炮制。或许可以以它为准绳，对那些伟大的作家进行归类？倘若真能如此，那么柏拉图、但丁、陀思妥耶夫斯基、尼采和普鲁斯特均应归入刺猬一类，而亚里士多德、莎士比亚、歌德、普希金和乔伊斯则显然应归入狐狸一类。伯林也应被划为狐狸一类，他对于那种宏大的问题（例如逻辑实证主义）不感兴趣，但研究起具体的小问题来游刃有余。⁴第二次世界大战的爆发使伯林无暇对这个关于狐狸与刺猬的典故有所阐发，直到1951年，他才以此为框架，撰写了一篇关于托尔斯泰的历史哲学的文章。此文两年后付梓，即短小精悍的《刺猬与狐狸》。

伯林解释说：刺猬"将一切归纳于某个单一的核心观念"，循着这一观念"他们的言论与行为才具有意义"；狐狸适成对照，"追求许多目标，诸目标间往往并无关联，甚至彼此矛盾，就算有关联，也只在'事实'层面"。这一分野简单明了，却不容轻忽：它提供了"一个用来观察与对比的视角，一个进行真正研究的起点"，它反映了"作家和思想家之间最根本的差异之一，甚至可用来对全体人类进行大致归类"。

伯林发射出的这枚"闪光弹"，尽管照亮了托尔斯泰，但未能远播。伯林声称，这位伟人（托尔斯泰）本想成为刺猬，"《战争与和平》一书原本是要揭示历史发展的规律"。但托尔斯泰太过诚实，无法忽视人类性格的个体差异，以及情境的多变，这种差异与多变导致归纳与总结变得尤为困难。所以，托尔斯泰的这部杰作充满了远比其他文学作品更具狐狸式特征的文字。读者沉迷于那些狐狸式文字，却忽视了散布在书中的刺猬式历史沉思。饱受这种矛盾折磨，托尔斯泰走向了死亡，伯林对此总结道："一位陷入绝望的老人，无人可以拯救，他闭目塞听，如同刺瞎自己双眼的俄狄浦斯，游荡在科罗诺斯。"⁵

参酌托尔斯泰的生平，这样的说法未免过于简略。离家出走之后，托尔斯泰确实逝世于一座不太知名的俄国火车站，那是在1910年，他已82岁。尽管托尔斯泰对几十年前自己在《战争与和平》的结尾中留下的缺憾感到懊悔，但也不太可能像伯林所说的那样。[6]我们很难搞清楚，伯林引用俄狄浦斯的典故是有某种更深刻的用意，还是只是为了给文章添加一个戏剧化的华丽结尾。这个结尾或许太过于戏剧化了，因为它暗示了狐狸和刺猬之间的差异不可调和。伯林似乎在说，你只能是其中之一，若两者兼顾便难以保持快乐，无法有效工作，更别说保持健全的人格了。

伯林的这篇文章很快红极一时，而且是在没有互联网襄助的年代。对此，伯林很惊讶，但也淘气地颇为自得。书中引用这一比喻渐成风潮，有时还以漫画的形式呈现，使其中寓意更加明显。[7]在大学课堂上，教授开始问他们的学生："××（可能是任何一位史学界或文学界人物）是狐狸还是刺猬？"学生开始请教他们的教授："（当前或其他任何时期）成为刺猬好还是狐狸好？"教授和学生都开始自忖："在这对立的两派之间，我应何去何从？"接着会问自己："我真的属于这一派吗？"最后都会回到一个问题："我到底是谁？"

借助牛津大学的一场派对、阿尔基洛科斯诗歌的残篇、托尔斯泰史诗级的作品，伯林意外寻获两条在思想史上留名的途径。一条是神谕式的，这是史上祭司们的惯技。另一条是伊索寓言式的，托物言志，将你的观念以动物的形象体现，这些观念将永存不灭。

2

生活在公元前 480—前 420 年的希罗多德，可能听说过阿尔基洛科斯首次提出狐狸和刺猬的意象的那首诗篇，后者生活在公元前 680—前 645 年。希罗多德在另一个语境中引用过这位诗人的作品，所以他有可能读过这首诗——如果该诗当时还存世的话。[8] 即使他没有读过，通过希罗多德描述的阿尔达班和薛西斯一世在赫勒斯滂海峡旁的对话，我们不难看出，阿尔达班是一个心神不宁的狐狸式人物，而薛西斯一世则是一个无可辩驳的刺猬式人物。

阿尔达班强调，要率领大军穿过如此大片的陆地或水域，需要付出极大的代价——国力耗损、供给拖累、通信受阻、士气受损，其他环节也有可能会出岔子。取得成功需要承担太多风险。难道薛西斯一世就不明白，"神用闪电打击"的都是那些试图大展拳脚的人，而小打小闹的人根本"激不起神行动的意愿"？阿尔达班一再劝诫，要求拆除桥梁，解散军队，让所有人回家，那样等待他们的最糟糕的情形也不过是做更多噩梦罢了。

为今日之士百年之后的结局而唏嘘不已的薛西斯一世，拥有更广阔、更长远的视野。如果生命要以死亡为代价，何不付出一些小小的代价而留名青史呢？何苦做那将被遗忘的万王之王？在征服赫勒斯滂海峡后，他难以停下前进的步伐，桥梁必须通往某个地方。庞大的军队携带一切所需，以确保所有的环节都不会出纰漏，即便真的出纰漏也无关大局。"是神在指引我们前行，所以，当我们着手建立各项事业时，它们都将取得成功。"[9]

阿尔达班对环境心存敬畏，明白军队的行进会受地形影响，舰队的航行会受海上环境左右，天气更是任何凡人都无法预测的。将领必须分得清什么时候可以发挥主观能动作用，什么时候必须接受客观现实，一切决策都要切合实际。与之相反，薛西斯一世则会重塑环境。他通过在赫勒斯滂海峡上架桥而将水域变为（接近）坚实的地面，通过在阿陀斯半岛上开凿运河，将坚实的地面变为水域，以便使船只不必绕行（而希罗多德告诉我们，薛西斯一世的这一举动"仅仅是出于傲慢"）。[10]这位国王毫不在意客观条件的限制，因为他会将任何阻其去路的障碍夷为平地，而且他只相信赋予他这种力量的神。

目光短浅的阿尔达班对眼前的图景看得太过清楚，以至将难题本身视为敌人。有远见的薛西斯一世则只看到远方的图景，在那里，雄心便是机会，简化难题才是照亮前途的明灯。阿尔达班不断改变主意。他的心思曲折回转，是因为他像奥德修斯一样，一心想要回家。而渡过赫勒斯滂海峡的薛西斯一世则如同阿喀琉斯，无家可回，只留下后世传说，讲述他的一世功勋。[11]

因此，"这只狐狸"和"这只刺猬"找不到共同点。由于自己的警告没能产生效果，阿尔达班离开阿比多斯向东去，走出了希罗多德的视野——后者此后再也没有提及阿尔达班。薛西斯一世则向西进发，带着他的军队、舰队和史官，[12]以及所有记述了之后波斯入侵经过的人。作为亚欧大陆分界线的赫勒斯滂海峡，见证了阿尔基洛科斯预见的两种思维模式的判然两分,而伯林则令这两种模式为世人所知。在20世纪后期,社会科学领域的发展对这两种思维模式进行了更为明确的定义。

3

为何有些人能够准确预测未来,而有些人则不行?为了探寻这一问题的根源,美国政治心理学家菲利普·E.泰洛克和他的助手们搜集了来自高等院校、政府机构、智库、基金会、国际机构和媒体的284名"专家"在1988—2003年对世界政治做出的27 451项预测,针对这一问题进行了有史以来最为严谨的研究。泰洛克在2005年出版的《专家的政治判断》一书中通过各种图表和方程式展示了此项研究的结论。

"这一问题无关专家的身份(不论其专业背景、地位等),"泰洛克总结道,"也无关专家的理念(不论他们是自由派还是保守派,现实主义者还是制度主义者,乐观主义者还是悲观主义者),真正重要的是专家的思考方式,或推理方式。"关键的变量是,基于伯林的定义,专家的自我定位是"狐狸"还是"刺猬"。结果是明确的:相比刺猬型专家,狐狸型专家的预测准确率要高得多。刺猬型专家的预测准确率接近于黑猩猩投掷飞镖(大概是用计算机模拟)的命中率。

泰洛克对这一结果备感震惊,便着手探寻这些狐狸型专家和刺猬型专家的差异。狐狸型专家的预测依赖的是一种直觉式的

"对多渠道信息的拼合",而不是基于一些"宏大图式"推导出来的结论。他们不信"模糊的政治主题"能够成为"精确严谨的科学界的研究对象"。他们中的佼佼者"都有一种自我贬低式思维模式","对任何思想均持批判态度"。但他们的观点往往层次不清,缺乏逻辑——主观倾向性太强而缺乏合理论证,以至难以吸引人们的注意。政策制定者更是无暇倾听他们的观点。

相比之下,那些刺猬型专家避免自我贬低,无视批判性观点。他们不遗余力地提出那些大而泛的解释,"对'不明就里'的人表现得很不耐烦"。当他们挖掘的智识的洞穴太深时,他们只会低头继续深挖。他们成为"自己先入之见的囚徒",被困在自鸣得意的循环之中。若取其部分观之,则他们的表现可圈可点,但与实际发生的一切并无太大关联。

在这些研究的基础上,泰洛克提出了一个"良好判断理论":"自我批判式思想家,更擅长探寻变动形势下的矛盾动态,进行预测时更为谨慎,能更准确地从错误中总结经验,不太倾向于合理化这些错误,更愿意及时更新自己的观念。在这些优势的共同作用下,他们能更好地预测下一轮事件发生的概率,紧扣住现实的可能性。"[13] 总之,狐狸型专家在预测方面做得更好。

——— 4 ———

一种理论能否经得住考验,就要看其能否阐释过往。只有一种理论能够阐释过往，其对未来的预判才值得信赖。然而，泰洛克对过去的阐释只是基于他所研究的15年。希罗多德的书籍为我们提供了一个机会，可应用泰洛克的研究成果（诚然没有他的谨慎操控）来考察一个距离我们十分遥远的时代。尽管时隔如此久远，这些研究成果的适用性仍令人惊讶。

在穿越赫勒斯滂海峡之后，薛西斯一世率领部队长驱直入，他坚信部队的规模和充足的给养将使一切抵抗变得徒劳："即便所有的希腊人，甚至所有生活在西方国家的人全都集结起来，也无法与我匹敌。"这位国王的战略在攻克色雷斯、马其顿和塞萨利的过程中似乎行之有效，但毫无疑问，他前进的步伐非常缓慢。

他的部队规模如此庞大，以至不及所有士兵渡过，河流和湖泊就已枯竭。狮群（彼时在该地区仍种群繁盛）盯上了为薛西斯一世驮运给养的骆驼。此外，为满足薛西斯一世的饮食需求，大军每到一处便会将周围的资源消耗殆尽：人们对国王每天只吃一餐感恩戴德，因为如果他们被要求按晚餐规模再提供一次早餐，那么他们就只能趁早逃之夭夭，否则就会"被剥夺得一无所有，比地球上其他任何人都更凄惨"[14]。

薛西斯一世终究不能将所有地形都夷为平地。要进入阿提卡（雅典城邦所在的大区），薛西斯一世率领的波斯大军不得不穿过位于塞莫皮莱（又称"温泉关"）的狭窄通道。就在那里，斯巴达国王列奥尼达率领匆忙招募而来且战斗力远逊色于敌军的斯巴达勇士，将入侵者进攻的脚步延缓了好几天。列奥尼达和他的斯巴达300勇士皆战死在此,但他们拒绝投降,这本身就表明薛西斯一世已无法再依靠恫吓获得他想要的东西了。与此同时,爱琴海的夏末风暴正在袭击薛西斯一世的舰队,而雅典人则遵从海军将领塞米斯托克利斯的命令,撤离他们的城市。这使薛西斯一世陷入后来拿破仑在1812年的莫斯科所遭遇的窘境:在你终于实现攻城拔寨的目标后,却发现自己面对的是一座空城,以及随时可能到来的恶劣天气,这时你该怎么办?

万王之王一如既往地诉诸更强势的恫吓。他烧毁了雅典卫城,登上置于另一座海岬之上的王座,俯瞰另一片水域,从那里观望其荣光实现后残存的军队。当然,眼看着雅典最神圣的庙宇被付诸一炬,这让身为雅典公民的水兵们士气低落。但这是在萨拉米斯湾,由三层桨座战船组成的希腊舰队训练有素,德尔斐神谕承诺"木墙"(可能就是指浮在水上的战船)可护佑他们安全。于是,当着薛西斯一世的面,希腊人将他的舰队逐个击沉,大量波斯士兵落水而亡——竟然没有人教过他们如何游泳。薛西斯一世现在别无选择,只能亡羊补牢,接受他叔叔回家的建议。[15]

塞米斯托克利斯放出消息称,赫勒斯滂海峡上的桥梁将成为雅典人的下一个攻击目标,这让薛西斯一世加快了撤退的步伐。薛西斯一世惊恐万状,赶紧返程渡过赫勒斯滂海峡,留下他那士气低落的军队自生自灭。希腊人随后在普拉塔亚将薛西斯一世的残余军队击溃,但其进一步的报复行动则留待一位富有想象力的剧作家来呈现。在萨拉米斯海战结束8年后,埃斯库罗斯的戏剧

《波斯人》上演，剧中描绘了薛西斯一世狼狈不堪地跛行回到自己的首都的场景，那些早先对他赞誉有加的人纷纷扼腕叹息。他的耳边萦绕着大流士的灵魂追悔莫及的警告："作为凡人，我们永远不该将自己的想法拔得过高。"[16]

希罗多德的《历史》借鉴了埃斯库罗斯的作品。[17]他对那最初驱使着薛西斯一世率大军前往赫勒斯滂海峡的梦境的描述，是否也是从埃斯库罗斯身上获得了灵感？这无从得知，灵魂（如若不是鬼魂的话）是神秘莫测的事物。但有趣的是，我们可以假想这样一幅场景：这一神秘莫测的事物（无论它代表的是谁）利用其超自然力量穿越时间长河，为此刻正郁郁寡欢的万王之王带去泰洛克教授的警示。这个警示便是：狐狸经常是正确的，而刺猬则往往是傻瓜。

— 5 —

薛西斯一世对希腊的入侵是早期非常壮观的一个刺猬式行为的例子。作为万王之王是一件不得了的事情：既然薛西斯一世能够聚集最强大的军事力量，能将赫勒斯滂海峡的水域变得如同陆地，又将阿陀斯半岛的陆地化作水域，那么他还有什么做不到呢？在征服希腊之后，为什么不再征服整个欧洲呢？他甚至一度问自己，为什么不能让"波斯帝国的边界与宙斯的天际一致"？[18]

但是，正如刺猬惯常的做法，薛西斯一世没能成功建立起目标和手段之间的正确联系。因为目标只存在于想象中，它们可以是无限的，比如将王座置于月亮上，以享受美丽的景致。但手段则是有限的，而且这一点无可动摇：它们是地上的靴子、海中的船只，以及填充这些东西的人。要做成任何事情，都必须将目标和手段联系在一起。然而，两者永远无法互换。

薛西斯一世加诸自己能力的唯一限制，便是他的野心。他总是期望得到最好的结果，并假设实际情况只会比这更好。他只活在当下，无视过去，忽略前人的经验，更不考虑充满未知的未来。[19] 如果薛西斯一世能意识到这些，他就能明白，要让军队和舰队携带充足的物资进攻希腊是不可能的。除非薛西斯一世能够诱使那些被占领的区域为他提供补给（这并不容易），否则他的军队（虽然可能不是他自己）很快就会面临粮草不足、体力不支的问题。就像在温泉关所发生的那样，少数抵抗势力便会动摇整个军队的信心。紧接着，寒冬将至。

然而，即使听取了狐狸式人物阿尔达班的意见，也会有风险。阿尔达班本可以警示薛西斯一世在渡过赫勒斯滂海峡后可能会遇到的问题：枯竭的河流、饥饿的狮群、突至的狂风暴雨、愤怒的当地人、凶悍的战士、神秘的神谕、狂热的水兵，以及堕入水中不会游泳的波斯士兵。这些问题产生的原因是可知的，它们会导致的结果也是可以预测的。但仅凭一人之力，即使是最睿智的预言家，也无法预测这些问题的累积效应。小事情会以不可预测的重要方式累积起来。然而，领导者不能因这些不确定性因素而裹足不前。他们必须表现得非常清楚自己在做什么，即使他们事实上毫无头绪。

薛西斯一世将这一原则发挥到了极致，甚至到残忍的程度。当吕底亚人皮提俄斯按薛西斯一世的要求提供了入侵所需的所有军队和财宝时，只提出了一个请求，就是使其长子免于从军。薛西斯一世以一种令人难忘的方式表现出自己的决绝：他下令将皮提俄斯的长子砍作两半，然后命令军队从两段尸身之间穿过。[20]这毫无疑问展示了薛西斯一世的决心，但也使他被禁锢在这由鲜血构成的红线内。即使他想要重新考虑这一决定，也是不可能的了。

薛西斯一世和阿尔达班的悲剧在于，他们都缺乏对方的长处。薛西斯一世正如泰洛克笔下的刺猬，能够掌控听众的注意力，但往往会掉入自己挖的陷阱中。阿尔达班则如同泰洛克笔下的狐狸，躲开了这些陷阱，却无法留住听众。薛西斯一世说的是对的。如果你试图预测一切，你将无法完成任何事情。但阿尔达班说的也不错。如果你没有为可能发生的一切做好准备，那么有些事情一定会发生。

6

因此，无论是薛西斯一世还是阿尔达班都没能达到弗朗西斯·斯科特·菲茨杰拉德在1936年提出的检验标准：一流的智者"能够同时在脑海中持有两种相反的想法，并且仍然保持行动力"[21]。菲茨杰拉德这么说可能并没有其他目的，只是对自己的谴责。那时，他的写作生涯已经停滞不前，4年后便死于酗酒和心脏病。其悄无声息的离世与早年的盛名对照，更平添凄凉。菲茨杰拉德去世时只有44岁。[22] 但是他的这句隐晦且寓意广泛的格言，如同伯林有关狐狸和刺猬的论断，已经流传不朽。面对这一事实，即便是德尔斐神谕恐怕也会不免妒忌吧。[23]

菲茨杰拉德所说的两种相反的想法可能的含义是，从对立的方法中选取最好的，同时摒弃最坏的——这恰恰是薛西斯一世和阿尔达班在2 400年前未能达成的妥协。但是，这要如何才能做到？两个人的大脑中持有的观念可能是对立的，这很容易理解，但是对立的观念可否和平共存于一个人的大脑中？在菲茨杰拉德的大脑中，对立的观念显然无法和平共处，他的一生如托尔斯泰一样备受折磨，但其在世的时间只及后者的一半。

矛盾的是，这个问题的最佳答案来自伯林。与上文中的两者相比，伯林更长寿，也更幸福，他的一生致力于协调同一大脑中存在的相互冲突的观念。他指出，普通人的一生中往往充满了"同样重要的目标……要实现其中的一些目标必然要牺牲其他的目标"。我们所面临的选择往往不是非黑即白的选项（比如善与恶），而是要在同样美好的事物之间取舍，因为我们无法同时拥有它们。"一个人可以专注维持自己的内心世界，也可以致力于建立、维护或服务于一个伟大而光荣的国家，"伯林写道，"但并不总能同时达成两者。"或者，用任何一个孩子都能理解的话说：要想在万圣节时狼吞虎咽所有的糖果，还不会呕吐，这是不可能的。

随着时间的推移，我们尝试解决这些两难问题。有些问题我们试图现在解决，有些问题我们会推迟到以后解决，还有一些问题我们认为是无法解决的。我们将问题归于适当的领域，然后决定在何时解决何事。这个过程可能很困难，这正是伯林强调的"选择的必要性和痛苦"。但他补充说，如果这种选择都失去了，那么"选择的自由"以及自由本身也将消失无形。[24]

那么，伯林为何在其关于托尔斯泰的文章中声称"人类大体"可以划分为狐狸和刺猬两类？我们必须要像泰洛克要求他研究的那些专家一样，将自己归为其中一类吗？伯林在去世前不久承认，这是不必要的。"有些人既不是狐狸也不是刺猬，有些人则既是狐狸又是刺猬。"伯林只是在玩一个"智力游戏"，而其他人太把这个比喻当回事了。[25]

在伯林更大的思想框架下，这个解释是说得通的。如果我们只能将自己归于其中的一类，使自己的行为符合这一类别的特征，则一切都在预料之中，那我们还能有什么选择呢？[26] 如果真的如菲茨杰拉德所说，智慧需要对立的元素（或者如伯林所坚称的，自由即选择），那么就不该提前规定优先选项。我们的选择必须反映我们是谁以及我们所经历的事情：前者我们事先可以了解，后者则是无法预测的。我们需要在自己的大脑中调和刺猬的方向感和狐狸对周围环境的敏感性，同时还要保持行动力。

— 7 —

然而，除了在简·奥斯汀的小说标题中，我们还能去哪里找到这样含混不清的"理智"与"情感"?简·奥斯汀为我们提供了一条线索,只有通过叙述才能展现出跨越时间的困境。仅以碎片化方式将选项呈现出来是不够的,我们需要看到变化的发生过程。要做到这一点,我们只能以历史、传记、诗歌、戏剧、小说或电影的形式再现过去。其中最优秀的作品往往是既清晰又模糊的:它们对过去发生的事情进行精简,以澄清教育和娱乐之间的界限,而与此同时,它们又将这一界限变得模糊。简而言之,就是戏剧化。这一过程的一个根本要求是:不无聊。

斯皮尔伯格2012年执导的电影《林肯》是戏剧化的最佳例子。该电影展示了由丹尼尔·戴-刘易斯饰演的林肯总统试图兑现《独立宣言》中宣称的"人人生而平等"。对刺猬式人物来说,还有比这更值得称赞的事业吗?但是,为了废除奴隶制,林肯必须使不受控制的众议院通过美国宪法第十三修正案,正是在这一过程中,他玩弄权术,一如议员们那般极具狐狸式做派。他不断诉诸交易、贿赂、奉承、施压,以及彻头彻尾的谎言,以致整部电影给人的感觉如同置身一间烟雾弥漫的房间,令人窒息,至少在视觉上是如此。[27]

在剧中,当撒迪厄斯·史蒂文斯(汤米·李·琼斯饰)询问林肯,他是如何在如此恶劣的手段与如此崇高的目标之间进行调和时,林肯回忆起他作为一名年轻的测量师时习得的经验。

指南针……能从你所在的地方为你指出真正的北方,但对于你前行路上将要遭遇的沼泽、沙漠和峡谷，它不会给出任何建议。如果在前往目的地的过程中，你只会闷头向前冲，不顾障碍，必将陷入泥淖，一事无成……那么，即使你知道真正的北方又有什么用呢？[28]

在看这部电影时，我有一种诡异的感觉，仿佛伯林就坐在我旁边。当上述这一幕结束时，他侧过身来自得地对我低声说道："你看到了吧，林肯非常清楚什么时候要做刺猬（求助于指南针），什么时候要做狐狸（绕过沼泽）！"

据我所知，真正的林肯从来没有说过那些话。当然，真正的伯林也无缘观赏斯皮尔伯格的电影。但这部电影的编剧托尼·库什纳在剧本中展示了菲茨杰拉德对智慧的解读：对立思想和行动力的结合。林肯心怀远大理想，同时又能考虑到眼前所需。伯林提出的有关狐狸和刺猬的划分与他所坚持的选择的不可避免性和不可预测性在这个剧本中得到调和：在看到前任们取得的成果之前，林肯无法知道自己能达成什么样的交易。这部电影反复将大事与小事联系起来：林肯明白，众议院的投票结果以及美国奴隶制的未来，很可能取决于在某个村庄由谁担任邮政局局长一职。

因此，斯皮尔伯格的电影《林肯》展示了跨越时间的行动（伯林）、同一个大脑中对立观念的共存（菲茨杰拉德），以及宏大叙事与细节描写之间的反复切换——为什么没有提到托尔斯泰？事实上，无论是电影中的林肯还是现实中的林肯，都直觉式地掌握了托尔斯泰试图在自己的戏剧化巨著《战争与和平》中传达的思想：任何事物都与其他事物存在联系。在这位伟大的小说家看来，很少有领导者能担得起"伟大"一词，而他在悼念这位殉道的总统时使用了该词。[29]

8

时至今日，《战争与和平》中的宏大叙事与细节描写之间的视角切换，仍然让读者震撼不已。托尔斯泰将视角聚焦于参加人生第一场盛大舞会的娜塔莎，聚焦于与人决斗并且幸存的皮埃尔，聚焦于现代文学史上最难相处、最严厉的父亲保尔康斯基公爵和最宽容、最溺爱孩子的父亲罗斯托夫伯爵。接着，托尔斯泰将视角从这些儿女情长转向横扫整个欧洲的军队，然后重新聚焦于指挥军队的皇帝和军官，并进一步描绘了普通士兵的生活、行军和战斗。视角再次切换，描绘了博罗季诺战役之后硝烟弥漫的莫斯科，继而转向试图逃离战火的难民，其中包括身受重伤的安德烈，他最终在娜塔莎的怀中死去。三年前（小说中则是几百页之前），就在娜塔莎的第一场盛大舞会上，安德烈与娜塔莎坠入爱河。

无论我们是以从上到下还是以从下到上的方式接近现实，托尔斯泰似乎都在表达的是，在不确定数量的层次上同时存在着无限多种可能性。有些可能性是可预测的，大多数则不可预测，只有戏剧化（不像学者那样为理论和史料所桎梏）才能逐渐反映现实。[30]但是,普通人在很多时候都能理解其含义。伯林试图在其关于托尔斯泰的文章中对此做出解释。

> 历史,唯有历史,唯有具体事件在时间和空间上的总和(芸芸众生彼此之间发生的联系,以及人类在实践中与三维的物质环境之间发生联系的实际经验之和)中包含着真理,包含着可能产生真正答案的材料。要理解这些真正的答案,无须超乎常人的资质或能力。[31]

尽管伯林很少将简洁视为一种美德,但这段文字对他来说也已足够复杂。但我认为,伯林在这里描述的是一种对生态的敏感认知,它赋予时间、空间和规模同等的尊重。尽管阿尔达班一再努力,薛西斯一世从未拥有这种认知。如果仅限定在小说中,则托尔斯泰几乎拥有了这种认知。但不知为何,林肯(尽管他身边没有一位阿尔达班式的参谋,也没有机会阅读《战争与和平》)通过某种常识拥有了这种认知,而这种常识在伟大的领导者身上并不常见。

—— 9 ——

这里我所说的常识,是指我们大多数人在大多数时间都能够轻松应对一些事。我们通常知道自己要去哪里,但会不断调整路线,以避免意外,包括他人在前行的路上为我们设置的障碍。以我自己的学生为例，他们就好像有强迫症似的，电子设备不离身，要么在看，要么在听，但他们总能巧妙地避免撞上灯柱、教授，以及其他同样走路心不在焉的同学，反而是那些教授经常被他们吓得惊慌失措。并非所有人都如此敏捷，但在我们的脑海中同时存在对周围环境的短期敏感性和长期的方向感，这并没有什么不同寻常。我们的生活每天都伴随着这些对立面。

心理学家丹尼尔·卡尼曼将这种熟练程度归因于人类潜意识里所依赖的两种思维：快思维与慢思维。快思维是直觉式的、冲动的，而且经常是情绪化的。它会在需要时促使你做出即时性动作，即你要防止陷入某种事务，或阻止它们找上门来时，所做出的动作。慢思维则是深思熟虑的、专注的，并且通常是合乎逻辑的。它根本不需要你采取行动：你通过学习探寻真理时便要依赖这种思维。泰洛克看到了人类基因中的类似特征，并用伯林的动物理论来解释它。

> 狐狸在快速变化的环境中生存能力更强，在这种环境中，那些及时放弃不良观点的人迅速占据优势。刺猬在静态环境中生存能力更强，在这种环境中，那些坚持采用行之有效的模式的人获得优势。我们人类所属的物种——智人，因兼具两种特质而比其他物种更具优势。[32]

人类之所以能够存续，可能就要归功于我们能够在快思维和慢思维之间灵活地切换，即在狐狸式行为和刺猬式行为之间灵活转换。因为如果我们从一开始就只将自己局限于其中的一类，那么我们的结局就不仅仅是像林肯所说的身陷泥淖，而是会像猛犸象那样彻底灭绝。

那么，为什么那些当权者不具备这种灵活转换的能力呢？在历史的一端，为何薛西斯一世和阿尔达班看不到这种灵活转换的必要性？在历史的另一端，为何泰洛克研究的专家会如此轻易地将自己归为狐狸或刺猬，而不是两者兼而有之？如果林肯所做的一切都只是普通人每天所做的事情，那么我们为什么会将他视为卓越的领导者呢？从这个意义上来说，常识就像氧气一样：越往高处走，它就变得越稀薄。在电影《蜘蛛侠》中，蜘蛛侠的叔叔曾对蜘蛛侠说过一句令人难忘的话："能力越大，责任越大。"[33] 但能力越大，做错事带来的危险也越大。

10

这正是《论大战略》一书想要防范的。为了写作本书，我将"大战略"一词定义为无限远大的抱负与必然有限的能力之间的结合。如果你寻求的目标超出了你的能力，那么你迟早要调整目标以适应能力。随着能力的提升，你可能会达成更多的目标，但不可能达成所有目标，因为目标是无限的，而能力则永远存在界限。无论你在两者之间达成什么样的平衡，现实和理想之间，也就是你当前所处的位置和你的目的地之间总会存在差距。只有当你在可操作的范围内，将现实与理想之点连在一起（尽管它们之间存在差距），才能称之为战略。

那么，大战略中的"大"字何来呢？我认为，它是指涉及的损失。作为一名学生，如果你早上多睡20分钟，可能对你的生活不会产生太大影响，代价不过是吃不上一顿热乎乎的早饭，而只能在去上课的路上随便啃一个冷面包。然而，想想把这20分钟用在课堂上，你会学到什么东西，你学到的东西与你正在学习的其他课程之间有何联系，会对你的专业和学位产生什么样的影响，你如何使这些知识增值，并将其发展成为一份职业，甚至在你去上课的路上有可能会遇上你的此生挚爱，考虑到这些因素，你多睡20分钟的损失就大大增加了。战略会变得愈加宏大，即使它们只是对特定的个体而言。有人说，只有国家才有大战略，普通人并不具备，这是错误的。无论在何时何地，无限的目标与有限的能力之间的组合都是必不可少的。

传统上，大战略往往与战争的规划和布局有关。这并不奇怪，因为史上第一次有记载的目标与能力的关系，正是源于军事行动的需要。"要集思广益，"荷马笔下的希腊贤者内斯特在特洛伊城久攻不下的艰难时刻如此劝告绝望的希腊人，"如果策略有用的话。"[34] 然而，协调目标与能力的需求可以追溯到更久远的时期，可能是在人类出现之前，物种首次学会使用身边可用的资源满足自身所需时。[35]

除了已逝的生命，人们普遍的目标肯定是生存。除此之外，战略目标不断演进，从满足衣、食、住等基本的生活需要，到承担复杂重任，例如统治一个帝国。要想明确界定成功绝非易事，但好在方法是有限的。尽管从根本上而言，满意只是一种抽象的心理状态，但要想实现这种心理状态需要实际的付出。正因如此，我们始终需要协调目标和手段，也就是战略。

11

那么，大战略或者至少是支撑大战略的常识有可能被教授吗？论接受的正规教育，林肯比不上其他任何一位美国总统，林肯主要通过自觉地阅读和对经验的自我反思获得自己需要的知识，那么我们不能这样做吗？[36] 答案很简单：林肯是天才，而我们大多数人都不是。莎士比亚在写作方面好像也没有专门的老师。那么，其他人需要老师吗？

值得我们铭记的是，无论是林肯还是莎士比亚，都用了一生的时间达到他们的成就。今天的年轻人很难做到这一点，因为如今的社会将人的一生明确地分割成不同的阶段：接受通识教育，接受专业培训，进入一个组织并逐渐升迁，对组织承担责任，直至退休。亨利·基辛格在很久以前就发现了一个问题：在顶端的领导者所能利用的仅仅是其在到达顶端之前积累的智力资本。[37] 当前社会的状况使基辛格发现的这一问题变得更加严重。与林肯相比，这个时代的人们学习任何新事物的时间都变得很少。

因此，塑造思想的重任只能放在学生时期由所在的大学完成。但学术思想本身就是分化的，在历史研究和理论建构之间已然存在鸿沟。而如果要将目标与手段协调一致，这两者都是必不可少的。历史学家深知自己所在的领域更看重具体化研究，往往避免进行归纳总结，而归纳总结是理论建构的基础。他们只看到了世界的复杂特征而忽视了其中的简单规律，而正是这些简单规律能够帮助我们理解那些复杂特征。渴望被视为社会"科学家"的理论家，总是设法寻求结果的再现性和未来的可预测性，在这一过程中，他们往往更关注那些简单规律而忽视了现实世界的复杂性。这两类群体都忽略了一般性与特殊性之间的关系，即普适性知识与针对性知识之间的关系，而正是这种关系培育了战略性思维。而且，仿佛是为了掩饰自己的这一缺陷，在以书面语言展示自己的研究成果时，这两类群体都行文欠佳。[38]

然而，有一种较古老的方式，能够使历史和理论携手并进。马基雅维利在《君主论》的献词中暗示了这一点。在他看来，他最有价值和最宝贵的东西就是"我对伟大人物的事迹的认知，这是我通过对现代事件的长期考察和对古代事件的持续钻研而习得的"。他将这些内容提炼成"薄薄一卷"，是为了使"你（马基雅维利的赞助人洛伦佐·美第奇）能够在较短的时间内理解我（马基雅维利）多年来花费大量心血，克服艰难险阻所获得的所有知识"[39]。

卡尔·冯·克劳塞维茨在他不朽但未完成的经典著作《战争

论》中，更充分地发展了马基雅维利的方法。[40]克劳塞维茨认为，历史本身只不过是一连串的故事。然而，这并不意味着它们是无用的，因为从这些故事中萃取的理论，使你不必再从头听取这些故事。当你即将进入战斗或面临任何其他令人忧虑的境况时，也抽不出时间这样做。但是，你也不能像托尔斯泰笔下的皮埃尔那样游荡在博罗季诺。这种情况下，训练的意义得以展现。

训练有素的士兵肯定比没有任何准备的士兵表现得要好，但根据克劳塞维茨的理解，什么是"训练"？训练是指能够跨越时间和空间的界限，总结出准则，对于哪些准则已通过实践检验，哪些准则尚未通过检验了然于心。然后将这些准则应用于当下的局势：这时便要发挥规模的作用。以上行动的结果是形成一个"计划"，基于对过去的认知，结合现实的状况，以实现某种未来的目标。

但是，在与敌方交战之际，并非所有方面都能如计划般进展。交战的结果不仅取决于对方采取的行动，即美国前国防部部长唐纳德·拉姆斯菲尔德所说的"已知的未知因素"[41]，还受制于"未知的未知因素"，即在与敌方交战之前就会遇到的各种问题或障碍。这些因素共同构成了克劳塞维茨所谓的"阻力"，即理论与实践之间的冲突。早在许多世纪以前，在赫勒斯滂海峡旁，阿尔达班试图警告薛西斯一世的正是这一问题。

针对这一问题，唯一的解决方案就是随机应变，但这并不意味着你只能走一步看一步。你有可能会坚持既定的计划，也有可能在原有计划的基础上做出调整，甚至有可能完全抛弃最初的计划。但是，就像林肯所说，无论在你前往目的地的途中存在哪些未知因素，你始终清楚自己前进的方向。你会像马基雅维利那样，从前人身上吸取宝贵的经验教训，在脑海中想到一系列应对未知因素的方法。剩下的一切就只能靠你自己了。

12

如今，穿越赫勒斯滂海峡的船只仍然连接两个战场，正如当年薛西斯一世的桥梁所发挥的作用。一端是位于海峡亚洲一侧南部的特洛伊，另一端则是紧靠海峡欧洲一侧的加利波利。只不过，现在这些船只都是渡船，所运输的都是游客。特洛伊战争与加利波利战役相差了30个世纪，而两地之间的距离仅为30英里。在一天之内，游客不仅可以游遍两地，甚至还有时间前往恰纳卡莱一览特洛伊木马——当然不是真正的特洛伊木马，而是2004年拍摄由布拉德·皮特主演的那部电影《特洛伊》时留下的道具。

如今，这个场景远不如公元前480年登上海岬的薛西斯一世所看到的那般宏伟，但它证明了很重要的一点：如今这里的战争比历史上任何时候都更加罕见。无论出于何种原因（也许是担心世界大战可能会导致大规模人口灭亡，也许是涉及人数较少的小规模战争取代了世界性战争，也许只是运气），今天出现在这些战场上的，很少是作战的士兵，取而代之的是观光客。

然而，克劳塞维茨提出的训练的概念依然具有价值。战略越宏大，就越不够明智。无论是在和平年代还是在战争期间，这个问题都很普遍，而要避免这个问题，最好的方法就是训练。将制订计划和随机应变这对明显的矛盾结合起来的唯一方法就是：教授人们一种常识，从而使人们知道何时应该成为刺猬，何时应该成为狐狸。但是，今天的年轻人如果不是在军队，而只是在学校里，或是在工作岗位上，学习着有限的知识，如何能接受到这样的教育呢？

"英国人是在伊顿板球场上赢得滑铁卢战役的。"这句话并非威灵顿公爵所说，尽管在维多利亚时代，许多睿智的话语都出自他的口中，而他也是最有理由说出这句话的人。[42] 除了战争和备战，竞技运动最直接地体现了克劳塞维茨所说的借鉴历史，计划当下以面对充满未知的未来。与威灵顿公爵所处的时代相比，运动健身如今更受大众欢迎，人们比以往任何时候都更积极地参与竞技运动。但它能给你带来什么呢？它与大战略有什么关系？

刚开始从事一项运动时，你需要一个教练，这个教练就是训练你的人，他的职责如同强制服兵役时代的军训教官：传授基本技能、锻炼耐力、强化纪律、鼓励合作，他还会告诉你何种情况会导致失败，以及如何从失败中恢复。但是，一旦比赛开始，你的教练就只能站在场边，或大喊大叫，或一声不吭。你和你的队友只能靠自己。但不可否认的是，接受训练会使你取得更好的成绩：在美国某些大学里，教练的薪水甚至超过了那些招募他们的校长，这些钱可不是白花的。

但是，这是否意味着在比赛场上的你要么是刺猬，要么是狐狸？你可能认为这个问题很愚蠢，毕竟你已经身兼两者：像刺猬一样制订计划，再像狐狸一样对计划做出必要的调整，你赢或输取决于这个计划是否有效。回想这一过程，你会发现很难将自己归于其中一类。相反，当你做这些事情时，在脑海中同时存在对立的观念。

在生活中，大多数情况下也是如此，我们总是依据本能做出此类选择。然而，随着权威日益增强，自我意识也随之增强。当关注你的人越来越多时，练习成为一种表演。声誉变得越来越重要，灵活从事的空间越来越小。那些身居高位的领导者，例如薛西斯一世或泰洛克研究的那些专家，可能会为他们自己的优势所困：他们深陷自己的角色无法自拔。

那么，本书讲述的正是思想层面的赫勒斯滂海峡，它将这种领导力与常识截然分作两端。我们应当于这两端之间进行自由且频繁的过渡，因为只有通过这种方式，大战略（即手段与目标的协调一致）才能成为可能。但是，水流湍急，风向多变，桥梁也不够坚固。现在的我们已没有必要以薛西斯一世的方式试图驯服水流。但是，通过分析薛西斯一世之后的人们如何管理逻辑思维和领导力之间的对立，我们或许可以训练自己，为终将到来的过渡做好准备。

第二章 长 墙

从空中俯瞰，它就像是一根被啃噬得干干净净的大骨头，仿佛是北部奥林匹斯山上的某位神在酒足饭饱之后随手将其丢在了阿提卡南部。它的两端形似关节，一端位于岩石峭壁上，另一端则与水域相接。它的总长度约为 6 英里，但加上两端的隆起部分之后变为 17 英里。中间连接处长 4 英里，仿佛是细得不成比例的小腿骨；倘若将其直立，恐怕都支撑不了其自身的重量。然而，这不是建造它的目的，因为它是长墙，是围绕两个城市建造的最长的围墙。[1]

长墙完工于公元前 457 年，连接了东北端的雅典和西南端的比雷埃夫斯。当时的雅典有大约 20 万居民，与之相比，比雷埃夫斯则显得地广人稀。比雷埃夫斯是雅典人的贸易港口，辐射整个地中海地区，也是雅典海军从事战舰建造、维修和提供补给的基地。23 年之前，正是由这支海军组成的"木墙"在萨拉米斯海战中赢得了胜利。这场战役为雅典赢得了在希腊城邦中的霸主地位，而三年之后，当雅典往日的荣耀早已褪去时，历史学家普鲁塔克在这座城市的建筑和公共空间中发现了"勃勃生机"，仿佛"在它们的构造中融入了某种永恒的精神和不朽的生命力"。重建后的雅典卫城,仍然残留着被希波战争的战火烧过的痕迹,从岩壁上俯视着雅典的一切,见证着这座城市经历的风风雨雨,时至今日,仍旧如此。

连接雅典和比雷埃夫斯的长墙两边相距约500英尺①,这一宽度足以容纳人、牲畜、车辆、商品和财宝的双向流动,但又足够窄,可使防御变得可行。墙体很坚固(大约有10英尺厚,25英尺高),但奇怪的是,与其所要保护的城市之雅致相比,长墙未免显得格格不入。石块被笨拙地安放在灰浆之上,破损的石柱凸起,仿若坟墓的碎片残垣。对此,官方的解释是:这是为了使人们走过长墙时就能回想起薛西斯一世侵略雅典的历史。先祖遗迹提醒人们勿忘历史。[2]

跨过赫勒斯滂海峡的薛西斯一世万事俱备,只缺大战略:既然他的抱负就等同于他的能力,又何须费心使两者相称呢?只有在见识到陆地、海洋、天气、希腊人和希腊神谕的力量之后,他才开始意识到给养稀缺是个问题。他相信自己在任何方面都坚不可摧,所以他没有给自己留任何余地,一往无前。据估计,薛西斯一世在这场战争中损失了超过900艘三层桨座战船和25万名士兵。[3]

相比之下,希腊人则一心关注资源的稀缺。波斯帝国的疆域从爱琴海延伸到印度,而希腊只占据了一个崎岖不平的半岛,资

---

① 1英尺≈0.305米。——编者注

源相对分散，权力不易集中。希腊城镇和城邦必须自卫，因为没有万王之王能够为它们提供保护。希腊各城邦之间虽然也有联盟，甚至建立了殖民地，但彼此之间的义务是模糊的，所谓的忠诚往往也不可靠。这导致希腊成为竞争的温床，因而也成为战略的温床。[4]在薛西斯一世败走之后，希腊的两个城邦崛起。除了都要对症下药解决资源稀缺问题外，这两个城邦存在极大差异。

1

在温泉关战役中奋战到最后一个人的斯巴达人，长期以来一直是战士。他们据守伯罗奔尼撒半岛但并不从事农业劳动（稼穑之事留给奴隶来做），他们的战略是将自己的军队打造成希腊的雄武之师。他们心无旁骛，甚至没有为后世留下拿得出手的遗迹。作为职业战士，他们不断训练，只为应对偶尔的战争。公元前490年，马拉松战役爆发，但斯巴达人拒绝出兵支援雅典，因为他们当时在庆祝卡尼亚节①。但是，当被激怒时，正如面对薛西斯一世入侵时那样，斯巴达人会迸发出超乎寻常的力量。这就是为什么在兵败温泉关之后，雅典还是将其国土防御的重任委托给他们。修昔底德告诉我们，在斯巴达人的防御行动失败之后，雅典人"拆毁自己的家园，逃上船只，成为海上民族"[5]。

---

① 卡尼亚节是古希腊时期斯巴达人庆祝收获的日子，根据斯巴达的法律，在此节日期间不得进行战争。——编者注

在此之前，他们就已经是一个海上民族了，他们的贸易网络从大西洋延伸到黑海。雅典人还变得非常富裕，他们从附属城邦攫取利润，收取保护金，同时在阿提卡的一角开采银矿。这为希腊舰队在萨拉米斯海战中力破波斯大军提供了资金支持。但塞米斯托克利斯心中有更长远的谋划，他不满足于只适合海上防御的"海上木墙"，他想在地面上建起宏伟壮观的长墙。通过建立起环绕雅典和比雷埃夫斯的长墙，这两座城市仿佛形成了一座岛屿，可以免受陆上攻击，又能从海上供应所有必需品，并且能够随时部署像斯巴达军队一样强大的海军。[6]

因此，斯巴达人和雅典人分别化身老虎和鲨鱼，在各自的领域中占据了无可摇撼的地位。[7]在这种情况下，据常识判断，两者应当合作，因为来自波斯人的威胁仍然明显存在。而事实是，后来发生的事情让人完全无法理解。希腊人先是大大发展和完善了他们所拯救的文明，紧接着又亲手毁了它。[8]

2

伯罗奔尼撒战争爆发，战争双方分别为雅典及其同盟者和斯巴达及其同盟者，持续时间为公元前431—前404年。与希波战争相同的是，伯罗奔尼撒战争也被一位史学家记录下来。然而，修昔底德曾提醒读者，称他不会效仿希罗多德，他写的历史不会以"牺牲事实为代价"来提升吸引力。他的这部著作可能会因"缺乏

第二章 长 墙

虚构的情节"而"不够引人入胜",但他期望这本书能够提供普鲁塔克后来在雅典的遗迹中所发现的:不因时间的流逝而减损的"永恒的遗产"。修昔底德写道,只要那些试图"通过认识过去更好地理解未来(因为在人类历史的进程中,未来即使不是过去的镜像,但同过去总是相似的)"的人认为他写的历史有所助益,那便足矣。[9]

在修昔底德看来,过去和未来不能等同,就如同战略中的能力和目标不能混为一谈,但两者又是相互关联的。对于过去,我们只能通过有限的渠道了解,其中包括我们自己的记忆。关于未来,我们所知道的唯一一点是:未来根植于过去,却不同于过去。修昔底德对相似和镜像的区分(即穿越时间长河而流传下来的模式和经历时间的侵蚀而留存下来的事物之间的差别)弥补了这种不对称性,因为它告诉我们,只有当我们了解过去时(不管了解得多么不充分),过去才能为我们所用,帮助我们更好地应对未来。与之相似的是,能力会将目标限制在环境所允许的范围之内。

因此,只知道一件大事或只知道许多小事是不够的:修昔底德坚持认为相似必然会发生,可能发生在从刺猬到狐狸,再从狐狸到刺猬的过程中的任何阶段。那么,修昔底德是狐狸还是刺猬呢?问这个问题是没有意义的,这就如同问一名成功的运动员属于狐狸还是刺猬。修昔底德是"一流的智者",能够在脑海中轻松地容纳对立的观念,在他的历史著作中,我们无数次见识了能够共存的对立观念。他不仅能够跨越时间和空间的界限,而且能够实现规模的灵活转换。我想，只有托尔斯泰可以与他相媲美，能在那些看似无关紧要的事物中发现重要性。

那么，不妨说修昔底德是在教导他的读者。正如修昔底德在当代最伟大的阐释者唐纳德·卡根（他自己有时也是一位教练）曾提醒我们的：希腊人，尽管已经离我们非常久远，"他们的思想可能是我们已经遗忘的，也有可能是我们从未企及的；我们必须坦然接受的是，至少在某些方面，他们比我们更聪明"[10]。

3

斯巴达人从未建造过城墙，他们相信只需凭借自己的军事实力便可以阻挡敌人。在斯巴达人听说塞米斯托克利斯打算修建长墙后，他们试图说服雅典人，所有的希腊城邦都不应该这样做，只有这样才能鼓励希腊人团结一致，同时在未来的入侵行动中突破波斯人的防御工事。但是，修昔底德认为，斯巴达人的真正目的是限制雅典海军的力量，经过萨拉米斯海战，雅典海军的实力可见一斑。倘若没有长墙，雅典及其港口将不堪一击，雅典海军的力量自然会被削弱。

雅典人在塞米斯托克利斯的建议下，装作欣然接受斯巴达人的提议，甚至将他送到斯巴达进行谈判。与此同时，雅典人开始了一项紧急造墙计划。男人、女人和孩子齐上阵，使用他们能找到的任何东西：他们修建得如此匆忙，这就解释了为何墙壁是直接用毛石堆砌而就的。当斯巴达人疑惑为何谈判耗时如此之久时，塞米斯托克利斯声称，他在等待不知因何故而耽搁了行程的同事。最终，那些同事到了，但有关雅典人正在建造长墙的消息也同期被获悉。塞米斯托克利斯告诉疑虑重重的斯巴达人，如果担心的话，他们可以派人亲自去雅典看看。然后，他秘密指示雅典人扣留了前去察看的斯巴达人，直到长墙接近完工。

待一切就绪，塞米斯托克利斯撕掉了所有的伪装：他宣布，雅典现在已有足够坚固的围墙来保护其人民，未来任何的讨论都须承认，雅典人有权对事关自己和其他希腊人利益之事做出决断。对此，斯巴达人没有显示出任何的愤怒情绪。但是，修昔底德指出，"他们的意图未能达成，私下里肯定备感恼恨"[11]。尽管听起来有些令人难以置信，他们被这堵墙害惨了。

4

所有这一切都发生在公元前479—前478年，伯罗奔尼撒战争爆发之前约45年。修昔底德在此采用了倒叙的手法，这在他的历史作品中并不常见。一场是历史上伟大的战争，另一场则是迟钝的斯巴达人与诡计迭出的雅典人之间发生的几乎可笑的冲突，修昔底德想让我们看到两者之间的联系（尽管这一联系并不是特别紧密）：小事可能会产生重大影响。一切并非已成定局。然而，要取得向前的进展，必须谨慎行事，因为雅典与斯巴达的关系各个方面来看都具有多重意义。

就拿修建长墙这件事情来说：是防御性行为还是进攻性行为？雅典人修建长墙的目的是确保其长墙内的"岛屿"的安全，他们将以此为基地，通过发展贸易和打造强大的海军，从而控制希腊周围的海域，甚至更为辽阔的区域。斯巴达人认为没有围墙反而更安全，这是因为他们一直以来拥有希腊最为强大的军队，如果没有围墙，这种情况会继续维持下去。然而，这一点正是雅典人从一开始就认为他们需要修建长墙的原因。这里的分野从此再明确不过了。

斯巴达人和雅典人的行为都是战略性的，因为他们都在试图协调目标与能力。双方都寻求安全，但路径不同，谁也不能同时成为老虎和鲨鱼。从理论上来说，双方合作可以保护他们免受来自海洋和陆地的所有危险。然而，合作需要彼此间加深信任，而这种品质是所有希腊人的性格中最缺乏的。

在成功骗过了斯巴达人之后，塞米斯托克利斯以胜利者的姿态回到了雅典，就如同当年萨拉米斯海战之后凯旋。但随着时间的推移，他越来越不受雅典民众欢迎。到了公元前470年，雅典公民大会（其对领导者的成就有多高的赞扬，对领导者本身就有多深的恐惧）对塞米斯托克利斯实施了陶片放逐[①]，禁止他踏足雅

---

① 陶片放逐，是指古希腊时期，雅典公民可以在陶片上写上那些不受欢迎以及极具社会威望、广受欢迎、最有可能成为僭主的人的名字，并通过投票表决将企图威胁雅典民主制度的政治人物予以政治放逐。——编者注

典城邦。这个足智多谋、曾为雅典出谋划策使其战胜波斯的人，在适当的时候叛变到了波斯一方，并且花费余生为其服务。因此，不久之后惨遭暗杀的薛西斯一世，虽然以悲剧收尾，终究也算是报得一箭之仇。[12]

5

此后，希腊便迎来了伯里克利时代。伯里克利是一名雅典贵族，是剧作《波斯人》的制作者之一。他优雅、谦逊，吸引了众多追随者，他是艺术赞助人、成就突出的军事指挥官、经验丰富的外交官、精明的经济学家、具有不朽独创性的宪法理论家，他还是有史以来最优秀的演说家之一，如今我们所看到的这个雅典，当时也是由他主持重建的。他作为雅典城邦甚至雅典帝国的领导者，执政时间长达20多年。[13]然而，伯罗奔尼撒战争的爆发也主要归因于伯里克利而非其他人，这场战争是他在试图构建一种能够支持其战略的文化时产生的意料之外的结果。

斯巴达人不需要构建新的文化，因为在波斯人入侵希腊的战争中，斯巴达人的固有文化基本完好无损。然而，雅典人的文化遭遇毁灭性重创。在公元前490年的马拉松战役（斯巴达人未参与此次战役）和公元前479年的普拉提亚战役（斯巴达人参与了此次战役）中，雅典军队击败波斯大军，展示了自己的陆地作战能力。但是，塞米斯托克利斯修建长墙的计划则要求雅典放弃这一优势，因为他担心在陆地作战能力上，雅典永远无法与斯巴达军队争雄。[14] 到公元前5世纪50年代中期，对这一工程持赞同态度的伯里克利已经建成了环绕雅典和比雷埃夫斯的长墙。自此之后，希腊参与的任何战争都要完全依赖海上作战。新战略是有道理的，但正如修昔底德所看到的那样，它彻底改变了雅典人。

传统上，雅典人的供给一直是由农民提供的。在和平时期，他们在田地和葡萄园里劳作，为这座城市提供日常所需，当战争来临时，他们则加入步兵和骑兵的行列。但是，长墙建成后，他们的土地随时有可能被牺牲，他们的影响力也因此减弱了。一旦斯巴达人入侵，他们将沦为难民，只能涌进长墙内，眼睁睁地看着自己的房屋、庄稼和橄榄树被摧毁。伯里克利本人也拥有土地，他为展现决心，承诺会把自己的田地付之一炬。最后，他想当然地认为，斯巴达人终会放弃入侵，但这是因为他们担心自己土地上的奴隶会发动叛乱，而不是之前作为雅典社会稳定剂的农民的功劳。与此同时，在比雷埃夫斯港口外运营的船只将从海外属国获取物资以支持雅典，雅典海军将通过袭击斯巴达人未设防的海岸线，从而加速其撤离。[15]

然而，维持商船队和海军是非常昂贵的。在陆地上作战时，一名雅典甲兵（即披挂重型甲胄的步兵）只需要一把剑、一个盾牌、一个头盔、一副轻便的盔甲，以及对其身旁战友的绝对信任，因为希腊的甲兵方阵进攻时是整体行进的：个人即兴行动一定会带来灾难。然而，打造一支海军需要港口设施、船只、船帆和一群桨手。

那些桨手的工作环境往往非常恶劣，经常会泡在污秽的舱底积水中（三层桨座战船很少靠港补给），无法看到战斗的进展情况，如果战斗不顺利则要冒着被淹死的风险。对于这些人，要提供足够的激励，仅仅许诺他们宅院是不够的（大多数人从未得到过宅院），想要对其进行密集队形训练更是无从下手（在臭烘烘的、滑不留脚的船舱里，这么做也不现实）。[16]

需要激励的远不止这些桨手。三层桨座战船是战舰，只有在海战中才能发挥作用。战船的建造者（无论是个体公民还是公共财政部门）几乎都不可能期望获利，因此必须为他们提供一些相对无形的利益。雅典人也不能强迫其殖民地为他们提供给养，要想获得粮食、牲畜和鱼类等，需要的是激励而不是强制命令。对于参与修建长墙的妇女和儿童，雅典也支付不起他们报酬，因此必须确保公民的家庭利益与城市的战略要求相吻合，要完成大事业就必须提供宏大的激励。必须有人能够向所有人（或几乎所有人）展示，大家现在做出的牺牲将在以后收获累累硕果。伯里克利心中所想的激励方式并不是像以前那样以神谕服众，[17]而是向大家展示，这个已成为国家的城邦，即将发展成为帝国。

尽管如此，雅典仍然是一个社群。如果雅典想要依赖民众的一腔热情发展壮大，那么它必须激发整个城市的各个阶层，以及整个帝国内各个民族的向心力（尽管当时雅典维持了与其竞争对手斯巴达的团结，但它在很多方面仍旧只是一个小城邦）。这就是为什么对伯里克利来说，建立一种文化是当务之急。

6

在伯罗奔尼撒战争开始后的第一年年末，伯里克利在雅典发表了"葬礼演说"，并在这场演说中阐释了其愿景。他告诉哀悼者，已逝者献出自己的宝贵生命，就是为了雅典的独特性中蕴含的普遍性：雅典不模仿其他人，而是其他人的典范。但是，如何调和这些明显的对立面呢？伯里克利的解决方案是将规模、空间和时间相结合：打造一种对雅典城邦、对整个帝国、对整个时代都适用的雅典文化。幸运的是，在现场聆听这场演说的人中就包括修昔底德或他信任的人，从而得以将这位伟人的演说内容记录下来。[18]

早在伯里克利之前，雅典就一直在逐渐走向民主。在伯里克利看来，民主是利于"多数人而不是少数人"。在他掌权期间，任何非奴隶身份的成年男性公民都可以在雅典公民大会上进行发言和投票。雅典公民大会通常有五六千名与会者，是世界上曾有过的最大的审议机构，至今仍未被超越。[19] "我们的普通公民，"伯里克利曾在演说中声称，"是公共事务的公正裁决者。因为我们与其他任何国家都不同，我们认为不履行这些职责的公民……是无用之人。"讨论是"采取任何明智行动之前不可或缺的"。

雅典公民大会将美德与身份区分开来。如果一名雅典男性公民希望参加公民大会（这本身就是一种美德），那么，即使他身份低微，也丝毫不会产生影响。由此而言，无论人们是参与加强防御工事、修理船只、挥桨划船,还是出资雇人做这些事情,甚至包括抚养后代,都是在为国家服务。经验是有用的,但是像其他社会那样,根据专业划分社会阶层则是不必要的。"我怀疑这个世界上是否有任何一个人,"伯里克利吹嘘道,"能够像雅典人一样应对如此多的紧急情况,并且如此多才多艺。"

仰仗长墙、战船和桨手,雅典人将发动战争这件事情也赋予了民主化。雅典不像等级制度森严的斯巴达,没有从童年时期就开始接受训练的精英战士。但是,雅典会拥有更多的战士,可以依靠他们来保护并决定其利益。"我们的对手自孩提时代开始就要接受苦役式的训练,以使自己成长为勇敢的战士,而在雅典,我们无拘无束地生活,但在应对危险时,我们的准备丝毫不逊色于他们。"

雅典公民大会所代表的民主将成为城市的典范,雅典帝国的情况如何呢?因为在陆地上的控制范围收缩,雅典人需要扩大其海上控制范围。伯罗奔尼撒战争开始时,雅典大约有200个盟友或属国对其宣誓效忠。[20] 但这些国家的情势、立场甚至语言都差别很大:雅典是否可以信任这些不同的文化能够促进雅典文化的发展?

伯里克利承认,雅典是通过给予他国恩惠获得"朋友"的,"通过持续地展示善意,令受惠者始终亏欠于我们,这样当那些受惠者报答我们的时候,他们知道自己是在还债,而不是在免费给予我们恩惠"。尽管如此,雅典人提供的这些恩惠"并非出自利己的算计,而是出于慷慨"。他的意思是,雅典很快会使自己的帝国超越所有的竞争对手,变得更强大,更让人安心。[21]

通过这种方式,民主得以在各种文化中推广。因为担心更坏的情况发生,那些安全无法得到保障的国家自然会与雅典站在同一阵线。[22]自利会让各方安心,进而变得更为团结。出于这个原因,透明度至关重要:"我们的城邦向全世界开放,永远不会制定旨在限制外国人来此学习或考察的条例。"雅典人会发现"享用其他国家的产品,就像享用本国的产品一样自然"。长墙使雅典公民成了世界公民。

伯里克利的这一演说,对后人的启发在于怀念。他所致敬的那些英雄不需要任何实物标志:"整个世界都是他们的墓园。"但是,他们的文化将化身为纪念物,成为"不朽的证明"。这些纪念物包括城市的建筑和装饰(伯里克利在这上面耗费了大量的时间和财富),还包括一些文学作品(例如哲学著作、戏剧、历史作品,包括伯里克利自己的演说词)。这些文学作品仿佛来自远古时代的漂流瓶中的信息,印证了他独一无二的成就。除此之外,遗迹也是一种纪念物:"我们的勇气使我们得以踏上每一片海洋和陆地,无论是给予敌人痛击,还是对朋友施以恩惠,统统都在我们身后留下了不朽的纪念碑。"

若论演讲术,唯有林肯的葛底斯堡演说能与伯里克利的此次演说相提并论。林肯在演说中总结了战争的代价与取得的成功,伯里克利则在演说中承认自己的战略失败。毕竟,他原本希望通过将雅典海军打造成无敌舰队，以抗衡斯巴达人的陆军优势，从而避免与斯巴达的战争。同时，他希望建立一个全新的帝国，该帝国的吸引力足以消除它可能引起的任何疑虑。[23]那么，鉴于一场大战已经爆发，伯里克利如何定义一种旨在防止战争的文化呢？

7

对此，修昔底德提供了三种解释。第一，在公元前435年，偏远小城埃庇丹努斯（今阿尔巴尼亚的都拉斯）身陷内战，向其保护者克基拉求援而不得，最终却得到了克基拉的对手科林斯的帮助，因而激怒了克基拉人。克基拉人派遣一支舰队前往埃庇丹努斯，为与之对抗，科林斯人也派遣自己的船只、军队和定居者前往埃庇丹努斯。之后，双方都向雅典人寻求援助，雅典人和克基拉人达成防御联盟，从而将雅典拖入与科林斯的海战。雅典人围攻了科林斯的殖民地波提狄亚，当时科林斯人正吁求斯巴达人入侵阿提卡，但转而邀请雅典代表和科林斯代表在斯巴达公民大会上为各自的立场辩护。在那之后，相比双方给出的立场和理由，斯巴达公民大会更为害怕的是"雅典势力的增长"（这是修昔底德给出的第二种解释，更为简洁）。于是，在公元前432年，斯巴达公民大会进行投票，宣布开战。[24]

第一种解释通过烦琐的细节追踪了事件背后的因果关系链。第二种解释证实了诸多事件的发生是有原因的，而不是随机发生的。

然而，这两种解释都没有揭示为什么"巴尔干半岛上发生的一些愚蠢行为"[25]竟会引发一场灾难性的战争，这场战争对希腊造成的毁灭性打击堪比17世纪欧洲的"三十年战争"对欧洲各国的打击，以及20世纪的两次世界大战对各参战国的影响。[26]为了理解这一点，我们需要修昔底德的第三种解释，即伯里克利所依赖的自认为万无一失的东西实际上并非万无一失。

修昔底德在重现发生在斯巴达的那场辩论时，较为含蓄地提供了这一解释。实际上，这场辩论是对"伯里克利的审判"，起诉人是科林斯人，辩护人是雅典人，法官是斯巴达人（修昔底德笔下唯一给出名字的发言者）。争论的焦点在于，一种独特的文化能够以及应该在多大程度上普及。

一开始，科林斯人将雅典长墙的建造归咎于斯巴达人。几十年前，正是因为斯巴达人"后知后觉"，塞米斯托克利斯的诡计才得逞，雅典人就此认为，斯巴达人"看在眼里，但不放在心上"。

> 你们斯巴达人，在所有希腊人中最为庸惰，在捍卫自身安全方面，你们只是作势要采取行动，却从不将其付诸实践。你们坐等敌人的力量倍增，而没有将其扼杀在摇篮里。尽管世人常说，你们是值得依靠的，但我们担心这言过其实。

相比之下，雅典人"不受国力的限制而敢于冒险，超越判断力的局限而勇往直前"。他们付诸行动的速度是如此之快，"即刻便将所觊觎之物收入囊中"。他们"自己不会停止前进的脚步……更不会给别人以喘息之机"。正因如此,斯巴达人应该通过入侵阿提卡帮助波提狄亚人。否则,"我们便会被逼入绝境,只能加入其他同盟"。[27]

雅典人则通过回顾希波战争回应科林斯人,尽管"我们已经厌倦了不断提出这个话题"。尽管斯巴达人在温泉关战役中做出了重大的牺牲,"我们的城市(雅典)也已变得面目全非,我们冒着生命危险,为的是一个仅存在于虚无缥缈的希望中的城市,因此,无论是在拯救你们还是在拯救自己的过程中,我们都付出了应有的努力"。至于帝国,"我们并非是通过暴力构建的,而是因为你们不愿将与野蛮人的战争进行到底,还因为盟友依附于我们,并自发地要求我们承担起领导者的职责"。因此,雅典人所做的即使换成其他人也会这么做。考虑到"战争中突发事件的巨大影响",斯巴达人应该"花时间"考虑自己应该做些什么。"开错了头,先采取行动,等待灾难来临后再来讨论解困之道"[28],这种情况太常见了。

斯巴达国王阿希达穆斯支持雅典人的观点。他警告说,战争需要的不仅仅是武器,更需要金钱,特别是发生在陆上强国和海上强国之间的战争。因为"除非我们能够在海上击败他们,或者切断他们海军的补给来源,否则我们将占不到便宜,等待我们的将只有灾难"。外交途径是更明智的做法,但也不排除动武的可能性,假如外交上失利,可以部分占领阿提卡,但不是要将其化为焦土，因为这对任何人都没有好处。科林斯人在抱怨斯巴达人"行动迟缓"时，忽视了一点：匆忙开战可能会使战争迁延日久，甚至可能会将其"作为遗产留给我们的子孙"。[29]

最后，由斯巴达公民大会做出裁决，而当时斯巴达的监察官之一斯森涅莱达斯掌控了发言权。他通过循环论证，指出雅典人曾在与波斯人作战时表现良好，但之后对待斯巴达人极为恶劣，因此雅典人理应"因由好变坏而受到双重惩罚"。他认为，继续讨论只会造成更大的伤害。"因此，斯巴达人啊，支持战争吧！因为这是维护斯巴达的荣誉所需要的……诸神保佑，让我们向侵略者发起攻击吧！"赞成的声音和反对的声音孰高孰低，难以辨别。但当被要求持不同观点的人分开站时，支持斯森涅莱达斯的人占大多数。这就是修昔底德所说的，"雅典势力的增长，以及因此引发的斯巴达的恐惧，导致战争不可避免"。[30]

8

伯里克利没有参加这场发生在斯巴达的针对他的"审判"，但他应该在选择代表方面更谨慎些。尽管斯巴达国王同意雅典代表的观点，并对发动战争的危险性提出警告，但雅典代表的辩护仍旧如此缺乏说服力，这一点更加令人难以理解。毕竟，伯里克利正是凭借其三寸不烂之舌，建立起自己的功业和雅典城邦的文化的。[31]究竟是出了什么大问题呢？

也许是因为雅典代表缺乏伯里克利那样的口才,被迫端出所有帝国都会走向压迫的说辞,而事实上,伯里克利坚持的观点是,他所构建的帝国将致力于解放人类的精神。即便是伯里克利本人,面对科林斯人激烈的控诉,也有可能会应对乏力。科林斯人明确表示,与雅典人的交战并没有使自己的精神得到解放,斯巴达人也不应该对此抱有希望。也许这场辩论还会使伯里克利本人也陷入循环论证的逻辑问题。

希腊人认为文化是一种品格,它具有跨越规模的可预测性,无论主体是一个城市、一个国家还是一个民族,无论其面对的是小事、大事还是介于两者之间的事情。[32]斯巴达人知道自己是谁以及自己想要什么,他们的行为完全是可以预测的。他们认为没有必要改变自己或其他任何人。而雅典人在城邦周围修建长墙的战略,重塑了自己的文化,这迫使他们不停息地踏足国境之外的世界。他们自己已经改变了,因此他们将不得不改变其他人(这就是拥有帝国的必然结果)。但要改变多少人,在多大程度上改变他们,通过什么途径改变他们?针对这些问题,没有人能轻易做出回答,伯里克利也不例外。

伯里克利不是薛西斯一世。"我更害怕的是我们自己的错误,而不是敌人的武器。"当战争临近时,伯里克利承认道。他知道雅典人的帝国不可能无限扩张,所以"毫不留情地修正并减少他们那些忙不迭的幻想"。普鲁塔克解释说:"他认为,只要能够遏制住斯巴达人就足够了。"[33]但正如伯里克利的代表在斯巴达公民大会上承认的，如果在整个帝国内推行平等，就像伯里克利在雅典城邦内所推行的那样，将可能导致帝国收缩，甚至是轰然崩塌。

> 我们的属邦将会习惯于平等地与我们交往，……一旦法庭的裁决或者帝国赋予我们的权力与他们所认为的正义相抵触，他们就会忘记帝国赋予他们的大部分利益，不再怀有感激之心，任何局部利益受损都会使他们心生怨恨。而假如从一开始我们就置法律于不顾，光明正大地满足自己的贪欲，他们反倒没有那么恼恨。

波斯人曾经更为残酷地对待其帝国的属邦，但那是在过去，"对被征服者而言，当下的负担总是最为沉重的"。对雅典的"平等者"们而言，"被征服者"这个词很陌生。如果斯巴达人掌权，那么他们"会迅速失去人们因害怕我们而对你们表示的好感"。[34]

那么，平等就是伯里克利逻辑中的漏洞。他认为，平等和帝国都是令人钦仰之物，却没有意识到，其中一个的发展壮大会导致另一个被削弱。他在葬礼上的演说反映了这一矛盾：他谈到各国自愿结成联盟以追求共同利益，但他又赞扬了雅典人通过强力称雄于"每一片海洋和陆地，无论是给予敌人痛击，还是对朋友施以恩惠"。仿佛他的脑海中并非同时持有对立的想法，而是先后展现出了两种不同的人格：之前还是杰基尔医生，演讲至中途却化身海德先生。[①]伯里克利在人生的最后几年也展现出了类似的发展轨迹。

9

正所谓"千里之堤，毁于蚁穴"。迈加拉是位于科林斯地峡东北端的一个小镇，而科林斯地峡是伯罗奔尼撒半岛与希腊其他地区之间唯一的陆地连接。迈加拉人向来与雅典人龃龉不断，但由于其自身规模较小，对雅典城邦构不成任何军事威胁。迈加拉人只能与雅典的敌对力量联盟，而左近的科林斯人是最合适的联盟对象。如果真的发生这种情况，其他城邦可能会效尤。所以，公元前433年，伯里克利说服雅典公民大会剥夺迈加拉人在雅典城邦内的交易权，并禁止他们使用整个帝国的任何港口。

但迈加拉仍有其他的出路。这一禁令看起来确实毫无意义，以致在伯里克利去世几年后，阿里斯托芬在其创作的喜剧作品《阿卡奈人》中讽刺了这一禁令。但是，针对迈加拉人的这一禁令旨在威慑而非真的使其陷入困境。雅典之所以对迈加拉实施经济禁运，是为了通过非军事手段防止背叛行为再次发生。可以预见的是，这项创新令斯巴达人感到震惊，斯巴达人将撤销此禁令作

[①] 杰基尔和海德这一典故出自英国作家史蒂文森的科幻小说《化身博士》。书中主角善良的杰基尔医生在服用药水后化身邪恶的海德先生，后来"杰基尔和海德"代指心理学上的"双重人格"。——编者注

为避免战争的条件之一。令人意外的是，尽管该禁令带来的收益与其带来的风险相比简直不值一提，但是伯里克利竟然拒绝撤销该禁令。

伯里克利的顽固是斯巴达公民大会对其心怀痛恨的根源之一，但在公元前432年斯巴达公民大会支持发动战争之后，斯巴达人并未急于采取行动。他们在翌年先后派遣三名使者前往雅典，试图寻求和解。然而，伯里克利拒绝了他们所有的提议："雅典人啊，有一个原则，是我在做任何事情时都坚守的，那就是不对伯罗奔尼撒人做出任何让步。"

制定针对迈加拉人的这一禁令可能看起来像"小事"，但撤回它就没那么简单了。"如果你妥协了，对方就会得寸进尺，提出更高要求。"这就排除了外交手段，使战争成为唯一的选择：原因"是大是小"无关正题。当年的雅典远不如现在资源充足，还不是在塞米斯托克利斯的带领下击败了波斯人。"我们必须……不惜一切代价与敌人对抗，竭尽全力将我们的权力完好无损地交给我们的后代。"[35]

在雅典人回复斯巴达人的建议中，现在轮到伯里克利不耐烦了。据说，根据他的命令，最后一名斯巴达使者甚至没有得到接待，而是被要求天黑前离开阿提卡。有传闻称，那名使者越过边界时曾经说道："这一天将标志着希腊人巨大不幸的开始。"[36]

10

伯里克利"不再是以前的那个人了",普鲁塔克说,"他不像以前那样对待民众温柔、亲切,更在意民众的喜乐,顺从民众的愿望,他如同舵手随风转变了方向。"修昔底德同样感受到他的这种变化:伯里克利"在所有事情上都与斯巴达人对着干……不断敦促雅典人开战"[37]。为何会发生这样的改变呢?

也许只是因为伯里克利老了:上了年纪的人往往很难保持灵活性。也许,如同伯里克利的传记作者暗示的,公元前5世纪30年代后期积累的危机加剧了他的情绪,使他变得越来越不愿意妥协。[38] 也许还有一种解释,与其导致的结果有关,正如普鲁塔克所使用的那个比喻:"掌舵"。

一种方法是找到你可以顺随的潮流。确定目的地后,你便可以扬起风帆,激励桨手挥桨,根据风和水流的方向做出调整,避开浅滩和礁石,准备好面对意外,高效地使用有限的能量。有些事情你可以把控,但有些事情则要顺势而为。你会寻求平衡,但永远不会忘记寻求平衡的目的,那就是从你目前所在的地方到达你想去的地方。你既是一只狐狸又是一只刺猬,即使是在水面上。这就是年轻的伯里克利:博学多识且目标明确。

然而,随着时间的推移,伯里克利开始试图把控其他因素:风、水流、桨手、礁石、人民、人民的敌人,甚至财富。他开始认为,这些天时、地利、人和因素都能任其摆布。因此,他可以依赖错综复杂的因果链：如果可以实现A，那么不仅是B，而且C、D和E都可以实现。无论计划多么复杂，都会按部就班地推进。年老的伯里克利仍然担任着雅典的掌舵者。然而，现在的他化身为一只刺猬，试图驱策狐狸，这可是一项截然不同且更加困难的事业。

这一区分澄清了修昔底德一直试图告诉我们的事情：雅典势力的增长所带来的恐惧，导致了伯罗奔尼撒战争。毕竟，增长有两种方式。一种增长是潜移默化进行的，有足够的时间做出调整以适应环境，也使环境得以适应一切新变化。这就如同种植作物，熟练的种植者可以塑造这一过程，对他们来说，种植就如同普鲁塔克笔下的舵手在掌舵，能够同时掌控不同的事情，但是，没有哪个种植者可以声称其能够预期（更不用说掌控）在播种和收获之间可能发生什么事情。

另一种增长无视大势。它是内在导向的，因而外在不易察觉。它拒绝按部就班地进行种植，而是按照自己的想法设定方向、步伐和目的。它预期未来不会遇到任何障碍，也不愿做出任何妥协。它就像不受控制的捕食者，像无法根除的杂草，像恶性肿瘤，肆意发展，不受控制，直到为时已晚。它渐次消耗着周围的环境，直至最终将自己耗尽。[39]

最初，伯里克利顺势而为——采用说服战略。然而，当并非所有人都能被说服时，他开始逆势而为——凭借对抗战略。无论使用哪种战略，他都对现状提出了挑战：以后的希腊将与过去挥别。但是，相比伯里克利带领雅典人发起的对抗性行动，耐心说服的过程更接近于种植和掌舵的过程。这体现了尊重客观约束条件和否认客观约束条件之间的区别，而这正是两种战略最根本的区别。

也许伯里克利别无选择。一旦说服战略失败，对抗战略似乎变成了坚持其既定方向的唯一方法。那么，为什么他非得这样做呢？为什么他不像后来的林肯那样，调整路线以避开沼泽、沙漠和峡谷？与林肯一样，伯里克利视野远阔，着眼未来。他甚至给后世留下了不朽的纪念物，以向后世的人们传递信息。但他并没有留下一个正常运转的国家，直到2 000多年之后，民主才再次受到大众尊崇。对一名掌舵者而言，这并非远见卓识，而是将船只驶向礁石，而等待救援的过程遥遥无期。

11

公元前431年春，斯巴达人入侵阿提卡，雅典人为了实现自己的战略目标，按照计划撤离他们的庄园，涌进长墙内，眼看着烽烟再度从地平线上燃起。然而，此时雅典人的心情已不同于半个世纪之前。当时，塞米斯托克利斯命令人们撤离雅典，不久之后便传来了萨拉米斯海战胜利的消息。而现在，雅典人看不到任何胜利的迹象。伯里克利在葬礼上的演说起到了抚慰作用，却未能提振士气。公元前430年，斯巴达人带着一个出乎所有人意料的盟友卷土重来。

那个夏天，一场突如其来的瘟疫袭击了雅典，至于这场瘟疫的根源，至今仍是个未解之谜。但毫无疑问，修建长墙的"岛屿"战略使瘟疫的危害得到放大。正如伯里克利吹嘘的那样，雅典人将其城邦向世界开放，但他们也将其与周围的环境隔离开来。这使长墙成为一张温床，整个帝国的细菌在阿提卡各处寻得宿主，这在无意之中形成了一种世界主义，但也带来了致命的后果。修昔底德不知何故幸免于难，他回忆说，连那些啃噬过未被埋葬的尸体的狗和秃鹰都丧命了。雅典人先是财产被损毁，现在肉身也难保全，于是他们"开始把矛头指向伯里克利，视其为战争的始作俑者和他们所有不幸的根源"[40]。

伯里克利一开始拒绝召集公民大会，但后来直面公民大会。伯里克利坚称，他唯一的错误就是低估了这个城邦的决心，因为"面对神之手必须顺从，而面对敌人则应报以果决"。从长墙外逃来的难民应该颂扬保护他们的海军以及供养他们的帝国："你们可能会认为失去自己的土地和房屋是巨大的损失，但实际上这些东西……与巨大的财富相比根本不值一提。"

不可否认，"说得再明白一些"，要得到荣华富贵就需要实施"暴政"。要掌控整个帝国"也许是错误的，但要放手则危殆"。帝国的属邦现在对他们的主人心生怨恨，如果有选择的话，他们会欢迎其他人来担任领袖。然而，被怨恨是"所有渴望成为统治者的人的宿命"。如果是"为了实现至高的目标"而招致怨恨，那将是"转瞬即逝的",因为只有"现在的辉煌和未来的荣耀永远不会被遗忘"[41]。伯里克利再次诉诸未来以期望拯救自己,然而他和他的城邦都等不了那么久。

12

公元前429年,伯里克利死于瘟疫,留下雅典处于他亲手打造的风口浪尖上。一边是他希望推而广之的具有独特性的民主,另一边则是在此之前一直控制着世界的常见的野蛮行径。倘若处在一个没有疾病、恐惧、矛盾、野心和欺骗的时代,伯里克利的继承者可能会平衡这些对立面。但是,修昔底德不这么认为,"只要人类的本性保持不变",则结果并不会有什么不同。[42]他笔下的历史紧接着追溯了雅典人的文化从非凡堕入寻常的过程。对此最佳的表征是相隔12年的两个场景,两者都关涉船桨。

公元前428年,位于小亚细亚海岸附近的莱斯沃斯岛上的居民拒绝再与雅典结盟,并向斯巴达寻求支持。雅典人担心其他同盟国效仿这一行为,便封锁了莱斯沃斯岛的主要港口米蒂利尼,并派遣一支军队阻遏该城邦。斯巴达人承诺提供援助,但像往常一样口惠而实不至。第二年夏天,米蒂利尼人投降了。为了防止其他地方的人再叛变,当时雅典最具权势的人物克里昂提出要屠杀米蒂利尼城里的所有男人,并把妇女和儿童卖为奴隶:"如果他们反叛还有理,则无异于承认你的统治失道。"雅典公民大会通过了他的提议，派出一艘三层桨座战船，带着这些指令开赴米蒂利尼。

但那时，雅典公民大会上有人提出了不同的观点。克里昂的竞争对手狄奥多托斯指出，雅典帝国理应是一个"自由共同体"。如果有压迫，当然会有反抗。"无论出于何种原因，都不应该将其处死，因为让他们活着对我们有利。"雅典公民大会再次表决，狄奥多托斯勉强占了上风。于是，第二艘三层桨座战船被派去追赶前一艘，以撤回之前的指令——这需要第二艘战船的桨手分外卖力。

修昔底德写道，第一艘战船的桨手肩负"如此可怕的使命"，并不急于到达。第二艘战船的桨手的任务则是防止这一可怕的事件发生，因而要分秒必争。带着分配给他们的特殊份额的葡萄酒和大麦饼，桨手们出发了。他们吃饭的时候也不忘划桨，轮班休息，一刻也不敢耽搁。他们用创纪录的时间穿越了爱琴海，当他们到达米蒂利尼时，那里的雅典占领者刚刚接到第一艘战船带来的指令。幸运的是，那些人还没来得及执行该指令，所以大屠杀并没有发生。修昔底德轻描淡写地说，米蒂利尼曾经面临的危险"着实不小"。[43]

公元前416年，雅典人派遣军队前往伯罗奔尼撒半岛附近的米洛斯岛，该岛长期以来一直是斯巴达的殖民地，但在伯罗奔尼撒战争中保持了中立。米洛斯人被告知，他们现在应该服从于雅典，不是因为他们有权这样做（只有与雅典人平起平坐的人才能谈权利），而是因为"强者可以为所欲为，弱者只能逆来顺受"。

第二章 长 墙

米洛斯人对这一要求感到震惊（修昔底德的现代读者依然对此感到惊讶），他们提醒雅典人，雅典曾经有公正待人的美誉，如果现在玷污了这一美誉，那可能会影响"世人对雅典的看法"。雅典人答称，他们甘冒这一风险，且令米洛斯臣服是为了米洛斯人的利益着想。

> 米洛斯人：那么，请问，我们服从于你们，或者说由你们统治我们，这对双方怎么会是互有好处？
> 雅典人：对你们来说，主动屈服可使你们免于遭受最大的痛苦，而对我们来说，无须费力摧毁你们便是获益。

米洛斯人问道，没有第三种选择吗？我们继续保持中立会有什么危害？作为"海上霸主"的雅典人回应说，他们需要的是所有岛屿都臣服于他们，而不是与他们建立友谊。以行动迟缓著称的斯巴达人不会及时拯救那些岛屿。

米洛斯人不愿放弃自己的独立地位，坚信雅典人所言并非世界本来的运行规则，因此拒绝屈服。雅典人随即增兵，斯巴达人果真连影子都没见着。公元前415年，米洛斯人被迫投降。雅典人这次没有三思而行，也没有派出第二艘三层桨座战船撤回指令。根据修昔底德的记录，他们"将所有抓获的成年男子通通处死，并将妇女和儿童卖为奴隶，紧接着派出500名殖民者将这块地方据为己有"[44]。

灵魂确实是神秘莫测的东西，修昔底德对其不如希罗多德那般严肃。尽管如此，从修昔底德所写的历史中仍然可以看出，伯里克利的灵魂深深影响了雅典人对待米蒂利尼人和米洛斯人的行径。年轻的伯里克利会为第二艘战船上的桨手们急速穿越爱琴海而欢呼振奋：他们竭尽全力，试图实现人道主义目标，这应是普遍性民主的内涵所在。但是，上了年纪的伯里克利，因为害怕做出让步，可能会对雅典人针对米洛斯人采取的非人道主义行径赞赏有加。正如修昔底德冷峻的目光所观察到的，战争"改变了大多数人的性格，使人的性格与其时运相匹配"[45]。最伟大的雅典人也不例外。

13

那么，伯里克利为何如此惧怕做出让步呢？战争只是一种选择，而不是不可避免。即使在斯巴达公民大会决定与雅典开战之后，斯巴达人仍然为其预留了种种转圜余地，但伯里克利全都拒绝了。相反，伯里克利坚信自己无法做出一个小的让步（即撤销针对迈加拉的禁令），因为这可能令其威信严重受损。但是，早在25年前，随着雅典长墙完工，一旦雅典与斯巴达的战争爆发，则意味着雅典将除雅典和比雷埃夫斯之外的整个阿提卡拱手让出。是什么让雅典在迈加拉问题上甘冒这个风险？

大约2 400年之后，美国的经历可能蕴含着上述问题的答案。

第二章　长　墙

1950年1月12日，时任美国国务卿迪安·艾奇逊发表演说，称美国今后将依靠海上和空中力量在西太平洋的冲绳、菲律宾等近海岛屿构建起"防御性外围"。这一决定经过了杜鲁门政府最高级别智囊的精心研判，看起来是将东亚其他地区让给了苏联，其中包括新成立的中华人民共和国。[46]这一长墙是流动的，但它的存在所代表的美国放弃的陆地之广阔，是伯里克利无法想象的。

然而，当1950年6月25日（金日成和斯大林已经知晓艾奇逊的上述演说内容）朝鲜与韩国发生战争时，杜鲁门总统在一天内决定派麦克阿瑟将军率军加入朝鲜战争。麦克阿瑟马到成功，紧接着中国也加入了朝鲜战争，交战双方在1953年陷入僵局，超过36 000名美国人在这场战争中丧生。而早在美国军队被派往朝鲜半岛之前5个月时，美国政府曾公开声称韩国只是一个无足轻重的国家。[47]

"岛屿"战略需要极强的意志力。当眼看着曾经在你控制下的区域陷入硝烟时，你要能保持自信，不能撼动盟友的信心，更不能助长敌人的志气。建造围墙和设立外围区域可能是理性的选择，因为用有限的资源去追求必然失败的事业是没有意义的。但战略并不总是理性的。

克劳塞维茨在《战争论》中写道，坦然自若的撤退"非常罕见"。更多时候，军队和国家无法区分有秩序的休战与卑微的投降，或者说无法区分远见与恐惧。

被放弃地区的命运将引起公众的关注和不满，军队可能会对其领导人失去信心，也会丧失自信，而且无休止的殿后行动只会强化军队的恐惧心理。这种撤退产生的后果不容小觑。[48]

伯里克利之所以不愿撤销针对迈加拉的禁令，正是出于这一担忧。正常情况下，没有人会认为这是在考验雅典的决心，但鉴于公元前432—前431年，紧张局势持续升级，人们开始产生这种担忧。杜鲁门看待韩国问题时也是如此。这个国家本身无关紧要，但是当它与朝鲜发生争端时（朝鲜战争之所以能够发生，离不开斯大林的支持），它就变得无比重要。

接下来就是，领导者如何拆除他们在关键利益和次要利益之间亲手设立的隔离墙。抽象的战略和战略家自身的情感永远无法完全分割：两者之间只能达成平衡。然而，两者各自所占的权重则随环境变化而变化。炽热的情感只需瞬间便可融化多年冷静反思所形成的战略，并让人在随后的数十年陷入无法冷静思考的状态。

14

很少有历史学家会说杜鲁门在朝鲜问题上做出了错误的选择，但是伯里克利的传记作者总是对针对迈加拉的禁令存有疑虑。[49]伯里克利不得不告诉雅典人，他们的信誉危在旦夕，而这种情况本不该发生在他们身上。杜鲁门则不必向美国人及其盟友这样表态，

第二章 长 墙

因为他们心知肚明。

这两个案例之间的区别很重要。敌人以一种所有人都可以看到的方式来测试你的决心是一回事：你可以与他人协商，决定采取何种措施，并在达到目的之后终止行动。但你若因自身心存的不安全感而试探国家的决心则是另一回事：这种不安全感何时才有止境？怎么样才能够阻止焦虑无限扩大？如果雅典人的安全需要保留针对迈加拉的禁令，那为什么不压制米蒂利尼人，为什么要杀了米洛斯人，为什么要远离家乡与斯巴达的盟友展开陆上战争？

最后的情形发生在公元前5世纪20年代后期，位于西西里岛西部的两个城市塞杰斯塔和塞利努斯旧日的纷争再起。锡拉库萨是西西里岛上最大的城邦，它支持塞利努斯人，所以公元前416—前415年，塞杰斯塔人向雅典人求助。在此之前，雅典只是含糊地承诺为其提供保护。塞杰斯塔人坚称，如果不对锡拉库萨人进行严惩，他们将占领整个西西里岛，从而使整个西西里岛加入斯巴达人的阵营，之后斯巴达人及其盟友将合力摧毁雅典帝国。[50]

这一情景与当年发生在埃庇丹努斯、克基拉和科林斯之间的情况相似，但逻辑似乎没那么令人信服。锡拉库萨作为地中海地区除雅典之外唯一的民主城邦，为何会与独裁的斯巴达人结盟？即使它确实这样做了，雅典怎么可能跨越800英里海域，来到一座比伯罗奔尼撒半岛更大的岛上击败一座规模丝毫不亚于自己的城邦呢？而且，此时雅典的声誉并未受到威胁：刚刚屠戮了附近的米洛斯人，雅典人即便放弃了偏远的塞杰斯塔也不会被视为软弱。相反，如果雅典真的拯救了那些岌岌可危的塞杰斯塔人，那么还会有多少人要求受到同等的照顾？

雅典公民大会上，人们往往更易受情绪而非战略影响，要依靠领袖来冷却人们高涨的情绪。但现在没有几位这样的领袖了。雅典城邦最久经沙场的将军尼西亚斯反对雅典被拖入"与我们无关的战争"，但他的意见被驳回。雅典公民大会深受亚西比德蛊惑，亚西比德以长相俊美和在体育竞技场上的英勇表现闻名，但行事并不稳重。这名"孔雀男"声称，西西里岛的捍卫者是一群乌合之众，很容易被贿赂，将其击败会为雅典赢得整个西地中海帝国。没有任何人能说出雅典帝国的扩张应该止于何处，因为"如果我们停止统治他人，我们将面临被统治的危险"。这也是伯里克利反对撤销针对迈加拉的禁令时曾给出的理由。

现在，被困在亚西比德的光环和伯里克利的灵魂之间，绝望的尼西亚斯只好夸大对这次远征费用的估计，但这反而使雅典民众的情绪更高涨。因此，公元前415年，雅典公民大会指派尼西亚斯发兵西西里岛，他麾下是一支庞大的舰队——164艘三层桨座战船和运输船、5 100名重型步兵、480名弓箭手、700名船员、30名骑兵。亚西比德担任联合指挥官，他温和地提醒大家："离开了对方，无论是年轻人还是年长者都将一事无成。"[51]

然而，兵锋所至，无论是年轻人还是年长者都没有顶用。尼西亚斯无精打采，经常生病。亚西比德因为道德败坏被召回雅典接受审判,最终叛逃到斯巴达人的阵营。考虑到海上运输的限制,雅典人的兵力配置中骑兵较弱,而他们的对手则骑兵充裕。西西里人英勇奋战,战斗力盖过了雅典的增援部队。感觉到机会近在眼前,斯巴达人此次行动迅速且出其不意:他们与科林斯人合作,派遣了自己的舰队,在锡拉库萨的大港口追获并击沉了雅典人的舰队。

与萨拉米斯海战之后的薛西斯一世不同,雅典人现在无法回家。因为部队士气低落、纪律涣散,他们无意中透露了口令,从而输掉了一场关键的战役。他们缺乏食物和干净的饮用水,只能喝下混着血的水。他们将战亡者的遗体遗弃在战场上,这是闻所未闻的亵渎神明的行为。最后,他们别无选择,只能投降,在锡拉库萨采石场内被监禁数月,没有遮风避雨之处,缺衣少食,周围全是腐烂的尸体。修昔底德感叹道:"人类所知晓的一切苦痛,他们无不体验过一遍。"[52]

战略需要一种全局观,能够揭示各个部分的重要性。雅典人在西西里岛便失去了这种全局观。超过一半的雅典帝国军队在那里聚集,但只有很少一部分人返回。与此同时,正如一位现代历史学家所指出的那样,"斯巴达人在距离雅典城墙13英里的地方扎营,成千上万的奴隶从阿提卡撤离,而从赫勒斯滂海峡到爱琴海南部的属国盟友都蠢蠢欲动,计划起义"[53]。双方实力差距达到了难以名状的程度,但在转到其他话题之前,或许我们应当回顾修昔底德关于未来的提醒。

15

在雅典人在西西里岛投降的 2 382 年后,美国派遣了 543 000 名士兵前去协助越南共和国,即后来亨利·基辛格口中的"一大片陆地上的一个小半岛"[54]。截至 1969 年,平均每周有 200 名美国人在中南半岛丧生。越南共和国于 1975 年投降,截至此时,共有 58 213 名美国人在这场战争中阵亡。[55] 这使越南战争成为美国历史上成本第四高的战争,也是美国历史上最失败的一场战争,其中理由也最难以解释。

越南战争不像朝鲜战争那样以闪电战开始,越南民主共和国和越南南方民族解放阵线联合持久抗战,最终迫使美国撤军。越南战争也不是为更大国家而打的代理人战争,由越南民主共和国决定何时开战,如何行动,以及如何停战,由苏联和中国提供支援。[56] 在 20 世纪 60 年代后期,中苏两国关系恶化,之后不久两国与美国的关系都有所缓和。[57]

与此同时,其他地方正在发生很多事。1969 年,苏联在战略导弹能力方面超过了美国。1968 年,苏联粉碎了当时从内部改革马克思列宁主义的最有希望的努力——"布拉格之春"。1967 年,以色列击败其阿拉伯对手并占领约旦河西岸,重塑了中东地区的局势。1966 年,法国从北约撤军,民主德国和联邦德国开始外交接触。1965 年,美国的种族暴乱和反战抗议活动达到内战以来的最严重水平。整个 20 世纪 60 年代,在离佛罗里达海岸 90 英里的苏联的卫星国古巴境内曾部署核弹头导弹，险些引发第三次世界大战。

与当时美国的整体利益相比，美国在越南几乎没有什么利益关系，为什么美国人在越南战争中投入如此之多？我认为，修昔底德笔下类似的历史事件提供了一个答案。公元前432年，伯里克利告诉雅典人，迈加拉可能看起来无关紧要，但如果屈服于这件小事，"对方就会得寸进尺，提出更高的要求"。1963年11月22日早晨，约翰·F.肯尼迪曾警示得克萨斯州的听众，"如果没有美国，越南共和国将在一夜之间崩溃"，而且美国在世界各地的盟友都将变得不堪一击。伯里克利曾坚称：我们别无选择，只能"采取一切手段，抵抗敌人的进攻"。肯尼迪则补充道："我们仍然是通往自由之门的基石。"[58]

无论这两起事件在时间上和空间上相差多远，这些说法都站不住脚。如果一个国家的名誉受到质疑，那么其能力必须变得无限强大，否则虚张声势将成为常态。这两种方法都不可持续：这就是为什么长墙最初得以存在。它是将重要的东西和不重要的东西区分开来。一旦模糊了两者之间的界限，导致长墙倒塌（正如伯里克利和肯尼迪所做的那样，不愿有所舍弃），则恐惧就会变成实际的景象，景象会投射成为映象，并且随着映象不断扩大，它会变得越来越模糊，从而难以分辨。

16

在越南共和国垮台后不久，1975—1976学年，被分配到美国海军战争学院的每位军官都收到了一个令人费解的邮件包裹。打开后是一本厚厚的平装书，每位军官都被要求在到纽波特报到之前从头到尾阅读此书。他们当中的大多数人曾在越南服役，有的人甚至数次上过越南战场。他们身边都有战友在那里牺牲或负伤。没有人想谈论起这场战争，而且截至此时也没什么与此有关的历史书可读。但我们可以读修昔底德，这就足够了。

我被海军上将斯坦斯菲尔德·特纳招募来共同教授"战略与政策"课程，尽管我比所有"学生"都年轻，也没有任何军事经验。这位将军对资历并没有严格的要求，但坚持要求将古典著作与现代事务相结合。[59] 他决定，我们的课程将覆盖越南战争（这里毕竟是一所战争学院，而且他是校长），这意味着我们必须要跨越大约2500年的历史长河。因此，在我的研讨课上，我们开始讨论这位古希腊人，在此之前，我对他的认知只是一座严肃的雕像。

本着修昔底德的精神，我们很快就开始反思一些相似之处。首先是一般化的概念：围墙、军队、海军、意识形态、帝国。其次是更具体的战略：雅典人与斯巴达人谁更好地做到了目标与能力相匹配？再次是类比：从中我们能否领悟到关于冷战的问题？又次是民主制度：雅典的民主制度是否导致了自我毁灭？最后是问题：当雅典人派遣了一支军队前往西西里岛时，他们是怎么想的？在这个阶段，同学们开始时都噤口不言，之后便都畅所欲言。在越南战争这一议题上，我们谈论了好几个星期。我们不只是在讨论，我们那时其实还在做创伤后应激障碍的治疗，那时这一疗法还没有名字。是修昔底德教会了我们这一切。

我花了几十年时间，想弄清楚为什么这种方式能行得通。终于，在2008年秋天为耶鲁大学新生开设的一门研讨课上，我找到了答案。这些学生年纪轻轻，是我在纽波特认识的那些军官的孙子辈。他们之中没人经历过战争，但他们都读过托尔斯泰，因为秉承着特纳将军的精神，我要求他们逐字逐句阅读《战争与和平》。他们不仅这样做了，而且之后即使在我没有将其布置为阅读任务的日子里，他们也开始提起这部小说。有一天，我问他们，生活轨迹完全不同的安德烈公爵、娜塔莎和笨手笨脚的皮埃尔之间有没有什么共同点？一如在纽波特的场景，经过一段时间的沉默后，有三个学生异口同声地说出了同样的话："他们让我们感到不那么孤独。"

修昔底德不会这样说，但我认为，当他鼓励读者"通过认识过去更好地理解未来（因为在人类历史的进程中，未来即使不是过去的镜像，但同过去总是相似的）"时，他想要表达的正是这一观点。因为若不能感知过去，未来可能只剩下孤独：健忘症会令人饱受孤独的痛苦。但是，仅仅以静态的方式了解过去（将其视为固定在某个时间和空间）同样毫无益处，因为人类社会的进步是跨越时间和空间的,且规模也是从小到大,再从大到小,不断转换的。我们通过历史事件、文学作品或两者的结合来了解这些。因此,修昔底德和托尔斯泰与我们的距离比你想象的更近,我们很幸运能够随时参与他们的研讨。

第三章　老师和约束

在与赫勒斯滂海峡和雅典长墙相隔半个世界的中国，对薛西斯一世和伯里克利均一无所知的古代中国人，也在撰就一本关于协调目标与能力的手册。作者孙子可能是一个人，也可能代表多个人，《孙子兵法》可能历经几个世纪才编纂成书：从这个意义上来说，《孙子兵法》更像《荷马史诗》，而不像希罗多德或修昔底德所著的历史。但希腊史诗和历史描绘的是独特的事件和个体，留待后人从中汲取教益。

相比之下，《孙子兵法》中阐述的是一些适用性不受时间和空间约束的法则，然后将这些法则与受时间和空间约束的实践相结合。因此，《孙子兵法》既不是历史，也不是传记，而是格言、规程和绝对主张的汇编："将听吾计，用之必胜，留之；将不听吾计，用之必败，去之。"

这本书的语言足够直截了当，但战略是什么？"水之行避高而趋下。"兵法大师孙子这样告诉我们。"木石之性，安则静，危则动，方则止，圆则行。"并且，更简洁地说，"饵兵勿食"。孙子倒不如借用莎士比亚笔下的波洛尼厄斯之口告诉我们："既不要向别人借钱，也不要借钱给别人。"或者正如市场营销学的入门教材告诉我们的:"低买高卖。"

而事实是,历史上满眼尽是高价买入,却不得不低价售出的借债者和放债者。他们的行事与自己的原则发生了脱节。他们无法抗拒送上门的"诱饵"。《孙子兵法》中的内容看似平淡无奇,实则是锁链,旨在防止这种脱节情况的发生。"夫兵形象水。"孙子接着解释道。如果你攻击敌人最意想不到的地方,即"避实而击虚",则"水因地而制流,兵因敌而制胜"。《十一家注孙子兵法》中通过木石的例子说明了杠杆原理:"能用力少而得功多也。"至于诱饵的问题,《十一家注孙子兵法》中则说道:"鱼贪饵而亡,兵贪饵而败。"[1]

波洛尼厄斯那警示的话语抽象且缥缈,这也是哈姆雷特嘲笑他的原因。

> 哈姆雷特:你看那边的云彩,像不像一头骆驼?
>
> 波洛尼厄斯:说真格的,它真像一头骆驼。
>
> 哈姆雷特:还像一只黄鼠狼。
>
> 波洛尼厄斯:它拱起了背的样子,真像黄鼠狼。
>
> 哈姆雷特:还像一头鲸。
>
> 波洛尼厄斯:确实像一头鲸。[2]

孙子就永远不会这样。他就好像那个在风暴中用风筝、绳子和钥匙引来雷电的人。他的每一句箴言都建立在令人振聋发聩的尖锐现实之上。他将那些显而易见的东西和那些不太显而易见的东西捆束在一起：国家如何在不令自己溃败的前提下打赢战争。

孙子建议，"计利以听"，将帅就应"因利而制权"。这种同义反复的表达方式本身就发挥了锁链的作用，因为他所说的有利的计策本身就需要有利的态势，从而使杠杆作用得以发挥。聪明的领导者会尽力实践这一点。他们会顺风航行，而不是顶风前进。他们会沿着沼泽的边缘探路前进，而不是直接踏入沼泽。他们会避免战斗，除非他们确信自己能打赢。在生活中（如果不是在游戏中），即使是在缺少公平竞争环境的情况下，他们依然会试图从中获益。他们会理解这是无谓的行动，也就是我在海军战争学院的学生们所说的"做无用功"。

孙子警告说，"兵者，国之大事"，因而"不可不察也"。薛西斯一世和亚西比德没有仔细审察，阿尔达班和尼西亚斯则审察过度。孙子在仔细审察之后采取行动，以在最小阻力下取得最大的成效，花费最少的人力和物力，尽快取得成功。正如《孙子兵法》中所说："知彼知己，胜乃不殆；知天知地，胜乃可全。"[3]

但是，那不就意味着你在做任何事情之前，都要先了解所有情况？当薛西斯一世问出这一问题时，阿尔达班没有回答，但孙子给出了答案。他告诉我们：简单性与复杂性并存，且简单性可以指导我们理解复杂性。

> 声不过五，五声之变，不可胜听也；色不过五，五色之变，不可胜观也；味不过五，五味之变，不可胜尝也；战势不过奇

正，奇正之变，不可胜穷也。[4]

没人能预见到未来可能发生的一切，但是，感知到事情发生的可能性总好过对未来一无所知。孙子通过将有限的法则与多样的实践进行组合，试图获得感知能力（甚至是常识）。他将这种组合用在当下，就像在电子音乐合成器上设置声级，或是在计算机屏幕上设置颜色组合一样。他既保留了狐狸的多样性，又保留了刺猬的目的性。他将不同的观点分别投射在不同的时间、空间和规模上，以便在脑海中同时保存对立的观念。

因此，《孙子兵法》中的领导力就是从复杂性中发现简单性。有些现实情况很容易理解，如同孙子在书中提到的五声、五色和五味：这使我们了解声音、颜色和味道的本质。但当简单的事物进行组合时，就会产生无数复杂的事物。无论我们准备得多么充分，总会有意料之外的事情发生。然而，只要这些事情遵循一定的法则，我们就不至于束手无策。那么，我们怎么才能学会将实践与法则相结合呢？我认为，我们需要拥有优秀的老师，他们教会我们在法则的约束内行事。

—— **1** ——

盖乌斯·屋大维·图里努斯、盖乌斯·尤利乌斯·恺撒·屋大维、凯旋将军·恺撒·神之子、凯旋将军·恺撒·奥古斯都·神之子、凯旋将军·恺撒·奥古斯都·神之子·国父,尽管拥有如此多的头衔,屋大维在创业之初资源也是寥寥无几。公元前63年,屋大维出生在一个受人尊敬但并不出名的家庭,他的父亲是罗马元老院议员。20岁时,屋大维已成为当时的罗马帝国三巨头之一。32岁时,他成为"西方"世界中最有权势的人。76岁时,他在自己选定的床上安详地离世。这对那个时代的皇帝来说是一项非凡的成就,更何况他从未使用过皇帝这个头衔。早在他去世前,关于他的生活就已存在各种传说。比如,有传言称,在他出生之前曾天降异象,他母亲怀上他即使不是圣灵感孕也是一次不寻常的怀孕。事实上,除了承蒙一位老师的及时助力外,这个人几乎可以算是白手起家。[5]

在希腊神话中,半人马喀戎是包括阿喀琉斯在内的多位史诗级英雄的老师,而在罗马历史上,有尤利乌斯·恺撒便足矣。在20年时间里,恺撒四处征战,将罗马共和国变成了实际意义上的帝国,疆域面积翻了一番。[6] 2 000年后,有关他的那段历史吸引了无数读者,并赢得他们的敬重。公元前49年,恺撒跨越卢比孔河,成为罗马的最高领导人,他下定决心结束罗马长达半个世纪的内战,恢复其秩序。但此时的恺撒已经50多岁,就像普鲁塔克所说,他已没有时间"在未来收获超越过去的功勋"。他的行事开始变得急速而草率,并最终导致自己于公元前44年3月15日被刺杀,这是有史以来最著名的刺杀事件。因此,恺撒的一生为后世树立了典范,警示我们什么可以做,什么不可以做。[7]

恺撒没有在世的婚生子女，但他有一个前途远大的养子屋大维，他将其视为未来的继承人。屋大维的任务是在罗马疆域内追随恺撒，后来，屋大维前往西班牙参加了恺撒生前的最后一次军事行动。这个年轻人将自己与恺撒的关系处理得很好，时刻观察而不是揣测恺撒接下来可能想做的事情，逐渐丰富自己的履历，锻炼自己的耐力（他的身体状况经常欠佳）。在马其顿，屋大维正在演练攻击帕提亚人的战术，却突然听闻恺撒两周前在罗马被刺杀。当时屋大维只有18岁。"我们稍后再谈，"在小说家约翰·威廉姆斯创作的场景中，屋大维告诉自己身边备感沮丧的朋友，"现在我必须考虑这将意味着什么。"[8]

他的第一个决定是回到罗马，至于那里现在由谁掌权，他回去之后将会受到何种待遇，他均不得而知。在到达布林迪西附近后，他了解到恺撒在遗嘱中将自己定为继承人，并收自己为养子，他所面临的风险飙升。他用盖乌斯·尤利乌斯·恺撒的名字回到首都。[9]出于对已故领导者的尊重，屋大维所到之处，军团都对他礼遇有加。倘若屋大维是一个蠢材，则他很难抓住这次机会。但当时的屋大维已深知继承权位和成为一名合格的领导者之间的差异。前者可能在一夜之间实现，后者则可能需要花费毕生的精力。

屋大维从未说过他是如何学到这一点的，但有幸得以在最伟大的领导者身边行事，倘若什么都没有学到，那他肯定是个傻瓜了。尽管此时距离《孙子兵法》被翻译并引入欧洲还有18个世纪之隔，但《十一家注孙子兵法》中道出了背后缘由。

> 盖智者，能机权，识变通也；信者，使人不惑于刑赏也；仁者，爱人悯物，知勤劳也；勇者，决胜乘势，不逡巡也；严者，以威刑肃三军也。[10]

反过来，恺撒似乎从未向屋大维解释自己为什么要教导他。[11]这让屋大维免得知自己将成为恺撒之子、继承人和领导者的烦恼。这位古罗马时代的伟大老师规训出了一名伟大的学生，而这名学生丝毫没有被规训之感。这种约束所传达出的不仅仅是对被约束者的指导，还有对被约束者的解放。[12]

2

这两者对屋大维来说缺一不可，只有这样他才能走得更远，而不仅仅是得到他伟大的养父麾下军团的拥护。屋大维的继父认为，继承恺撒的遗产或头衔太危险了。著名演说家、屋大维的家族友人西塞罗认为，屋大维没有资格继承恺撒的遗产或头衔。马克·安东尼在全国各地追捕刺杀恺撒的人，使他们的日子不好过。与此同时，他也让继承恺撒头衔的屋大维不得安生。安东尼以执政官的身份扣留了恺撒留给罗马市民的遗赠，并让屋大维止步等候，但他的计策没有得逞，屋大维对此表示抗议。

屋大维的做法是，利用有限的资产，发挥其最大的价值。屋大维向罗马人献出了他自己的财富，当发现自己的钱不够时，他便借钱以提供给罗马人。他的这一冒险行动得到了回报，在他的衬托下，安东尼显得格外卑劣。而西塞罗是出了名的见风使舵者，想让他转变态度就容易多了。尽管西塞罗曾对恺撒被暗杀一事表示支持，但他喜欢被奉承，而屋大维对其不吝于溢美之词。再加上西塞罗也讨厌安东尼，他以一种颇具史诗级规模的方式谴责这位执政官。他在罗马元老院发表了洋洋洒洒的14篇演说，即《反腓力辞》，这无疑颇有成效，是屋大维自己无论如何也无法做到的事。公元前44年的那个夏天，屋大维的主要关注点都在恺撒的葬礼上，意外遇到彗星划过天际。屋大维巧舌如簧地安慰罗马人，称这不是凶兆，而是他养父的灵魂得到升华，已获永生。[13]

然而，仅凭借敏锐的思维也难以走得长远。要实现屋大维的长期愿景，还需要保住恺撒军队的忠心，而此时屋大维还很缺乏军事经验。安东尼虽比不上恺撒，但军事经验还是较为丰富的。他所缺乏的是屋大维身上积极主动、统筹规划和顺势获益的技能。[14]屋大维凭借自己在马其顿的关系，获得了恺撒为发动针对帕提亚人的战争而预留的资金（进攻计划现在取消了）。然后，他派代理人携带重金，以迎接在布林迪西登陆的军队。这出乎安东尼的意料，他匆忙赶去那里，但其慷慨程度无法与屋大维相提并论。见此状，安东尼恼羞成怒，下令大开杀戒：在几支队伍中从每10人中随机择一人处决。流血事件使军纪得以恢复，但也埋下了祸根，促使马其顿军团一遇到机会就立刻叛变，而他们效忠的新主正是这位从头衔和事实上均已稳坐恺撒继承者之位的人。[15]

屋大维的年龄不及安东尼的一半，但他的识人之技远比后者老练。恺撒的缺点明显：欠下巨额债务，性滥交，公开酗酒，脾气火暴无常。[16]而屋大维在这一方面与之形成鲜明对比。作为恺撒的继承人，屋大维当然脾气也不小，但他感到有必要自我控制，而安东尼很少这样做。安东尼从不清楚自己想要什么。对于那场暗杀阴谋，他事先听到过风声，但没有参与。他想要统治罗马，但还没有想好登上王座后自己要如何治理这个国家。他任由庸碌和堕落吞噬自己的目标。与之形成对照的是，屋大维从得知恺撒遗嘱内容的那一刻起，就专注于为其"父亲"复仇，专注于完成罗马的复兴，坚决不让自己步恺撒的后尘，喋血于元老院的地板上。[17]

3

要做到这一点，需要对自我进行评估，这种技能连恺撒都没能掌握（这也是其被刺杀的根由），而屋大维获得了，虽然过程比较艰辛。在屋大维从马其顿返回后不久，他对恺撒手下旧部的欢呼会错了意，决议向罗马进军，一如那位伟大的将军本人早些时候所做的。但是，屋大维连卢比孔河的影子都没看到：他的军队拒绝与安东尼战斗，而且罗马人还没准备好接受一个少年独裁者。此等败绩令屋大维蒙羞。从此以后，他更加努力地将自己的热情控制在自己的能力范围之内。

屋大维从小就知道自己体弱多病，但直到很久之后他才意识到，每在战斗之前，他的身体就会出现变故。[18] 这也许是出于身体因素，也许是出于心理因素，但看起来总让人感觉是怯懦在作祟。公元前43年4月，在意大利北部穆提那附近参加的第一场战斗中，屋大维便遇到了这个问题。他把自己的军队与支持西塞罗和元老院的兵力合而为一，共同对抗安东尼，此君当时仍然是一个令人生畏的狠角色。罗马的新任执政官希尔提乌斯和潘萨勇敢地领导他们的军团战斗，他们和屋大维的士兵一样浴血奋战。然而，屋大维本人在第一天踪影全无，引起人们注意。至今也没有人确知其中原因。

不过，屋大维迅速认识到这是行不通的。第二天，他打起精神，集结起部队，带领他们穿过敌人的阵线，寻回了希尔提乌斯的遗骸，整治了涣散的军纪，迫使安东尼撤退。两名执政官一名战死，另一名重伤，对手安东尼撤军，屋大维纯粹通过意志获得了此战的胜利，没有辱没自己的恺撒之名。然而，屋大维没有急于回罗马享受他的战果。他一直等到确信已故执政官的军团忠于自己，直到身处高卢的安东尼有时间重新集结军队。然后，屋大维带着一支效忠于他的军队越过他的卢比孔河，还有另一支并非嫡系的部队加入其麾下，令其如虎添翼，足以令西塞罗和他在长老院的同伴们心生畏惧。直到此时，屋大维才登上执政官的宝座，手握罗马最高统治权。此时的他还不到20岁。[19]

身处这样的高位，屋大维忧心自己的弱点。能管理罗马并不意味着能控制罗马帝国。尽管安东尼在穆提那人败，其在高卢的实力仍未受到挑战。刺杀恺撒的主谋卡西乌斯和布鲁图斯正在叙利亚与马其顿招募军队。恺撒的老对手庞培的儿子绥克斯都·庞培占据着西西里岛。至于那个筹划了刺杀恺撒阴谋的罗马元老院，如果不多加小心，更可能无所顾忌。作为胜利者一方的屋大维在进行自我评估后认为，自己需要帮助，哪怕是来自那些令他反感的势力的帮助。正如屋大维的一位传记作者所指出的那样："消灭一个竞争对手就等于消除一个潜在的盟友。"[20]

4

屋大维首先开始对安东尼做工作。公元前43年秋，屋大维带领他的军团从罗马向北行进，而安东尼则从高卢出发，挥军南下，他们共同的目的地是穆提那附近的一座小岛。安东尼随军带着雷必达，这是一位恭顺的罗马前执政官。[21]他们联合在一起拥有比屋大维更庞大的军队，但雷必达要求受到平等对待。因此，在双方警卫的森严戒备下，这三位大统领（其中一位刚过青春期）瓜分了他们已知世界的大部分地区。[22]

最初看起来，屋大维似乎处于劣势。安东尼分得了高卢的膏腴之地，雷必达占领了西班牙以及从意大利到西班牙的交通线，而屋大维不得不止步于撒丁岛、西西里岛和非洲海岸，而且在那里他必须与绥克斯都·庞培战斗。屋大维还放弃了他的执政官地位，接受由三巨头统治罗马。然而，在这个阶段，地位并不完全意味着实权。屋大维选择放低自己，在三巨头中处于弱势地位：

统治并不急于一时。与此同时，还有许多旧账要算。

在岛上，安东尼、雷必达和屋大维讨论出一个罗马名流的名单，他们准备处死这些人，没收其财产，流放其家人。这个名单中最出名的当属西塞罗，他总是话说得太多。尽管他见风使舵的能力一流，但还是因为《反腓力辞》激怒了安东尼。身为三巨头之一的安东尼，并不满足于直接处决这名演说者：他砍掉了西塞罗的头以及他那只起草了演说词的手，并将它们统统钉在罗马广场的讲坛上。[23]

屋大维不可能下令做出这等杀鸡儆猴的行为，但同样也不太可能去试图阻止它。西塞罗曾在公开场合四处称赞屋大维是一个有前途的年轻人，但在私下里则暗示人们：如此缺乏经验的领导者，如有必要，随时可以将其抛弃。该暗示传到了屋大维耳中，屋大维便将其记录下来以备未来之用。[24] 现在，有了安东尼作为盟友，屋大维不再需要西塞罗作《反腓力辞》，不再需要他的赞扬，当然更不需要他的表面一套背后一套。也就是说，屋大维不再需要西塞罗。

三巨头的下一个优先事项是除掉布鲁图斯和卡西乌斯，但这需要在军事上击败他们。仿佛是为了呼应西塞罗之死，这场战斗发生在公元前42年秋，地点在色雷斯的腓力比。[25] 安东尼成为三巨头中的发号施令者，而雷必达则留在后方管理罗马。屋大维率其军团在马其顿登陆，但他随即病倒，等到达战场时，眼前只剩下一片废墟。尽管处在不利的位置，面对强大的防御，安东尼还是成功奇袭布鲁图斯和卡西乌斯，导致二人先后自杀。三巨头中唯一能够指挥战阵的一位，取得了完胜。

屋大维将对自己的愤怒发泄到了其他人身上。他羞辱甚至处死俘虏。在安东尼安葬了布鲁图斯之后，据说屋大维亵渎了尸体，将其首级送回罗马，打算供奉在他养父的雕像前——幸运的是，布鲁图斯的头颅在被送回罗马的途中与船同沉了。屋大维本人在回到罗马后发现这座城市的公民对他充满畏惧，忧心接下来他会做出什么。他表现得如同一个尚未成熟的暴君，尽管他已过了不成熟的年龄。[26]

5

但是，屋大维重新寻回了自控力，一方面是通过即兴展示的勇气与决心，一方面是通过获得别人的帮助，还有一方面是通过适当实施残暴的手段。在腓力比战役之后，安东尼留在东部，表面上是为了继续恺撒东征帕提亚人的大业，但很有可能是为了逃避责任，因为一旦回到意大利，他需要为那些退伍士兵分配土地。这项任务落到了屋大维头上，他将面对的要么是因失去土地而愤怒不已的地主，要么是失望的老兵。与此同时，身处西西里岛老巢的绥克斯都·庞培正在慢慢阻断从地中海各地输送到罗马的粮食供应。

公元前41年的一天，在与新退伍的士兵会面时，屋大维迟到了，这成了压死骆驼的最后一根稻草。屋大维的迟到令士兵愤慨，他们杀了一个试图维持秩序的百夫长。屋大维到达会场后，看到了尸体，但他只是要求这些士兵在将来注意行止，继而为他们分发配给。他的镇定让这些刚退伍的士兵感到羞愧，他们要求惩罚杀人凶手。屋大维同意了，但条件是肇事者承认自己有罪，并且对其判决要得到老兵们的批准。他在危急情况下展现出勇气和镇定（这种品质，他在腓力比战役之后并未多有展现），自此开始，他的声誉也开始慢慢恢复。[27]

安东尼的妻子富尔维娅和他的兄弟卢基乌斯试图在屋大维尚未获得太多支持时将其除掉。卢基乌斯占领了意大利中部堡垒重重的城镇佩鲁西亚，而富尔维娅在罗马内部及其周围招募部队。此时，身在东方的安东尼尽管知道发生了什么，但正忙于其他事情，他宣称自己是新一代的狄俄尼索斯（古希腊神话中的酒神），着装也是他的风格，并爱上了埃及艳后克娄巴特拉（此人曾与恺撒保持着长期的暧昧关系）。安东尼声称自己要为进攻帕提亚人筹集资金，并且要保障罗马的食物供应：而埃及最不缺的正是黄金和粮食。[28]安东尼亲手送给了屋大维一个机会。

现在，知道自己不是攻城拔寨的将才，屋大维将围攻佩鲁西亚的任务转交给他的朋友昆图斯·萨尔维迪努斯·鲁弗斯和玛尔库斯·维普撒尼乌斯·阿格里帕，这两个人在恺撒被暗杀时曾在马其顿伴屋大维左右。他们很快就迫使卢基乌斯投降，而富尔维娅的军队随即溃散。这一次，屋大维有意识地将自己的权力委与他人，而不是在明知自己能力不足的情况下还执意行使它。[29]

在威慑他人方面，屋大维则没有这样的疑虑。为了防止发生进一步的叛乱，屋大维将300名元老院议员级别的囚犯带回罗马，对其判以死刑，并将他们斩杀在恺撒火葬之地。这种做法此前遭到抵制，但屋大维打破了这一规则，以表明两个观点：一是他不会容忍城内人们的再一次反抗；二是通过亲手血洗罗马市中心，他终于可以宣称自己已为尤利乌斯·恺撒报仇了。[30]

6

罗马帝国现在形成了双寡头统治的局势，屋大维和安东尼将雷必达排挤到非洲。但这两大统治力量以完全不同的方式运行。在罗马的屋大维一掌握权力，就开始学习如何利用权术。在腓力比一战后权势更盛的安东尼，此时仍身在东方，却逐渐忘记了自己对权术的了解。他们仍然不喜欢对方，也对彼此更加充满戒备。其中一方始终坚持一个目标，并为这一目标采取了相应的行动。而另一方，要么不采取行动，要么即使有所行动也不过是做出被动的回应。这已不再是一场真正意义上的比赛了。

在佩鲁西亚发生的事情展现出了这种模式。首先，屋大维通过成功应对土地再分配引发的危险局势，在罗马重建了威信。其次，他通过将权力委任给具有出色军事技能的人，赢得了一场战斗。最后，在公开处决著名的叛乱分子时，他手段得当（对他们施以适当程度的暴力），且目标明确（指明这种暴力行为的目的是防止更多的暴力行为），从而增强了自己应对新的叛乱行为的能力。屋大维会未雨绸缪：一旦做出一个决定，他会想到这个决定将会对接下来发生的事情产生何种影响。

安东尼则不同。罗马帝国最近的一次分裂让他占据了整个高卢,他人却在希腊,正准备向与高卢相反的方向行进,对抗帕提亚人。突然,他派驻高卢的长官去世了。而身在罗马的屋大维距离高卢更近,迅速赶往那里并收编了 11 个军团。这是对安东尼的直接挑战,安东尼不得不推迟进攻帕提亚人,转而命令他的军队返回意大利,并开始与绥克斯都·庞培合谋,准备从陆地和海上同时发动进攻,以彻底摧毁屋大维。

但是,安东尼带来了过多的船只,却没有带来足够的船员,因为屋大维也占据了布林迪西。双方尚未走上战场,屋大维再次病倒,但这使双方军队有时间友好相处,继而要求他们的统帅言和。那时,安东尼已经失去了促使他穿过亚得里亚海回到意大利的坚定决心,他抛弃了绥克斯都,承认了屋大维在高卢的统治权,紧接着便再次将他的注意力转移到帕提亚人身上,他甚至都没来得及将新的和解协议谈妥(也许他认为自己已经谈妥了)。安东尼的妻子富尔维娅在政变失败后不久就去世了,他现在娶了屋大维心爱的姐姐屋大维娅。[31]

屋大维不可能计划好所有这些事情。[32] 他不可能预料到愤怒的老兵会杀死一位百夫长,富尔维娅和卢基乌斯会在没有得到安东尼支持的情况下发动叛乱,也无法预料安东尼派驻到高卢的长官会暴毙,安东尼会错误地估计自己的后勤能力,更无法预料到安东尼的军队和自己的军队会拒绝战斗,安东尼会改弦易辙并与他

第三章　老师和约束

的姐姐结婚。与伯里克利不同，屋大维从不会试图从接连发生的事件中生搬硬套出一些脆弱的因果链条。[33]

屋大维会在坚持目标的同时抓住机会。他预见到安东尼会在哪儿摔跤。屋大维在跟随自己的指南针前进的同时，避开了路上的沼泽，而安东尼则似乎是在不断寻找沼泽，置身其中，直至厌倦。普鲁塔克总结说，安东尼"充满了空虚的繁荣和不稳定的荣耀"[34]。

7

就绥克斯都·庞培来说，他是屋大维遇到过的最强大的敌人。他的父亲老庞培的最大成就是肃清了整个地中海地区的海盗，但绥克斯都则意识到海盗在政治领域的用途，可在西西里岛随时使其死灰复燃，并为己所用。这会危及罗马，因为这个城市及其周边地区居民的食物严重依赖进口，且主要来自埃及。这样一来，绥克斯都即便没有扼住罗马人的咽喉，至少也攥住了他们的胃。

安东尼与屋大维的和解令绥克斯都感到不满，公元前40年年末，他封锁了意大利。这在罗马引起了一场骚乱，屋大维回忆起他应对愤怒老兵时的成功经验，再次试图以勇气平定这场骚乱。但是这一次，他的对手极为强硬，如果不是安东尼火速带兵赶来营救，屋大维可能会被杀死。无论如何，没有人再怀疑屋大维的勇敢。但他是冒着生命危险才证明这一点的——倘若不是安东尼缺乏远见，屋大维恐怕早已命丧黄泉。除了诉诸暗杀外，这是安东尼最后一次有机会除掉这个令其愤怒至极的对手。[35]

与绥克斯都的谈判毫无成果，屋大维决定入侵西西里岛，以彻底解决供给线问题。然而，他对海军一无所知，绥克斯都不费吹灰之力便击败了罗马舰队，其中一支舰队还是由屋大维亲自指挥的。这位半个罗马帝国的统治者在墨西拿海峡靠近意大利的一侧遭遇海难，他和其他几名幸存者只得忍饥挨饿，跑到山上点火求救，此时的他们只能听天由命，别无任何求助的手段。幸运的是，一支路过的军团注意到他们的求救信号并救出了屋大维，第二天，一场暴风雨将屋大维的舰队彻底摧毁。[36]

但屋大维这次似乎没有生病，没有感到绝望，也没有后悔做出攻击西西里岛的决定。相反，他立刻重新集结军队，保护意大利海岸免受绥克斯都的袭击，并安排刚安抚完高卢人的阿格里帕组织对西西里岛的下一轮进攻。此时的阿格里帕才24岁，航海经验并不比屋大维丰富多少。但是，当屋大维仅仅依靠展现勇气与决心来面对危机时，阿格里帕筹备出了可以媲美薛西斯一世的作战规模。他将两片被树木葱郁的山脉遮掩的湖泊连接到大海，这样就变更了地形。森林里取之不尽的木材被用来建造战舰，湖泊则成为船员的训练场所，而山脉将这一切都遮挡起来，令绥克斯都不明就里，只能猜测海上发生的事情。[37]

这一切花费了两年时间，到公元前36年，阿格里帕准备好了。三支舰队将聚集在西西里岛：第一支是阿格里帕自己的舰队，第二支由安东尼援助的战舰组编而成，第三支则由雷必达率领，自非洲前来。然而，前两支舰队遭遇海上风暴，只有雷必达的舰队成功登陆，但他开始与绥克斯都携手。屋大维再一次被绥克斯都打得措手不及，并且备受羞辱：他被困在西西里岛海岸，直到他的军队找到他。这是屋大维多年来第三次接受救援。

然而，阿格里帕剩余的舰队足够压倒绥克斯都，迫使他流亡，而再一次转换阵营的雷必达得以掌管西西里岛。屋大维病倒了，这次持续的时间有点长，他没有参加这场战斗，但当宣布战争胜利时，他已经康复了。因为对雷必达的反复颇具戒心，屋大维有一天出现在雷必达的营地，独自一人，赤手空拳。结果，他被打得流血，开始撤退，却发现身后有一群追随者，他们钦仰他的胆识：这次，屋大维不需要救援。雷必达只能束手就擒。[38]

屋大维最终在西西里岛取得了胜利，但他更多的是通过展示形象而不是依靠战略：他一再冒着生命危险，同时依赖阿格里帕的稳妥准备。不过，获胜后的屋大维也随即稳住了自己的地位。他强迫雷必达退出三巨头，但允许其有尊严地隐退，没有将相关人员处决或肢解。这样一来，就只剩下安东尼与屋大维角逐罗马帝国的统治者之位。而这一次，屋大维有一种良好的感觉：他的对手会不战自败。

— **8** —

早前就时常承诺要与帕提亚人作战，安东尼再也不能拖延这一计划了。[39] 公元前36年，当屋大维和阿格里帕正在征战西西里岛时，安东尼开始对帕提亚人发起进攻。在给养和资金方面，安东尼依靠他以前和未来的情人克娄巴特拉，如果他没有跟屋大维的姐姐结婚，那么这段关系可能会更为美妙。出于国事之故，安东尼与两者的关系都显得合理，但毕竟还是牵强而尴尬的，而这个问题安东尼之前似乎没有预料到。他和克娄巴特拉育有一对双胞胎，这导致情况变得更为复杂。让形势更为棘手的是，克娄巴特拉声称（这很可能是真的），她是尤利乌斯·恺撒唯一的亲生儿子的母亲：这个年轻人的名字中透着危险的气息，他叫恺撒里昂。[40]

如果说安东尼在处理情妇、婚姻和政治问题上表现得很蹩脚，那么他指挥的针对帕提亚人的军事行动也是如此。他的行动开始得太晚，冬天已经快要到了，他还不慎将行动计划泄露给了一名间谍，也未能确保沿途盟友的忠诚，最后他的运粮车也因保护不当而被帕提亚人捣毁。那时，他别无选择，只能付出巨大代价，下令军队冒着暴风雪撤退到叙利亚海岸，在那里克娄巴特拉花时间重新装备他的军队。然而，安东尼向罗马报告称一切都很顺利。

屋大维并不相信这一点，但还是接受了安东尼的言论。他下令为安东尼取得的胜利举行庆祝活动，因为他知道，相较于对安东尼的失败表现得幸灾乐祸，这种方式能更有效地让他的竞争对手名誉扫地。然后，屋大维没有及时派出增援部队，并援引安东尼的使者的话语，证明安东尼不需要支援。但事实上，屋大维让屋大维娅带着物资从希腊赶去，并计算好了她会与克娄巴特拉的

第三章 老师和约束

人一起到达，从而使情况变得更为复杂。安东尼接受了物资，但命令屋大维娅返回罗马，这使他与埃及艳后旧情复燃的谣言广为传播。屋大维选择不去压制这些谣言，因为他相信，自我膨胀的安东尼很快会证实这一切。[41]

屋大维的想法的确成真了。有消息称，安东尼已经将一份遗嘱（据称出于自愿）交与罗马的维斯塔贞女①保管。屋大维要求她们交出遗嘱，当被拒绝时，他直接将遗嘱抢走。这一违反传统的做法令人震惊，然而，屋大维这次赌对了，遗嘱的内容更令人震惊。安东尼的遗嘱中确认恺撒里昂是恺撒的儿子，上面还记载了安东尼的遗愿，即使他死在意大利，也要将其尸骨运至埃及，埋葬在克娄巴特拉身旁。

在罗马人的眼中，安东尼已不再是罗马人，如果将来由他来统治帝国，他们担心罗马国将不国。[42]这成为打倒安东尼的最后一击。屋大维安排好了一切，安东尼则正中其下怀，现在只有用战争解决问题了。公元前31年9月，在亚克兴附近的希腊海岸边，双方进行了一次大战。安东尼和克娄巴特拉陈兵港口内及周围，但是屋大维和阿格里帕将他们包围起来，切断其补给线。苦于逃兵不断，安东尼试图突围时折损了大部分舰队；他和克娄巴特拉再无有效的防御手段，随后逃往埃及。普鲁塔克记录称，安东尼放弃了所有的东西，"随她而去，从而开启了他的衰败，直到最后

---

① 维斯塔贞女，是侍奉圣火维斯塔女神的女祭司，拥有看管重要文件、条约和遗嘱的职能。——编者注

走上覆亡"。[43]

屋大维尾随追击，在公元前30年夏，他占领了亚历山大城，几乎未遇到抵抗势力。安东尼和克娄巴特拉自杀了：他手法笨拙，用的是匕首，而她则优雅地（如果传说准确的话）用一条毒蛇结束了自己的生命。[44]这样，屋大维只需要处决不幸的恺撒里昂（他那时还是个青少年），随后游览这座伟大的城市，此时的亚历山大城比罗马更美轮美奂。[45]为了使历史更圆满，屋大维拜谒了亚历山大大帝的陵墓。棺材被打开了，但当要在防腐的尸体上放置一顶王冠时，这位已知世界的新统治者无意中碰掉了前统治者的鼻子。[46]但这个失误无关紧要。

9

因为屋大维从来不以亚历山大大帝为榜样。[47]亚历山大大帝作为马其顿王国的国王，只有在经历失败后才知道自己的局限。直到快要抵达喜马拉雅山时，他的手下才敢告诉他，部队已经无法再继续前进了。屋大维则在追求成功的过程中了解自身局限何在，即使在少数情况下，他未能认清自身局限，也会很快进行自我纠正。于是，战略自然而然地形成：他很少将愿望与能力混为一谈。亚历山大大帝一生都没有清晰地区分两者，到生命临近终点时才意识到两者之间的不同。33岁那年，身在巴比伦的亚历山大大帝在疲惫、疾病和失望中离世。[48]大约三个世纪之后，同样33岁的屋大维到达了亚历山大城，此时的他事业才刚进展到1/3。他看到并损坏了亚历山大大帝的尸骸。

当然，屋大维能够不为自己的疾病所累，成功历经多次风险，其中不乏运气的成分，但他在利用优势和弥补弱点方面比亚历山大大帝更加谨慎。"先知迂直之计者胜，"孙子写道，似乎如其行文一贯之风格，要涵盖所有可能性，但他随之提出限定，"此军争之法也。"[49]

孙子指出，只有当能力接近愿望时，"直"的计策才能起作用。因为手头尽是好牌，自然可以予取予求，几乎不需要权谋。然而，大多数情况下，能力不足以实现愿望——屋大维面临的问题就在于此。因为手中好牌不足，就需要采用迂回之计，这种情况下，孙子认为要诉诸权谋。

> 故能而示之不能，用而示之不用，近而示之远，远而示之近。利而诱之，乱而取之，实而备之，强而避之，怒而挠之，卑而骄之，佚而劳之，亲而离之，攻其不备，出其不意。

因此，心中存留对立的观念，是"兵家之胜"。尽管听起来很不可思议，但仿佛是孙子为弗朗西斯·斯科特·菲茨杰拉德的思想首开先河。但似乎是为了反驳和规训自己，这位圣人随后补充道："不可先传也。"[50]

一个人所取得的各项胜利必须相互关联，否则这些胜利并不能促成真正的目标。但是，胜利又是无法预见的，因为要获得胜利还需要一些意料之外的机遇。因此，权谋需要计划，也需要随机应变。单个竞技场上取得的小胜利，会促成其他领域中更大的成功，从而使较弱的竞争者变得强大。[51]这让我们想到年纪轻轻的屋大维不断与稀里糊涂的安东尼周旋，就是在充分利用自己有限的资源，以患为利，直到他有足够的能力在亚克兴战役中"直"面对方。

—— 10 ——

"我们已经走了很长的路，"在公元前29年，屋大维自亚历山大城返回后不久，一位诗人如此告诉他，"现在是时候让我们劳累不堪的马匹休息了。"[52]这位诗人是维吉尔，这首诗是《农事诗》。据说，屋大维连续几天聆听作者和几位朋友诵读这首2 118行的六步格诗。[53]这不是什么史诗（那时《埃涅阿斯纪》还没有被创作出来），这一情景让屋大维近代的传记作者感到非常困惑，以至他们直接将此事略去。这个身处世界权力之巅的人，为什么会端坐聆听他人冗长的教诲，而且内容还是有关农作物的轮作、葡萄种植、养牛和养蜂？早期传记作者约翰·巴肯认为，此时的屋大维已再无敌手，因此准备放慢步伐，观察四周环境，考虑如何使用自己的权力。他在从打天下转为治天下。[54]

崛起中的屋大维已经花费了15年的时间来抵御、收买、规避、消灭，或者说利用自己所面临的威胁，这些威胁来源于安东尼、西塞罗、卡西乌斯、布鲁图斯、富尔维娅、卢基乌斯、绥克斯都、雷必达、克娄巴特拉、恺撒里昂，以及罗马元老院、罗马的暴民、自身的疾病、暴风雨、海滩，甚至是彗星。他足智多谋地应对这一切，但始终处于被动地位。他不断试图掌握主动权，却又不断失去主动权，继而不得不重拾主动权。他无法永远保持这种状态。奔驰的骏马也总有停下来的一天。

在亚克兴战役之后，屋大维开始掌控形势，而不是受形势控制。他推迟了针对帕提亚人的任何进攻计划。他任命当地的统治者（例如朱迪亚地区的希律王）驾驭那些不服从管理的省份。他通过分配土地和提供长期供养稳住了退伍老兵。他不断宣布胜利，举办体育比赛，并上马了一个城市建设项目，旨在打造一个可媲美亚历山大城的罗马城，这些都博得了罗马人的欢心。他知道傲慢的危险，所以一直伪装成谦逊的模样。他面对荣耀低调不彰，从不炫耀，生活节俭，从不铺张，若外出旅行返回，则会悄悄进入城市，以避开精心准备的欢迎仪式。他故作姿态要放弃权力，实则是为了获得权力。最戏剧性的一幕发生在公元前27年的第一天，屋大维出人意料地放弃所有的责权，猝不及防的元老院别无选择，只能阻止他下野，并授予他"元首"（"第一公民"）称号，还给了他一个新的尊称：奥古斯都。[55]

屋大维真正要做的是废弃共和国，但他将这一过程慢慢推进，极具分寸，在每个阶段都展现出这一改变会带来的不言而喻的好处，从而使罗马人适应甚至拥护新环境，而几乎不会注意到它究竟改变了多少。他们就如同被培育出的庄稼、葡萄、牛和蜜蜂。不同于薛西斯一世、伯里克利、亚历山大大帝和恺撒（他带给屋大维的一项重要的礼物就是使屋大维及早开始征程），屋大维把时间视为盟友。正如历史学家玛丽·比尔德指出的，屋大维不需要废除任何东西，他只需要利用时间来培育出新东西。[56]

其中一项是修改宪法，重申对元老院和法治的尊重，同时保留铁腕，外柔内刚。另一项是稳定帝国，奥古斯都宣布，罗马帝国已经足够大，除了一些边界需要调整外，无须进一步扩张。此外，罗马帝国还缺一部民族史诗。罗马时代没有荷马，所以元首塑造了一位。与《伊利亚特》和《奥德赛》不同，《埃涅阿斯纪》是一部授意创作的作品，是在奥古斯都的鼓励和资助之下得以完成的。维吉尔对自己的这部作品并不满意，临终前要求将其烧毁，是奥古斯都将手稿从火焰中拯救出来的。

埃涅阿斯是特洛伊王子，在逃离特洛伊的战火，并经受无数次考验之后，他创建了罗马，这座城市后来成为一个受神青睐的帝国。在通往权力的道路上，他就像屋大维，"他的思绪在这里或那里穿梭，探索可用的选择，在电光火石之间，转向这个或那个计划"[57]。但除了提到"神的儿子，将重建黄金时代"[58]这个预言外，维吉尔对奥古斯都如何使用权力几乎没有说明。《埃涅阿斯纪》旨在回望罗马的过去，而不是展望它的未来。它赞颂的是"打天下"的过程，而非"治天下"的过程。

那么，元首为何如此重视这一长篇诗歌的筹划与创作呢？在小说家赫尔曼·布洛赫的作品中，奥古斯都这样告诉弥留的诗人："诗歌感知的伟大之处，因此也是维吉尔你的伟大之处，在于只需要一次审视，在一部作品之中，于注目一瞥之间……便能捕捉生命的全部要义。"那么，战略和治国术是否就是掌握事物之间联系的能力，是否就是通过了解一个人的过去知晓他要去往何方的能力？如果答案是否定的，那么我们将很难理解，迂回之计（无论是奥德修斯的曲折经历，还是屋大维的探求与转变）如何能够帮助我们实现最终的目标？"我曾是维吉尔的朋友，"布洛赫笔下的奥古斯都正确地总结道，"这将成为我未来名望的一部分。"[59]

11

然而，有一些事情甚至连奥古斯都也无法控制：遗憾的是，其中之一便是他自己的家庭。他和他的养父都明白，废弃共和国体制会使帝国因继承人的选择而面临不确定性。但在当时来看，即便如此，仍然是划算的，因为罗马比大多数后来的君主制国家都对离婚和领养等行为更为宽容。这就使培养合适的继承人成为可能（即有机会规训最有前途的候选人），而不必受制于血缘名分。[60]

然而，不幸发生在奥古斯都自己的家庭孕育后代的事业上。他结了4次婚，但只有他的第三任妻子为他生了一个孩子，名叫朱莉娅，尽管朱莉娅才华横溢、自信满满，却因身为女人而无法成为奥古斯都的继承人。[61]奥古斯都只得考虑领养，作为元首，他的一个首要议程便是培养出新的屋大维。他的第一个选择是备受欢迎的马塞勒斯，即他的姐姐屋大维娅与第一任丈夫所生的儿子。[62] 奥古斯都在朱莉娅年仅 14 岁的时候，将她嫁给了马塞勒斯，但马塞勒斯在 21 岁那年因一场突如其来的疾病而离世，维吉尔便颇有讽刺意味地在《埃涅阿斯纪》中将其描绘成一个失落的灵魂。[63] 退一步的选择是提比略和德鲁苏斯，这是奥古斯都的最后一任（也是陪伴他最长的）妻子利维娅与其前夫生下的儿子。不过，德鲁苏斯在 29 岁时因骑马摔伤而死。提比略倒是身体健康，但他和奥古斯都彼此之间缺乏信任，因为奥古斯都为了确定继承人，耍了不少伎俩和手段。

为了给自己多一些选择，在马塞勒斯去世后，奥古斯都强迫朱莉娅嫁给年长的阿格里帕，阿格里帕的年龄与奥古斯都相差无几，奥古斯都取得的许多军事胜利都要归功于阿格里帕的明智指挥。阿格里帕和朱莉娅育有 5 个孩子，其中 3 个是男孩，但前两个孩子盖乌斯和卢基乌斯年纪轻轻便去世了，第三个孩子阿格里帕·波斯蒂默斯出生在他父亲去世后，十几岁时便成为一个恶毒的暴徒。因此，绝望的奥古斯都要求提比略与他深爱的妻子离婚，并与阿格里帕的遗孀朱莉娅结合。提比略讨厌朱莉娅，朱莉娅同样也没给提比略好脸色看，这段不幸的婚姻诞生出一个夭折的婴儿，自此之后，提比略不再对奥古斯都唯命是从，并流亡到罗得岛。在那里，他与朱莉娅离婚，而朱莉娅的通奸行为甚至震惊了罗马人，导致奥古斯都将她流放到意大利海岸附近较小且更荒凉的潘达特里亚岛。奥古斯都抱着聊胜于无的希望，在公元 4 年收养了提比略和阿格里帕·波斯蒂默斯，此时的奥古斯都已经67岁了，但他对这两名候选人都没有信心。[64]

5年之后，按照那个时代的标准来说，奥古斯都已过于衰老而无法统治国家，他遭遇了最严重的军事失败。他长期以来一直反对帝国疆域扩张，但这并不妨碍其理顺周边地区。因此，他批准将罗马的统治边界从莱茵河扩展到易北河，这样一来，易北河和多瑙河一线将大大缩短从北海到黑海之间大部分由河流构成的帝国边界。[65]这在地图上看起来很不错，但需要平定日耳曼尼亚，这是一片森林茂密的地区，罗马人对其知之甚少。这项任务落到了普布利乌斯·昆克蒂利乌斯·瓦鲁斯身上，他即刻带领三支军团前往那里，却在条顿堡遭遇灾难性伏击。大约有15 000名士兵被奴役或杀死（现场遗迹显示，他们被残杀的方式令人毛骨悚然），奥古斯都几乎在一夜之间失去了1/10的军队。[66]

据说，他生了好几个月闷气，以头撞墙，自言自语，拒绝刮胡子，不见任何人：他像李尔王一样，只是他没有走入荒野，没有经历风暴，也没有傻瓜的安慰。他最终振作起来，却意识到，尽管自己的生命很长，但他没能保护好自己的帝国，也没有安排好继承人。当知道自己寿命将至的时候，他能做的事情就是突然拜访被流放在岛屿上的阿格里帕·波斯蒂默斯，在确定这个年轻人没有改变之后，奥古斯都便将其杀死。一如他在近半个世纪前杀死恺撒里昂，并没有太多遗憾。现在，人们已经明白，愤怒的提比略将成为不受规训的新恺撒。

公元 14 年 8 月 19 日，快要迎来自己 77 岁生日的奥古斯都在位于那不勒斯附近的一所房子里去世了，他的亲生父亲同样是在这所房子里去世的。一如平日的行事风格，奥古斯都准备好了临终遗言："我接手的罗马是用土造的，我留下的罗马是用大理石建成的。"接着，他又语气轻快（尽管历经坎坷，但他始终保持这一特点）地问道："在生命这出闹剧中，我扮演的角色是否精彩？"然后，他又补充了一句话，仿佛莎士比亚的戏剧谢幕时的台词。

> 如果我的表演还令你满意，请用温暖的告别表示感谢。[67]

在约翰·威廉姆斯创作的关于奥古斯都生平的伟大小说中，朱莉娅回忆起她和父亲之间的一段对话，那时他们还没有断绝关系："这一切都值得吗？……这个你所拯救和建设的罗马，值得你付出这一切吗？"奥古斯都盯着她看了很长时间，然后移开目光。"我必须相信这都值得，"他最终回答道，"我们都必须相信。"[68]

12

也许的确是这样。罗马随后的历史中出现的那些失职的统治家族和失守的帝国边界，都是后世无法超越的。尽管如此，以最严格的估算，罗马帝国在奥古斯都去世后，又存在了 4 个半世纪。西罗马帝国"亡"于 476 年。由君士坦丁大帝创立的拜占庭帝国

第三章 老师和约束

在那之后又延续了1 000年。君士坦丁大帝在罗马帝国基督教化中发挥的作用至少可与奥古斯都建立罗马帝国相颉颃。神圣罗马帝国作为罗马统治在欧洲的余绪，始于800年，奠基者是查理曼大帝，他有许多名号，其中一个是"最宁静的奥古斯都"。在后续的1 000年里，这个帝国保持着领土完整，直到拿破仑摧枯拉朽，将其解放。但拿破仑足够明智，不会去挑战在奥古斯都时代建立的罗马天主教会，它似乎会长久存续下去，直至我们都可以预见的未来。罗马天主教会受最高祭司掌控，这一职位最初是由罗马帝国皇帝兼任的，最早可追溯至屋大维出生前约600年。

并非所有的帝国都能永久存续。大多数帝国都会经历崛起、衰亡、久被遗忘的过程。有些帝国可能会因它们所造就的传奇、它们创作的艺术作品或它们留下的遗址而被人们记住，除此之外能被记住的就寥寥无几了。今天，谁会以薛西斯一世的波斯帝国、伯里克利的雅典或亚历山大大帝的马其顿王国为模板创建一个国家？不过，罗马和中国则例外。它们的遗产体现为语言、宗教信仰、政治制度、法律原则、技术创新和帝国政府，造就这些遗产的政权先后"崩溃"，这些遗产却幸存下来。如果说后冷战时代见证了"西方"和"东方"之间的较量，那么这将反映罗马文化和中国文化的持久性——思想的帝国，[69]这要在漫长的时间里经历许多危机才得以培养出来。

奥古斯都是罗马最娴熟的培育者。在克服种种困难，拥有至高的权威之后，他利用这种权威将一个衰弱的共和国培育成一个在多个领域繁荣昌盛的帝国,仿佛它就是维吉尔笔下的葡萄藤。罗马帝国的繁荣时至今日我们都未能充分领略。植物并不知道培育者希望它们以何种方式变得成熟,但只要它们的根扎得牢,并且能够得到精心照料,它们就会很配合。奥古斯都十分幸运,有足够的时间完成此等培育工作。他有效地利用这一时间,同时始终心存一个目标,即播种和收获自制能力。

在生命的终点,他担心自己未能实现这一目标,从某种意义上来说,他确实失败了:他没能像尤利乌斯·恺撒培养他那样培养出继任者。如果垂死的奥古斯都能预见到后代帝王的昏庸,他肯定会惊骇不已:暴君尼禄的出现不过是40年后的事。[70]但是,罗马帝国足够强大,就像中国一样,能够经受得住可怕的统治者。[71]这两个国家之所以能够做到这一点,都是因为具备多样性:它们不依赖单一种类的权力,而是发展成为生态系统,就像充满生命力的花园和森林一样。

更有趣的是,奥古斯都对《孙子兵法》中的思想如此精通,却对孙子一无所知。对此的解释可能存在于一种战略逻辑中,这种战略逻辑是文化的基石,如同语法之于语言,并且能够跨越时间、空间和规模。如果是这样,当常识遇上不寻常的情境,则不过是另一种矛盾,可同时存在于一流智者的思想中。法则的推导、表达和制度化必须发生于实践之后。就像波洛尼厄斯那样,你可能在抬头观望天边的云彩,但你始终需要脚踏实地。

第四章　灵魂与国家

南北战争结束后不久，一名年轻的美国人与东北部西伯利亚人为伍，度过了两年艰苦的岁月。他叫乔治·凯南，是与他同名的 20 世纪著名人物乔治·F. 凯南的一位远亲，后者多年后提出了冷战时代的"遏制战略"。乔治·凯南此时 20 岁，正在勘测将美国与欧洲联系起来的电报线路：水下电缆这时尚不完善，串联当时英属不列颠哥伦比亚省、俄属阿拉斯加、西伯利亚和俄国欧洲部分的陆地电缆，只需要穿越白令海峡就可接通，因此勘测这条陆地电缆似乎很有必要。1866 年，跨大西洋水下电缆开始启用，陆地电缆勘测项目也宣告失败，但凯南好几个月之后才得知这一消息。他在长途电报领域的未来已经晦暗，个人还经历了一场宗教信仰危机。

在他 1870 年出版的一本书中，乔治·凯南承认他差一点就在俄亥俄州长老会的教导下走上歧途，他被培养得"崇拜邪恶的灵魂，相信它们存在于所有神秘的力量和大自然的威力中，如流行病和传染病、强风暴、饥荒、日食和耀眼的极光"。基督教诠释逆境的方式出人意料地浅薄。

只要是和西伯利亚当地人一起生活过，研究过他们的性格，使自身受到与他们相同的影响，并尽可能将自己置于他们的位置上的人，就不会怀疑牧师或崇信者的虔诚，更不会因他们将邪灵崇拜作为唯一的宗教信仰而感到疑惑。在这种情况下，这就是当地人唯一可能接受的宗教信仰。

即使受到东正教浸润，并且在西伯利亚地区有长期生活经验的俄国人，也可能发现他们信奉的上帝遥不可及而邪恶的力量近在眼前："他们像异教徒一样将一条狗作为祭祀品，以平息恶魔的愤怒，而风暴就是恶魔愤怒的显现。"凯南总结道："人的行为，并不是受制于他在理智层面相信的事物，而是受制于他所真切见识的事物。"[1]

这种对未知事物的恐惧，将宗教根植于我们已知的所有伟大文化中。无神论几乎没有历史延续性。但只要人们信仰的是多神教，即相信每次灾难都是某个神灵的任性妄为所致，那么信仰几乎不会阻碍国家的发展。诸神争吵不断，凡人在他们之间保持着一种平衡。人们可以尊重或忽视神灵，甚至有时会制造或毁灭神灵，这是罗马人特别擅长的一种艺术。[2]没有任何一种信仰能够挑战官方权威。

犹太人则不同，对于他们来说，诸神之间的争斗是上帝自身矛盾情绪的展现，而上帝通过选择犹太人来组建一个国家，让其矛盾情绪进一步复杂化。[3]以色列的历史便体现为上帝（由天使和先知代表其意志）与其选民（以国王、牧师甚至是那个坐在灰堆

第四章　灵魂与国家

上刮痂的老人为代表）之间的尖锐冲突。[4]但正如现代第一位伟大的罗马史学家爱德华·吉本指出的那样，犹太教是一种排他性的宗教。作为"上帝的选民"，犹太人不主动扩充皈依者，所以犹太人的国家从来没有罗马帝国那样的扩张野心。[5]奥古斯都可以像统治高卢、西班牙或潘诺尼亚那样统治犹太人的国家，而无须担心有朝一日他们会奋起反抗。

这位帝国元首不可能知道，在他统治期间，会出现另一个具有包容性的一神教，"一种纯洁而谦卑的宗教"，吉本写道，"温和地渗透进人们的思想，在沉默和隐蔽中滋长，因遭到反对而精力倍增，最终在朱庇特神庙的废墟上竖起胜利的十字架旗帜"。吉本隐晦地论述着，将基督教的崛起归功于它传教的热情，它对待仪式的灵活性，还有它的神迹论，以及它对来世的承诺，当然还有"其教义本身令人信服的证据，以及它的伟大创造者支配一切的神力"[6]。基督教将花费几个世纪实现其目标，但这将是第一个在全球范围内蓬勃发展的"帝国"——这是罗马帝国从未达到的成就。

然而，还是有一个反复出现的两难困境：它的信徒将什么归于恺撒，又将什么归于上帝？[7]基督教能否在没有国家保护的情况下生存？如果没有基督教的认可，国家能否获得其合法性？为了解决这些难题，中世纪和近代早期的思想家绞尽脑汁。基督教是如吉本所认为的那样，导致了罗马的"衰落"，还是如奥古斯都的遗产所暗示的，确保了罗马的制度不朽？这个问题至今仍没有答案。从那时起，这些对立的观点塑造了"西方"文明。尤其是，在此基础上产生了两个真正的大战略，它们在目的上并行不悖，但是相隔千年：一个出自最伟大的圣徒之一，另一个则出自最邪恶的罪人之一。

1

奥古斯丁从未将自己视为圣徒。他于354年生于北非小城塔加斯特，在他的编年体自传中（自传这种文体很大程度上是由奥古斯丁发明的），他描绘自己还在吃母乳的时候，就是一只贪婪的"寄生虫"："如果说婴儿是无辜的，那么不是因为他们没有做坏事的意愿，而是因为没有力气。"他长大后没学希腊语，只因不愿听从支配；《埃涅阿斯纪》使他着迷，而算术则提不起他的兴趣；他为歌剧人物狄多哭泣，而不会为上帝流泪；他为了在比赛中作弊而大费精力，却从没将关心父母这件事放在心上；他只在世俗的事物中寻求快乐、美丽和真理。"作为那么小的男孩来说，我是一个大罪人。"[8]

这还是在他十几岁发现"性"之前。"我的内心欲望升腾……肉欲失去控制……从里到外都如此下流，但我对自己的状况很满意。""那么，告诉我们更多。"古往今来的读者偷偷地低声说道。于是他娓娓道来：

> 少年的性欲在我身体中流溢，让我充满迷惑，如同阴云一般遮蔽了我的心灵……爱和欲望在我心中融合在一起……

第四章 灵魂与国家

> 我欲火如焚，在淫乱的海洋中挣扎……有一天，在公共浴池（我的父亲）看到了我身体中呼之欲出的阳刚之气……他欣喜地将此事告诉我的母亲，因为……

别继续说了！但奥古斯丁并不觉得难为情，仍然滔滔不绝地说。他在《忏悔录》中不吝笔墨地描述了一棵梨树，他和他的朋友们打掉了这棵梨树上所有的梨（尽管还很酸涩），然后拿去喂了猪。"为了一点儿笑料，活动一下筋骨，我很乐于破坏……因为当别人说'加油，继续干'时，如果缩手缩脚，会让自己觉得很丢脸！"[9]

这棵梨树是犹太-基督教传统中第二著名的果树。奥古斯丁在这部稍显怪异的作品中，为什么要公开自己向上帝私下做出的忏悔呢？[10]奥古斯丁以此例及其他众多例子，来质问一个无所不能的神，在他创造的世界里，怎么会容忍任何形式的不完美存在。朱庇特"用雷电来惩罚恶人，可自己却犯下通奸罪"，奥古斯丁无礼地指出。"这两个角色完全是互相矛盾的。"[11]这要将基督教的上帝置于何地？

考虑到奥古斯丁所处的时代，解答这个问题显得迫在眉睫，因为君士坦丁大帝已在313年将所有宗教合法化。鉴于基督徒在此前不久刚遭到戴克里先的迫害，这几乎是一个不可思议的奇迹，但即使以基督教为官方宗教，罗马的命运也几乎很难改变。帝国的继承权仍无法预测。边界扩张过度，却防卫不足。"野蛮人"与前文提到的和乔治·凯南相处的西伯利亚人相比更难打交道,驻扎在亚洲那些鞭长莫及处的边防部队,遭到他们一波接一波的攻击。西哥特人于410年攻陷罗马,当时奥古斯丁56岁,20年后,在他长期担任主教的北非希波港口,他于汪达尔人围城之际告别人世。[12]

奥古斯丁在担任主教后不久就写了《忏悔录》,他认为自己尚未准备好担任该职位。在二十几岁的大部分时间,他都是一位摩尼教徒,试图通过限制上帝的力量来解释邪恶。这一想法最终被证明过于简单,在让他心生敬畏的母亲莫妮卡和一位强势的导师安波罗修(米兰主教)的影响下,奥古斯丁经历了缓慢而痛苦的过程,最终皈依基督教,他生动地描述了这段经历。即便在那时,他也只是希望建一个修道院,直到希波(他就想在这里建修道院)的基督徒强行任命他担任牧师,然后将他推上主教的位置。[13]

用招募职业运动员的方式征召主教,这看似是一种奇怪的方式,却反映出罗马统治逐渐弱化时,人们对于权威的渴求。主教不仅提供精神指导,同时还是地方法官、执法人员和社区组织者。与完成任务所必需的坚定的意志、有说服力的修辞,以及实用主义相比,神学训练没有那么重要。成熟的奥古斯丁拥有这些品质,但他还有一个周围人无法预料的特质:充分利用机会的能力。在这个即将崩溃的罗马帝国统治下的边缘之地,在他并非自愿而高居的职位上,奥古斯丁致力于在未知的世界中调和信仰和理性。《忏悔录》开始了他加诸自身的公开羞辱之旅,为他后续作品的风靡一时留下了更多空间。[14]

2

奥古斯丁写作了《上帝之城》，这部巨著经过多年的创作在他去世前不久完成了。《上帝之城》并不是人们常以为的只讲述天堂和人间的差异，而是穿插着对人间管辖权问题的探讨。用极度简化的语言来说，[15]即只有一个上帝，也只能有一个恺撒。在人间，人们应效忠于这两者。人们如何平衡对两者的忠诚，决定了其是否能获得永生，但恺撒的要求和上帝的审判反映了当时的环境和确定性因素。意想不到的事情可能并不会让上帝感到惊讶：奥古斯丁足够谦逊，承认不确定性。但不确定性因素无法被人类预料。

因此，人类必须设法掌控未知，因为上帝赋予了人类自由意志（这也许是一项诅咒）。这是人类为原罪付出的代价，但这也给予了人类希望：人类的存在不能毫无意义，人不能只是祈盼反复无常的上帝给予仁慈。因此，确定对恺撒和上帝承担何种义务成为最重大的战略任务，因为它需要将有限的人类能力与获得来生这一无限的抱负相匹配。

不幸的是，《上帝之城》在论述的清晰度上不如《忏悔录》。这是一个结构松散、叙述冗长的文学大部头，一部神学版的《白鲸》。该书中，自转和本轮、天使和恶魔、神话和历史彼此扰攘，没有呈现特定的顺序。因此很难将《上帝之城》作为战略参考书，更别说从中寻求救赎了。奇怪的是，犹如奇迹一般，后世对这部作品断章取义的理解却让奥古斯丁受益。你可以把奥古斯丁散落四处的主题聚合在一起，剔除他加诸其上的限定与离题之论后，这些内容通常方可展现其意义。他的写作风格掩盖了内在逻辑，在论述战争与和平的问题上尤其如此。[16]

什么时候基督徒有理由不献上另一侧的脸颊，而是投身战斗，必要时甚至不避杀戮？基督教统治者在捍卫自身统治时，对被统治者可以强加何种义务？如果有可能的话，如何能够在捍卫国家的同时还能使灵魂得到救赎？如果像奥古斯丁所坚持的那样，恺撒的世界是腐败的，而上帝的世界是完美的，那么世人又何苦在人间费力不讨好？在奥古斯丁的答案中（他承认，这些答案本身也并不完美），是什么令其风靡一时，甚至自此影响了世人对"正义战争"的思考？

3

奥古斯丁的天才之处在于，他只关心存在于秩序与正义，战争与和平，恺撒与上帝之间的对立紧张局势，却不关心这些对立产生的原因。他将对立视为如同地心引力一般的客观存在而不试图解释地心引力到底是什么。人类要在对立之间进行抉择，但没有统一的规则可以告诉人们应该怎样做抉择。面对"你不得杀戮"的规训，奥古斯丁在神圣的经文中总能找到赞许杀戮的文字。[17] 早在后结构主义出现前几个世纪，他就开始质疑那些经典文本作者的写作意图。在某种程度上，他享受这种矛盾与对立。

第四章 灵魂与国家

这使他的学说程序化,而非绝对化。在尊奉新柏拉图主义影响了早期基督教之际,奥古斯丁表明现实与理想之间总是存在差距:人们可以努力去实现理想,但永远不要期望能实现。因此,在一个堕落的世界中,去追寻就是人们所能做的极致,而人们要追寻什么则是自我的选择。然而,并非所有目的都是合法的,也并非所有手段都是恰当的。因此,奥古斯丁寻求通过尊重选择的权力,来指导人们如何做选择。他通过诉诸理性甚至可以说是诉诸常识来做到这一点。

举例来说,为什么国家的存在必不可少?如果上帝是全能的,人类还需要像恺撒这样的帝王吗?奥古斯丁回答说,没有恺撒,就没有基督徒,这不可能是上帝的旨意。成为基督徒本身就是人们自由选择追随基督的结果。如果所有的基督徒都被抓去喂狮子,那么这个选择就非自由选择了。然而,恺撒很少这样做:从耶稣去世时到君士坦丁大帝统治结束这三个世纪以来,罗马帝国尽管间或出现镇压,但总体来说对新宗教的友好程度令人惊讶。[18]这是奥古斯丁和他同代的基督徒认为罗马在4—5世纪的"衰落"令人不安的原因之一。

随后,奥古斯丁通过观察概括出,秩序必须先于正义,因为在持续不断的恐怖行径之下,权利何以存在?[19]和平的信仰(基督徒唯一的正义来源)只有在被保护的情况下才能蓬勃发展,无论这种保护是君士坦丁大帝之前的统治者通过对宗教的包容来实现,还是随后的统治者通过颁布正式法令来实现。[20]在罪恶的凡人之城，上帝之城只是一个脆弱的架构。

正是这种情况导致基督徒将权力委托给选定的罪人，我们将这种行为称为"政治"。奥古斯丁尽管信仰虔诚，却是一位政治哲学家。伴随罗马的权威逐渐衰弱，他成了一位专制的主教，准备接受危害较小的罪恶行径（或者如他所说的那样，"仁慈的苛刻"[21]）以避免更大的罪恶。[22] 奥古斯丁的目标与东正教相背离，他极富激情地攻击东正教，好像推进信仰的唯一方法就是彻底地将其净化。然而，他的脑海更为广博：他思想的启示价值更为广泛，更为持久，最终更加人性化。

奥古斯丁得出的结论是，如果为了救国，那么战争可能并不比和平邪恶，只要可以说明程序上必要的先决条件。国家有没有受到挑衅？统治阶层是否已尝试了除战争之外的其他选择？诉诸暴力是否是一种可供选择的手段，而非目的本身？军备开支是否与其目的相称，以确保战争不会破坏所要捍卫的东西？奥古斯丁坚信人类做出的这些决定是为了实现某种神圣的目的，但这能否真的起到这一作用？这样，上帝之城和凡人之城是否就可以共存，而不会破坏这个有缺陷的世界？

4

当然，有一些质疑战争智慧的先例：阿尔达班、阿希达穆斯和尼西亚斯都这样做过，如果他们都不算成功的话，修昔底德笔

第四章 灵魂与国家

下注定要战败的米洛斯人已经对战争产生了永恒的疑虑。然而,在奥古斯丁之前,没有任何人设定过各国应具备哪些标准才能选择开战。这只能出现在包容性的一神论中,因为只有声称拥有普遍权威的上帝才能评判人世间统治者的灵魂。在那个时代,只有奥古斯丁自信地为上帝辩护。《忏悔录》的那个畏畏缩缩的作者已经取得明显进步。

奥古斯丁将他认为开战国家应具备的标准列为一份检查清单,而不是规定为戒律。他知道先知多么频繁地怒吼出戒律,又在必要时或者发布来自天堂的新指示时,取消这些戒律。[23] 尽管在铲除异教徒方面毫不手软,但奥古斯丁更倾向于用说服的方法来应对战争与和平问题,并总是说:"你有没有想过这点?"或"这样做是不是有意义?"他认为在这个领域没有必要对人诉诸威胁,随着时间的推移,这样的做法为他赢得了追随者。[24]

那是因为清单比戒律更能适应变化。水手在出海前依靠它。士兵在制订任务计划时采用它。外科医生对照它,以确保器械准备齐全,且没有被遗留在患者体内。飞行员要审查它,以确保安全起飞并平稳着陆——最好是在预定的机场。父母借助它,以便接送孩子时不会出差错。清单给人们提出了一些可能发生的意外情况下的常见问题,使人们在尽量减小意外情况发生的可能性的同时,处理那些真正发生的意外情况。

奥古斯丁所面临的极大不确定性是凡人之城中灵魂的地位,因为只有最适合的人才有希望进入上帝之城。基督教之前的神很少做出这样的区分：异教徒的来世，与英雄、恶棍和介于二者之间的其他人同样可怕。[25] 然而，基督教的上帝则不同：人活着时的行为会对死后产生巨大的影响。因此，战争中遵循规则至关重要，否则代价将是失去生命。

5

然而，奥古斯丁的清单存在问题。如果这么有必要遵循规则进行战争的话，他为什么要像只松鼠一样，将就这一问题所写的那么多作品藏起来？正因为如此，阿奎那、格拉提安、格劳秀斯、路德、加尔文、洛克、康德花费了几个世纪才寻觅、挖掘、编纂和应用奥古斯丁在治国理政领域的洞见。[26] 奥古斯丁怎么能希望通过隐藏具体方法而拯救国家或人的灵魂呢？《忏悔录》已经证明奥古斯丁的写作能够做到清晰易懂，就像他作为主教时成千上万次的布道一样，其中许多场布道至今仍被视为经典。[27] 然而，也许这就是问题所在。

奥古斯丁在其职业生涯的后半段承担了繁重的主教职责。这给予他雇用抄写员的权力，他们将奥古斯丁的想法速记下来，[28] 但这反而增加了卷帙浩繁的负担，因为谁会有时间阅读所有速记内容，并将其组织成篇以便阅读？奥古斯丁的言论，就像尼克松的录音带一样，淹没了创作者的思想。因此，虽然奥古斯丁的清单会影响人类对未来数百年战争的思考，后世的思想者也可以花时间去挖掘晦涩难懂的文本，但其是否对之后发生的战争冲突起到了缓和作用，尚未可知。[29]

但是，也许有一个更大的问题，甚至清晰的描述也不能将其解决。奥古斯丁从来不是一个全心全意的一神论者。[30]他对理性的崇拜程度和他对上帝的崇拜程度相当，但他从未表明基督教的上帝会比罗马主神朱庇特更接受理性的约束："这两个角色完全是互相矛盾的。"奥古斯丁因这一矛盾而感到不安。

为什么战争会爆发？当然，它们反映了国家衰亡造成的人类的罪恶。但因为上帝是全能的，战争也必须符合他的意志——而奥古斯丁认为上帝的行为始终表现出他对人类的爱。因此，人类必定以某种方式从战争中受益，也许是通过受罚的方式受益，就像小孩子受罚是为了其能更好地成长，也许是死后会被送去一个更美好的世界。但是，如果是这样的话，为何有些战争是正义的，而另一些则是非正义的？为什么存在评判标准？奥古斯丁提示，这些标准指示了路径，凡人之城里的义人通过这条路径前往上帝之城，而将不义之人留在身后。

但是，如何区分义人与不义主义之人？和平主义并不在判断标准之列，因为奥古斯丁认为服军役是保卫国家的必要条件，否则基督教也难以生存。服军役是无条件的：奥古斯丁坚持认为，基督徒士兵必须遵守命令，并且只能期望那些命令是符合正义标准的。命令是否符合正义标准所反映的是只有上帝才能决定的现实。因此，即使是非正义的战争，如果是为上帝而战，也可能变为正义之举。[31] 在米洛斯的问题上，奥古斯丁本该与雅典人立场一致。他是一位神学界的"潘格洛斯博士"[32]，在可能发生的最坏的情况下总能看到最好的事情。

但也许奥古斯丁的清单为你留出了妥协的空间，如果你确实有回旋空间的话。当你要在秩序与正义，战争与和平，恺撒与上帝之间做出选择时，你可以在某个指向上展现出倾向性，并灵活地进行调整。此时的你就是在协调目标与能力，因为奥古斯丁认为，正义、和平和上帝属于目标一类，而秩序、战争和恺撒则属于能力一类。

反过来，协调意味着相互依赖。没有秩序，正义就无法实现，和平也可能通过战争来换取，如果人类要接近上帝，就必须要与世俗的力量和解（甚至像君士坦丁大帝一样，改变宗教信仰）。每一种能力都代表一种能够实现的抱负，这很大程度上近似于孙子以实践约束其原则，但这种约束的本质是什么？我认为是均衡性，即所采用的手段必须适合或至少不违背最终的目标。这就是奥古斯丁的倾向：倾向于一种超越时间、地点、文化、环境以及圣徒和罪人之间差异的战略逻辑。

6

长期以来，人们一直认为马基雅维利下了地狱，更糟糕的是，他在那里还很满足。[33] 但奥古斯丁或与他同时代的许多人（如果

第四章　灵魂与国家

有的话）则不会如此。马基雅维利于1469年在希波出生，并在佛罗伦萨度过了他人生大部分时间。希波与佛罗伦萨之间的距离并不远，都在疆域辽阔的罗马帝国的边缘地带。然而，到了15世纪末，罗马变化巨大，罗马君主由教皇担任，并管理着众多截然不同的帝国：一个太世俗的凡人之城，受制于意大利中部的教皇国，而罗马天主教会，一个据称具有普世性的上帝之城，与中欧和西欧的世俗主权不和谐地共存着。一些中欧和西欧国家当时正在教皇形式上的监督下，将其统治势力扩展到南亚和东南亚的边缘，以及新发现的大陆，这片大陆不久之后会被称为美洲。

从位于佛罗伦萨的领主广场高处的办公室里，年轻的马基雅维利（一个在这个城邦政府中步步高升的官员）可以看到纪念亚美利哥·韦斯普奇的庆祝活动：韦斯普奇是佛罗伦萨人，马基雅维利认识这个家族。马基雅维利在《论李维》（此书是他于1515年在政府失势后开始写作的）的开篇第一句话中指出"发现新的方法和途径，其危险性不亚于探索新的海洋和未知土地"。但是，这不是因为上帝的愤怒，而是出于人类的嫉妒。奥古斯丁对这两者都表示担心。而最近被监禁且备受折磨的马基雅维利，相比敬畏上帝，更害怕人类。[34]

马基雅维利不是不相信上帝，也不是对上帝不敬。他的作品经常提到上帝，就像他所在的文化的习惯一样。但是，马基雅维利狡猾地暗示，古人的众神和基督教的上帝可能是同一个。他很少参加弥撒，他的朋友对他议论纷纷，甚至取笑他。马基雅维利从来没有像奥古斯丁那样自告奋勇地为上帝代言,或试图解释上帝,除了他在《君主论》中写过的一句重要的话"上帝不会独揽一切事务"。[35] 但就凭这本书足以将马基雅维利送入地狱。

我们很难理解这句话为什么会备受争议,因为马基雅维利小心地补充道:"这样就不会夺走我们的自由意志,以及属于我们的那部分荣耀。"自由意志难道不是上帝赐予我们的吗?难道它不应该将人们引向救赎吗?那些实现救赎的人不是光荣的吗?在奥古斯丁的思想中,像这样的问题已经违背了他认为上帝无所不能的信念:在预先确定的世界中,自由如何存在?奥古斯丁对这些对立感到不安,他试图在其史诗级著作中调和它们,却功败垂成。[36] 相比之下,马基雅维利更轻松地看待这些对立。如果上帝说人类的意志是自由的,那么人类的意志便是自由的。如果世人试图在理性的范围内约束上帝,难道不是很傲慢的行为吗?对世人来说,不去尝试约束上帝难道不是一种解脱吗?

顺着以赛亚·伯林的思路,你可以得出以下结论:奥古斯丁是"刺猬",马基雅维利是"狐狸"。在弗朗西斯·斯科特·菲茨杰拉德的鼓舞下,你可能会承认:马基雅维利拥有一流的智慧,他心中存在着对立观念,却不影响其行动;奥古斯丁虽然尽职尽责,但略显逊色。这两种观点似乎都有道理。但两者之间更明显的区别可能在于气质:借用米兰·昆德拉的一个说法,[37] 马基雅维利发现"生命之轻"是可以承受的。而奥古斯丁也许是因为年少时为一棵梨树所神伤,对他来说"生命之轻"是无法忍受的。

第四章 灵魂与国家

── 7 ──

那么,什么是"生命之轻"?我的学生会说,它是指学会不"不担心",而马基雅维利,通过许多模糊限定词将其用作动词。

> 许多人一直秉持,并且仍不放弃这样的观点:世俗事物是由命运和上帝所支配,人们凭借自身智慧无法将其修正,实际上,世人没有任何补救措施;并且,由于这个原因,世人可能会判断某人不需要为某事而太过劳心费力,而应顺其自然……当我有时想到这一点时,我在某种程度上同意他们的观点。

但最终,马基雅维利不愿像羽毛一样被吹飞。"我认为,命运可能决定着我们一半的行动,但它将另一半(或接近一半)留给我们自己把握。"50%依靠命运,50%靠自己——上帝所能做的则为零。人类只能胆战心惊地依靠自己。[38]

马基雅维利从佛罗伦萨人对亚诺河的治理中得出经验。河水泛滥时会造成巨大破坏,但如果人们有远见,可以通过建造堤坝来减轻危害。[39] 上帝可能会赞成佛罗伦萨人的做法,但他不会亲自限制洪水流速来帮助佛罗伦萨人。马基雅维利认为,国家的运作方式也与此相似。如果统治者昏庸,人们的贪婪会很快将他们自己吞噬,无论是通过内部叛乱,还是通过外部战争。但是,如果以"能力"(virtù)(指不通过祈祷而做出规划[40])来治国,则国家可以约束(即使不是在所有方面控制)运气或机会的运作。

人们所需的技能是模仿、适应和估量。马基雅维利对历史研究表示赞赏,"因为人类几乎总是走在前人开创的道路上,并通过模仿他人来行动……一个谨慎的人应该总是选择由伟人开创的道路,并模仿那些最优秀的人,如此一来,即便他自己的能力不及那些伟人,起码在气势上可以与之相比"。这就是适应。马基雅维利的"气势",就是修昔底德所说的镜像和相似之间的区别,时间的流逝使这种区别日益凸显。那估量是什么?"谨慎的弓箭手,"马基雅维利指出,知道自己的弓的力量,"会将他们的目标设定在远高于预期的地方,不是要让箭真射到这样的高度,而是通过设定高目标来实现他们的计划。"[41] 因为结果会有偏差——当然,重力是影响因素之一,也许还有风,谁知道还有什么其他影响因素呢?也可能目标本身就在移动。

除了形势会发生变化之外,几乎不存在什么永恒真理。马基雅维利和奥古斯丁都知道,在一种情况下有意义的事情,在另一种情况下未必仍有意义。然而,他们的不同之处在于:马基雅维利希望去地狱,并不试图解决这种差异;奥古斯丁盼望去天堂,将解决这些差异视为己任。马基雅维利饱受折磨,却经常看到乐观的一面。[42] 奥古斯丁手握特权,却因心怀愧疚而深感不幸。马基雅维利奔波劳碌,但总有停下来的时候。奥古斯丁则永不停歇。

所谓的"生命之轻"就是指这样一种能力:即使不能在恶中

发现善，至少要在面对恶时不受其影响，也许能够战胜恶，甚至可能通过采取预防措施远离那些恶。这一切都是刺猬式的奥古斯丁所不具备的，他作为那个时代呆板的"潘格洛斯博士"，总是试图追溯不幸发生背后的逻辑，并认为所有的不幸都是最好的安排，因为它们代表着上帝的意志。

—— 8 ——

尽管存在上述差异，奥古斯丁和马基雅维利都同意，国家在必要时应该根据事先确定的程序发动战争。他们俩都知道目标不等同于能力，都喜欢通过清单而不是戒律来将两者衔接。[43]但是，有公职傍身的奥古斯丁可以花费数年时间来解释神圣的理性，而失去公职的马基雅维利则要努力重获君主的青睐，所以他的作品必须要保持清晰、简洁、谦逊。

马基雅维利在1513年从监狱被释放后不久就写下了《君主论》，他的肩膀仍在酸痛，因为他至少6次被双手绑在背后放倒在地。这些都是马基雅维利在致洛伦佐·美第奇的信中提到的"艰难险阻"，但马基雅维利在给朋友的信中拿自己受到的折磨开玩笑。[44]能够苦中作乐也是一种特长。

洛伦佐可能从未读过《君主论》[45]——他不具备那个年代最聪明的头脑。即便读过，这本书也不会给他带来什么帮助，因为他在1519年就去世了。马基雅维利则于1527年逝世，他死后5年（也就是1532年)《君主论》才出版。那时，此书臭名昭著。在当时的人们看来，它同时在为基督教的宗教改革和天主教的反宗教改革辩护。它于1559年第一个被收录进教廷禁书目录。它招致莎士比亚的嘲笑，却激发了约翰·洛克和美国开国元勋们的共鸣。不管是好是坏，它创造了"政治科学"这门当代学科。它让我自己的学生们在许多个夜晚辗转反侧，不断思考一个问题："这是我毕业后必须要做的吗？"[46]如果说奥古斯丁年纪幼小便已罪大恶极，那么《君主论》虽篇幅短小，却影响巨大，至今仍旧带给我们震撼。

9

书中最令人难忘的场景发生在1502年的一个清晨，在席塞那的广场上，罗马涅地区州长雷米罗·德·奥科的尸体被发现断为两截，中间插着一把血淋淋的刀子和一块木头。"场景如此残忍，"马基雅维利回忆说，"让人们既感到大快人心，同时又目瞪口呆。"恺撒·博尔吉亚任命雷米罗为罗马涅地区州长，指示其平定这个难以控制的领地。雷米罗照做了，但手段很是野蛮，以至永远无法赢得人民的忠诚。所以博尔吉亚不仅解雇了这名下属，还将其肢解，并陈尸于街肆，由此达到震慑的目的：以杀死一人为代价，换来其他人得救，因为如果再有反抗活动的话，那些人就会丧命。马基雅维利对博尔吉亚的行径总结道："我不知道该如何去责怪他。"[47]

人们会很轻易地认为奥古斯丁会反对这种行径，但这种想法肯定是错误的：如果父母都不曾惩罚孩子，他说道，"我们长大后都会变得让人难以忍受"。[48] 这种"仁慈的苛刻"是为了寻求更伟大的善：这种行为可能是暴力的（对于雷米罗来说确实如此），暴力惩罚孩子也可能显得过于苛刻，但这种惩罚并不是也不应该是不分青红皂白的。奥古斯丁和马基雅维利的这一原则反映了一个常识：如果你必须使用暴力，千万不要破坏你想要保护的东西。[49]

因此，在博尔吉亚将一个人肢解并陈尸街头的举动中，存在一个令人毛骨悚然的相称性问题，这个观点出现在《君主论》的其他地方。马基雅维利赞扬那些将暴力作为达到目的的手段的统治者，例如摩西、居鲁士、罗慕路斯和忒修斯，但他鄙视西西里岛的阿加索克利斯，因为这个人非常喜欢暴力，以至将暴力本身当作目的："人们不会将杀害自己的公民，背叛朋友，没有信仰，没有怜悯，摒弃宗教等行为称赞为美德；这些做法可以助一个人打造一个帝国，却无法助其获得荣耀。"[50]

奥古斯丁提醒我们，"更高的荣耀"是"视战争为一个词语，而不是用剑杀人"。但马基雅维利指出，这种可能性是多么罕见，因为"一个想要在各个方面都以善自持者，必然会在众多恶人之间走向毁灭"。恶人确实无处不在，这就是为什么善良的人可能不得不通过流血的方式来寻求和平。然而，更大的特权是避免"其他人必须制造的灾难"。马基雅维利赞同这一观点，但指出君主很少有这种特权，如果一个君主希望继续执政，就必须"学会不行善",并且能"根据需求"[51]在行善与不行善之间熟练切换。当将这一原则适用于一个衰落的国家时,奥古斯丁慨叹。当将其适用于人时,马基雅维利简化而言,"无须担心,继续前进"。

这个圣人和这个罪人都将相称性视为一种途径。对于奥古斯丁来说,无论统治者可能已堕落到多深的罪孽之中,这都是指引他们从凡人之城回到上帝之城的路径。马基雅维利并不会想象出"从未被人看到或无人知晓其存在"[52]的共同体,但他确实寻求"能力",即在必要情况下能够完成必需的事情,而不是处处受摆布。在这一点上,他的思想最具原创性,也是最勇敢的。

正如马基雅维利的作品最优秀的翻译者哈维·曼斯菲尔德所说的:"一个人的审慎告诉他,必须为自己谋取什么,或者必须屈服于什么,这和正义本身一样合理,因为人如果无法保全自己,就无法在任何意义上承担正义。"[53]马基雅维利这位谨慎的佛罗伦萨人可能会出于对文学的欣赏而喜欢查尔斯·狄更斯的《双城记》。但是,他可能会觉得小说里西德尼·卡顿的结局太过草率,这位英雄在结尾处如此勇敢地在编织声中走向自我毁灭。[54]

10

国家承担不起这种不负责任的行为,这就是国家需要战略的原因。马基雅维利坚持认为,这不能依赖于辨别上帝的旨意:甚至尝试这样做本身就是"冒昧和蛮干"。[55]人民必须靠自己,但为此人民需要君主,而君主则需要顾问。顾问不能告诉君主该做什么,但他可以建议君主应该知道什么。对于马基雅维利来说,这意味着通过转变视角来寻找跨越时间、空间和地位的模式。"正如那些进行风景速写的人将自己置于平原上,以参透山脉的本质……而要参透低地的本质,则要将自己置于高山之上,同样地,要清楚地了解人民,需要站在君主的视角。而要很好地了解君主,则要站在人民的视角。"[56]

正如马基雅维利所看到的那样,速写可以有效地传达复杂信息。速写并不代表现实,它们甚至没有完成对现实的陈述。但是,速写可以在短时间内传输必要的信息。因此,速写强化了良好的判断力,但从未代替判断力。像奥古斯丁的清单一样,速写显示了君主倚重、调整或倾向的方向,同时平衡着对立面。速写通过展示历史经验,以便在未知的将来,令行动受到原则的约束。

马基雅维利认为,你可以通过"破坏"国家政权和"消灭"统治家族的"血脉"来征服一个国家。你可以亲自前往并治理这一国家。或者你可以让它的人民"按照他们自己的法则生活,同时要他们进贡,并在这个国家内部建立一个对你友好的寡头政府"。这样做是最理智的,因为"如果君主想要保有一座习惯于自由生活的城市,让市民自治比任何其他方式都更容易"。[57]

马基雅维利不赞成任何现代意义上的民主,但他确实倾向于反对暴行而赞成共识。他指出,"大人物"(指的是权贵阶层)总是希望压迫人民,人民则不希望受压迫。那么,在这两极中,君主应该何以自处呢？马基雅维利的回答很简单，甚至可以量化："面对满怀不满的人民，君主永远无法保护自己的安全，因为人民为数太多。而面对大人物，君主就可以保护自己的安全，因为大人物为数甚少。"[58]

这并不意味着君主要追求民众的爱戴。总的来说，"恐惧要比爱戴安全得多"。因为爱戴"是靠恩惠这条纽带维系的，而因为人性本恶，所以每当有机会，这条纽带就会被割断……但恐惧是通过一种对惩罚的担忧而得到保持的，这种担忧永远无法被摆脱"。然而，残酷的惩罚应当迅速施展（这就是冲击和敬畏的逻辑），利益的分配则应当缓慢行之，"以便它们可以被更好地品尝"。这就是为什么君主必须学习什么时候不行善：时机就是一切。[59]

因此，马基雅维利拥抱一种功利主义品德：让你的行为与你的目标相称，不是迷迷糊糊地从一个城市发展到另一个城市，而是因为有些方法已被证明是有效的，有些则没有。[60] 奥古斯丁私底下是一个多神教徒，心神不安地在无法兼容的上帝和理性之间自欺欺人，而马基雅维利毫不隐瞒自己的一神论，他认为最重要的是最大限度地减少混乱。如果他赞扬口是心非的行为，那是因为这样做是有效率的：否则的话，除了向上帝祈祷，你怎么调和自己的思想或政策中的矛盾呢？马基雅维利总是诚实的，尽管他经常做不到委婉。他的一位传记作者写道：他是"最不像马基雅维利的人"。[61]

11

但是，目标是什么？我认为这是奥古斯丁对正义的看法，其中，秩序必须优先。只有国家才能提供稳定，但奥古斯丁只向他的上帝负责。马基雅维利不是无神论者，但他信仰的上帝并不治国。罗马天主教会仍参与治国——尽管其势力被信仰基督教的罗马皇帝极大地削弱。这让马基雅维利困惑、恼火，有时甚至觉得好笑，但这只是暂时的。事实上，他指责教会，在其他国家通过文化、语言和新兴文明而统一起来的时候，意大利则陷入分裂。[62]

那么，谁来监督国家呢？马基雅维利回答，通过各国力量的均势来实现。首先，要在国家之间形成均势，改变旧罗马和天主教会的普世性传统。马基雅维利理想中的治国方略启发了黎塞留、梅特涅、俾斯麦、乔治·F. 凯南和亨利·基辛格。它在1648年的《威斯特伐利亚和约》中被正式提视为神圣准则，在此方略的视角下，国家的内部结构没有多大重要性：真正重要的是它们的外部行为。[63]

但是，马基雅维利在另一层且更微妙的意义上理解均势，这在《论李维》中比在《君主论》中表达得更为明确。

> 只有在共和政体中才能恰当对待共同利益，因为促进它的一切都得到了实施；尽管这个人或那个人很有可能会成为共和政体的失败者，但还是会有很多人从中受益，如此而言，尽管少数人因此而承受苦果，共同利益则得以实现了。[64]

直到亚当·斯密在《国富论》（1776年）中揭示"看不见的手"，美国开国元勋起草宪法并且在《联邦党人文集》（1787—1798年）中为宪法制衡辩护，康德将共和国与《永久和平论》（1795年）联系起来时（无论这样做多么牵强），这种内部均衡的观念才再次出现。在这一切的基础上，20世纪才会出现尊重秩序和正义的国际体系的观念，[65] 而这是奥古斯丁早已预见的。

这并不是说奥古斯丁影响了马基雅维利，马基雅维利又影响了威斯特伐利亚体系，这一体系又影响了伍德罗·威尔逊，历史不需要直接继承。但是，这借由秩序（能力）来寻求正义（目标）的1 600年，指明了一种持续的模式：修昔底德可能会认为这就是他反复提到的"相似"之一，都是出于人性的本质。

接下来，如果能够得到清晰的聚焦和简洁的呈现，这一切思想的精华就可成为国家面对未来的所需。马基雅维利的《君主论》最接近这个标准，用潘格洛斯博士的话来说，（它）是最好的政策简报。尤其是，它的作者从来没有把幻灯片和权力混为一谈。

12

与乔治·凯南共处的西伯利亚人、圣徒奥古斯丁和罪人马基雅维利，都设计了救赎的策略：西伯利亚人希望摆脱暴风雪、地震、疾病、饥荒和夜空中闪烁的光芒；那位圣徒则希望摆脱人间的乱序和地狱的火焰；罪人要救赎的是不称职的统治者和他们治下的失败国家。西伯利亚人通过用动物祭祀来满足神灵。圣徒从独一无二的上帝那里寻求理性。罪人对众神与上帝均视若无睹。西伯利亚人有不成文的赎罪仪式。奥古斯丁在一部巨著中描绘了想象出的城市。马基雅维利为君主准备了简报,而君主对此的注意力远不及后来的读者持久。

所有规定的程序指出:"做这个,然后去做那个。"所有这些都将过去和未来联系起来:"这在以前有效——值得再次尝试。"所有人都使用清单:"在你做任何事之前,一定要确定你要尝试做的是什么,并确保有你需要的东西。"你不能也不应该做所有事情,所以你会选择:"这是我们能做到的"或"这是正确的"。你使目标与能力相匹配。这两者是对立的——前者漫无限制,后者则受限,但必须将两者联系起来。只有当你同时考虑到这两者时,才能做到这一点。

这并不容易。奥古斯丁未能证明上帝的无所不能如何能与人类的自由共存。马基雅维利解决了这个问题——上帝并不想什么事情都亲力亲为,但也通过让上帝无所事事而制造了另一个问题。直到1953年以赛亚·伯林发表一篇演讲之前,这些残局一直留存着并令人不安。[66] 这篇演讲题为"马基雅维利的原创性"(*The Originality of Machiavelli*),但全篇都好像在讲对奥古斯丁的上帝城和凡人之城的重建,只字未提及这些城市。

伯林问道,为什么马基雅维利这么多年来让这么多人感到不安?仅生活在伊丽莎白一世统治时代的人,就不下400次地谴责他,[67] 连我那些辗转反侧的学生也遵循这悠久的传统。马基雅维利确实不圆滑,但他在《君主论》中就警告说不会"修饰"自己的文章。[68] 他几乎没有幻想,但没有像霍布斯那样称生活是"孤独的、贫穷的、讨厌的、野蛮的、转瞬即逝的"。[69] 马基雅维利没有隐瞒令人丧气的现实,但也没有像奥古斯丁那样在谈到婴儿时说,他们只是因为"没有力气"才没有做坏事。[70]

伯林总结说,马基雅维利所冒之大不韪,在于证实了每个人都知道但不会承认的事实:理想"无法实现"。因此,治国方略永远无法在现实主义与理想主义之间取得平衡:只存在相互矛盾的现实主义。在治国理政中,政治和道德之间没有竞争:政治永远获胜。没有一个国家尊重基督徒关于拯救灵魂的教导。这种不相容性是不可调和的。用伯林的话来说,否认这一点,就会"在两者之间摇摆不定,最后必以虚弱和失败告终",这也正是马基雅维利的观点。[71]

那么,该怎么办呢?马基雅维利和伯林都赞同"生命之轻",因为他们的答案是一样的:不要担心。学会接受冲突。伯林指出,马基雅维利没有表现出任何"痛苦的迹象",他自己也如此:"隐士"总能"在沙漠中践行他们的美德",而"烈士将在事后获得奖励"。马基雅维利"对公共事务感兴趣;他关注安全、独立、成功、荣耀、力量、活力、人间的幸福,但他不关心天堂;他关心现在、将来以及过去;他关心现实世界,而不是虚构的世界"。[72]

所以,除了对一些教徒僧侣来说,奥古斯丁的上帝之城已不存在于地球上。幸存下来的凡人之城没有一条通往救赎之路。"原则上,应该能找到人类该如何生活这个问题的正确、客观、有效的答案",伯林发现这一想法"本身在原则上便不属实"。马基雅维利就此将"西方人的信仰和生命所建基其上的那块基石"劈开了。是他"点燃了致命的导火索"。[73]

13

但这对什么致命?伯林表示,对单一解决方案的依赖已经导致"天主教徒和新教徒、保守派和共产党人,均为那些令普通人齿寒的暴行辩护"。[74]马基雅维利比正常人更冷血:比如他赞扬了恺撒·博尔吉亚的做法,尽管马基雅维利自己也遭受过酷刑,但他仍然拒绝谴责酷刑(奥古斯丁从未受过折磨,也赞同这一做法)。[75]然而,马基雅维利谨慎地指出了暴行应被用于何时:它们应该只被用于预防更大的恐怖行径——暴力革命、战争失败、陷入无政府状态、大规模杀戮,或者我们今天所说的"种族灭绝"。

伯林在这里看到了一种"暴力经济",他的意思是"始终暗自保留一些力量,以保持形势的发展,使得马基雅维利和与其惺惺相惜的古典思想家所钦佩的美德,可以受到保护并得以发展壮大"。[76]伯林在"美德"一词上使用了复数形式,这并非是偶然,因为它更接近马基雅维利的"能力"一词,这意味着人们没必要遵守单一标准。

"人们可能同时追求多个目标并且仍然保持理性,"伯林坚持说,"保持理解力……并且从彼此身上获取光明。"否则,文明将存在于"难以穿透的泡沫中",泡沫外面的任何人都无法理解。"文化在时间和空间上的相互沟通是可能的,因为人之为人所应具有的根本特征都是相通的,这些共同点又成为他们之间的沟通桥梁。但我们的价值观就是我们的,他们的价值观就是他们的。"

"历史上人们意识到同样教条主义的信仰之间是不可调和的,并且一种信仰不可能完全胜过另一种信仰",这便造就了宽容的根源。这些问题使人们身陷困境,十分痛苦,仿佛卡在公共生活所需和私人生活所能允许这两者中间。只有坚守各自观点的隐士,才能超越政治。

也许还有另外的世界,在那里,所有的原则都可调和,但"我们生活在地球上,我们必须相信这里的原则并采取行动"。[77]通过击碎确定性,马基雅维利展示了如何行动。"这种困境从出现之日起,从没有给人们带来平和",伯林轻描淡写地总结道,"但我们已经学会了忍受它。"[78]

第五章　作为枢纽的君主

在我的字典里,"枢纽"被定义为"一枚别针、一个点或一条短轴,在其末端有某些物体固定其上并转动着,或者某物在其上方四周围绕它旋转或摆动"。[1]后人长期以来认为奥古斯丁和马基雅维利是"西方"思想在历史上的枢纽,因为他们两位都产生了持久的影响,改变了灵魂与国家之间的长期关系。但是,他们两位都不知道会发生这种情况。倘若他们知道,一定会惊叹不已,他们身后的荣耀早已遮蔽了他们曾经服务过的那些君主。

对这二位来说,在一生中默默无闻是不可能的。就连最底层的民众都听说过他们。最崇高的领主在他们面前畏畏缩缩。君主的身心健康和生养子嗣的能力可能会导致信仰的兴起,或导致国家的衰落。而奥古斯丁和马基雅维利是当时的国际名人,几个世纪以来的人类社会都将其置于"枢纽"的位置上。[2]但方式有所不同。

在英格兰的某个地方,16世纪后期的某一天,在一场宴会上一位年轻的贵族迟到了。因为跑步赶来他还在气喘吁吁,他向尊贵的主宾屈膝,尴尬地低下头,并奉上一碗玫瑰水。

他感到羞怯,除了她戴着戒指的手之外,他没有看到她身体的其他部分……但这已经足够了。这是一只令人难忘的手，纤细的手指总是蜷曲着，像是握着圆球或权杖一样；一只紧张、乖戾、病态的手；一只发号施令之手，只需微微抬起便能让人掉脑袋。他猜测，这只手长在一具老朽的身体上，闻起来像存放裹着樟脑丸的皮草的柜子；这具躯体上装饰着各种各样的锦缎和宝石；即使饱受坐骨神经痛的折磨也要保持身体直立；纵然万千恐惧交织于身，也从未显得退缩；女王的眼睛呈浅黄色。

这就是伊丽莎白一世，一如她给自己设定的风格，尽管这个场景是虚构的，这名年轻人将保持容颜不老（可能是由于意外的性别转换）[①]，活到20世纪。这段出自弗吉尼亚·伍尔夫的自传体小说《奥兰多》的文字，将我们拉到离这位老态龙钟的伟大女王很近的距离，这是我们在年代相隔如此久远的情况下，最有可能接近她的途径。[3]

与此同时，在西班牙，一位死去的国王在他的葬礼上，被人们作为一名"手工织布者"而悼念着。这门手艺看似很容易，但致悼词者坚持认为，"实际上这很难"。织布者的四肢必须协调操作，眼睛要保持专注，大脑要跟踪织机运转，因为无数条线中的任意一条，都可能在任何时刻散开、缠绕或被拉断。

[①] 据伍尔夫的小说《奥兰多》中的情节，奥兰多在伊丽莎白时代是个青年男子，后意外变为女性，并活到了20世纪。——编者注

第五章 作为枢纽的君主

> 这就是国王的生活：双手写作，双脚旅行，心里则牵挂着那些线——一条是佛兰德斯，一条是意大利，一条是非洲，一条是秘鲁，一条是墨西哥，一条是英国天主教，一条是维护全世界范围内基督教君主之间的和平，一条牵挂着神圣罗马帝国的问题……印度群岛的线是否断了？快去拴起来！佛兰德斯的线是否断了？快去系好！这么繁忙的生活，被这么多线牵扯……哦，多么优秀的君主品质，真是独一无二。

这位国王就是腓力二世，时间是 1598 年，与奥兰多的跪拜是虚构出来的场景不同的是，阿吉拉尔·德·特罗内斯博士的致辞则是真实发生过的。[4] 但他的比喻可与伍尔夫的想象相媲美，因为都彰显了人物的性格，并且暗示，在君主的统治中，存在不同的枢纽。

腓力二世急于应对一个接一个的危机，很少休息，却从未完全掌控一切。他像在敲打鼹鼠一样，看着危机到处冒头。相比之下，伊丽莎白则不慌不忙。只有在必要时，她才会出手，出手便能让人掉脑袋——但她为此设定了时间和地点。她拒绝毫无必要地耗费资源、能源、声誉，甚至（在一位最高统治者身上很少见的）贞操。像《奥德赛》里的珀涅罗珀一样，伊丽莎白的追求者众多令其不堪其扰。然而，与珀涅罗珀不同，伊丽莎白谋划战略，而不是编织衣物。[5]

腓力二世是一位"奥古斯丁式"人物，将自己的帝国视为连接凡人之城与上帝之城的桥梁，其中任何一部分都不可或缺。"在坚守信仰和服务上帝方面我丝毫不会懈怠，"他一度承诺，"必要时，我将不惜全部疆土和100条生命来捍卫。"[6]伊丽莎白更像是"马基雅维利式"人物，将其国家（当时尚未成为一个帝国）看作表演的舞台，而不是一个神圣的遗产。[7]"我向你们保证，"她在加冕典礼上向伦敦人宣告，"我会比以往任何一位女王都更善待你们……为了你们所有人的安全和平静生活，如果需要的话，我甚至会不惜流血。"[8]腓力二世承诺顺服的是上帝，而不是他的臣民。伊丽莎白为她的臣民服务，不惜以上帝迁就臣民的利益。国王仰望天堂，满脸崇敬。女王脚踏实地，暗做打算。腓力二世与伊丽莎白的差异考验着奥古斯丁和马基雅维利的观念能否适应近代初期国家对治国方略的要求。

1

腓力二世和伊丽莎白这两位君主都从天主教教义的进路，吸收了奥古斯丁的思想。腓力二世狂热地追随奥古斯丁的思想，伊丽莎白则相对理性许多（她不愧是亨利八世的女儿），而两人可能都读过马基雅维利的作品。腓力二世的父亲、神圣罗马帝国的皇帝查理五世，仔细研究了《君主论》，在腓力二世的图书馆里收藏着这位佛罗伦萨人的作品，尽管它们被列为教廷禁书。在伊丽莎白的成长过程中，因为马基雅维利的作品被翻译得太过糟糕，马基雅维利在英格兰名声不好,但伊丽莎白语言能力出众,或许读过其意大利语原版。[9]她和腓力二世都没有就此留下评论。然而,在这两大传统思想中,他们对自己的定位就足以说明问题了。

伊丽莎白同父异母的姐姐玛丽于1553年登基,伊丽莎白被逼参加随后的弥撒仪式,当时这位还不到20岁的公主就公开表达了不满。[10]5年后,成为女王的伊丽莎白拂袖离开令其厌倦的仪式,即便留下来听布道,也会大声予以纠正。在登基后首次颁布的法令中,她便恢复启用了其教父托马斯·克兰麦的《公祷书》,因为这本书的出版,玛丽女王将克兰麦烧死在火刑柱上。像她的生父一样,伊丽莎白并无意废除英国天主教,而是想通过否认教廷在她所统治国家的权威性,来将其本土化。毕竟除了已经难以控制的爱尔兰殖民地,这是她唯一统治的国家。[11]

当查理五世在1555—1556年退位时,他统治的疆域太多了,多到连他自己都记不全:西班牙及其在"新世界"的领地墨西哥和秘鲁、荷兰、勃艮第、意大利的大部分、奥地利、匈牙利和波希米亚,以及散布于北非沿海和后来的菲律宾所在地等地区的帝国边境。国王腓力二世继承了上述的大部分领土,[12]同时也继承了他父亲遗留的问题,查理五世在收入和支出之间留下了"极大的"亏空。腓力二世绝对不能放弃任何东西,因为"荣耀和声誉"就是一切。要完成这个不可能的任务,腓力二世应该把自己的信仰放置于"最确定的因素上,那就是上帝"。[13]上帝会指明一条康庄大道。

腓力二世在接管葡萄牙及其海外殖民地之后，于1583年获得了一枚为其歌功颂德的奖章，上面写着"NON SUFFICIT ORBIS"[14]，意思是："这个世界远远不够！"这句话可以追溯到亚历山大大帝，如今这句话被用于描述太阳永远不会落下的西班牙帝国。但是，一位国王怎么能统治如此辽阔的疆域呢？由于腓力二世统治的领土比伊丽莎白统治的领土大得多，他应该比她更倾向于找代理人。然而，他们的做法恰恰相反。

伊丽莎白很乐意下放自己的权力，[15]无论是对宫廷里的宠臣、顺从的神职人员、富有的贵族、有进取心的船长，还是对她所有的子民，尤其涉及他们在信仰和思想方面的内心活动问题上。她甚至没有设计自己的宫殿：她只是接管或者说借用了那些她看上的宫殿。在这一点上，她遵循着马基雅维利的思想，因为如果上帝都不想事必躬亲，她又为什么要这样做？她保持敬畏，设定限制，并且像奥古斯都那样任由事态发展，与此同时确保自己的统治地位，尽可能巧妙地行事，必要情况下诉诸武力。[16]

腓力二世则像奥古斯丁一样，在一切事件背后看到了上帝之手。这使得上帝和国王（上帝的代理人）之间的利益难以分割。因此，尽管在这个全球性的帝国中，一项命令自发布后要数月才能被付诸行动，但腓力二世丝毫不愿下放他的权力。至于宫殿，腓力二世亲自设计了埃斯科里亚尔修道院，这是君主所居住过的最宏伟的修道院。然后在那里摆满琳琅满目的文物，腓力二世隐居其中，被无休止的责任掩蔽，被无数的文牍淹没，无法知晓外面的世界。[17]

因此，在当时的情况下，小国的粗线条治理和大国的细线条治理并存。这从地理、物流或通信的角度而言是不合理的。但是，这反映了不同君主的思想，并且进而反映了协调灵魂与国家的两种截然不同的哲学体系，从这一层面来说，它就完全合理了。以至将由欧洲统治的世界，其未来走向也是基于这种差异。

2

腓力二世曾经是英格兰国王，并希望再次成为英格兰国王。玛丽女王于1554年与腓力二世结婚，希望生育子嗣以将她的国家与欧洲这个天主教大国结盟。当时还在位的神圣罗马帝国皇帝查理五世赞成这桩婚事，腓力二世彼时还不是西班牙国王，依从了父亲的安排。但玛丽唯一一次怀孕还是假的，腓力二世在英格兰的权威只是维系在婚姻纽带上，他在英格兰驻留时间短促。与外国王子的婚姻使得玛丽在本国不受欢迎，而她将数百名"异教徒"送入那烧死了克兰麦的火焰，并于1558年将英格兰最后的大陆边境加来拱手让给了法国人的行为使她在本国更不受欢迎。同年，玛丽女王去世，没人为其哀悼。此时，腓力二世已经成为领土遍布世界各处的帝国的统治者，而其在这个阳光稀缺的岛上的名义统治权，也荡然无存了。[18]

玛丽女王统治时，伊丽莎白的地位一直不稳固。作为安妮·博林（亨利八世的妻子，后被抛弃并被斩首）的女儿，她似乎没有继承王位的权力。她对玛丽女王重新尊奉的罗马天主教敬意甚少。对于推翻玛丽女王的阴谋，即使伊丽莎白没有参与其中，她也事先知情。然而，伊丽莎白最能威胁玛丽的统治地位的一点是，她深受民众欢迎：作为一名天生的"演员"，这位公主将两者之间的对比展现到极致。[19] 玛丽将她囚禁起来，对她时而温暖有加，时而冷漠疏离，并将其软禁于城堡中，还一度将她关进伦敦塔，导致伊丽莎白担心自己会重蹈母亲的覆辙。

伊丽莎白最有影响力的保护者是腓力二世。如果玛丽身后没留下子嗣，或者死于难产（这在当时是常发生的情况）[20]，腓力二世更希望让伊丽莎白成为女王，而不是她的堂妹玛丽·斯图亚特。这位玛丽·斯图亚特是苏格兰王位的假定继承人，她在西班牙最大的竞争对手法国长大，长期以来一直与法国国王亨利二世的儿子弗朗西斯订有婚约。还有一种可能性，如果伊丽莎白确实掌权了，那么作为鳏夫的腓力二世就可以娶她。随着玛丽女王的健康状况恶化，英格兰在法国和西班牙的势力范围之间徘徊。腓力二世很清楚他想让形势往哪个方向发展。[21]

伊丽莎白怎么想呢？当她还是公主的时候，曾公开表示自己满足于单身状态，[22] 但在1558年11月成为女王之后，人们普遍认为她会像姐姐玛丽一样，找一位丈夫，如果更幸运的话，她会生下一个继承人。毕竟，她们的父亲在位时最重视的事情就是确保

第五章　作为枢纽的君主　　　141

继承人血统纯正（尽管其手段未免残酷）。罗马人立养子为继承人的替代方案，本可为他省去很多麻烦，可早已被废弃了：除了少数例外情况，[23] 合法的继承人必须拥有皇室血统。

但是，到那时为止，女王执政还是很少见的。不管婚姻对于亨利八世的伴侣来说有多危险，亨利八世自己从不会因此被置于危险境地。但对于伊丽莎白来说，一旦结婚，每次怀孕无疑都会威胁到她的性命。即使进行得顺利，"出嫁从夫"这一近乎普世的观念必然会对其政权的独立性造成冲击，而伊丽莎白对独立性的重视丝毫不亚于她的父亲。即便是拥有唯我独尊的统治权的玛丽女王，也免不了被腓力二世拖入西班牙与法国的战争，并因此丢掉了加来。"长相"也可能是一个问题。伊丽莎白更喜欢令人赏心悦目的男人，但是嫁给自己心仪的英格兰人，必然会激起其他人的愤怒。嫁给外国人可以避免这种情况，然而，距离意味着这对皇室夫妇在成婚之前很难与对方见面，而且在那个摄像技术尚未出现的时代，画像可能会有误导性，甚至可能会造成灾难性的后果。回想起亨利八世在婚礼前几天才见到他的第4任妻子克里维斯的安妮，并且见面后对她极为反感，伊丽莎白明智地坚持说她不会"信任肖像画家"。[24]

但是，当腓力二世在英格兰的时候，伊丽莎白见过他，而且她知道（尽管她不想承认），腓力二世曾试图保护她的安全。[25] 玛丽女王去世之后，腓力二世随即向伊丽莎白求婚，但这位新任女王拒绝了他，并礼貌地指出，两国可以达成他期望中的友好关系，而无须以婚姻作为纽带。腓力二世曾在私下透露，他的真正目的是"阻止那位女士随其心意对宗教做出改变,以此侍奉上帝"。而伊丽莎白的目的是,对宗教做出改变,以便使英格兰重新独立于罗马。在伊丽莎白即位之后的几个月内,两人之间的这种分歧凸显。此时,腓力二世向法国国王亨利二世的女儿伊莎贝尔求婚了,后者成了他的新婚妻子。[26]

在接下来的20多年里,伊丽莎白又迎来了十几位追求者,[27]每位追求者在被不同程度地吊胃口后都被她冷落。她的动机仍不清楚,也许她害怕性生活或担心生育,也许她父亲的婚姻给她留下了阴影,也许她不希望有一位竞争对手与她分享权力(尽管只是名义上的),也许她只是犹豫不决,直到为时已晚:她徘徊在不同的求婚者之间,把自己耽误到40多岁。[28]但最可能的解释是,伊丽莎白很喜欢众星捧月的感觉。历史学家加勒特·马丁利解释说:

> (她的策略是)将她周围的朝臣和智囊团、外交官和使节、欧洲大陆的国王和权贵统统安排进一个精心设计的环环相扣的局,各环节之间达成微妙的平衡,彼此之间相互牵制,她则永远自由自在。[29]

可以肯定的是,她为此付出的代价就是孤独,正如伍尔夫一针见血地指出:"万千恐惧交织于身。"但是,正如在腓力二世的心中,他的利益与上帝的利益相一致,伊丽莎白的利益也与她那当时略为逊色,但即将成长为世界核心力量的岛国利益相一致。

3

腓力二世发现自己更像是一个针垫而不是枢纽，同时卡在多个点上。得知他身在西班牙的父亲（不久前退位的西班牙国王查理五世）以及玛丽的死讯时，他正在抗击法国对荷兰的袭击。英格兰局势的发展将决定天主教在那里的未来，但腓力二世长期以来忽视了他的祖国西班牙。然而，如果没有使荷兰恢复和平就离开，他又会让荷兰人感到失望，"尽管我在这里无助于获得他们的忠心……我认为他们会与除了我之外的任何统治者融洽相处"。荷兰人通过削减对腓力二世的资金支持证实了这一点，父亲死后，西班牙由腓力二世的妹妹胡安娜摄政，她非常决绝地拒绝了向腓力二世提供额外资金，以至腓力二世担心自己成了笑柄。然而，腓力二世坚持认为，作为一位绝对的君主，他不必屈服于"这个地球上任何暂时占据优势的势力"。[30]

腓力二世的权势无人可及，却被约束到寸步难行，这究竟是为什么呢？其中一个原因是，他的家族——势力无处不在的哈布斯堡王朝，通过地理、经济或文化上的亲密关系，构建起王朝的裙带网络：据说，他们通过联姻来扩张势力范围。因此，腓力二世的统治对象是一群对他并不忠心的乌合之众，他的资金也要出自这群人。[31]国界不连续，而国王又不喜欢授权他人，这些使问题更加复杂化。腓力二世要同时为多个地方分神，所以也就陷入多重困境。将任何人置于腓力二世的位置上，哪怕是上帝也将无能为力。

罗马统治下的欧洲疆域要大于腓力二世统治的领域，人口构成也不比后者简单，但罗马人的治理效率更高。此外，罗马的土地相互毗邻，他们的管理者并没有将授权他人视为宗教渎职，他们唯一的竞争对手是野蛮人，这一对手花了几个世纪才将罗马帝国攻陷。而腓力二世不得不与法国、英国、荷兰、葡萄牙、神圣罗马帝国、奥斯曼帝国、罗马教皇，以及最令人不安的宗教改革运动抗争，宗教改革者正在欧洲大部分地区传播异端邪说。有这么多麻烦事要处理，难怪腓力二世在登上王位后的43年间一直戎马倥偬，中间只有6个月时间没有打仗。[32]

从世俗的角度来看，腓力做得并不算差：他保住了查理五世离世时留下的领土。在腓力二世去世后的半个世纪里，西班牙都没有放弃荷兰，而葡萄牙尽管在海外的殖民活动中多有斩获，但在之后的60年依然隶属西班牙。西班牙自己还在"新世界"建立了殖民统治，殖民范围最终从北美中部扩展到火地岛。一直到19世纪初，西班牙在美洲的殖民势力才开始瓦解，到1898年，西班牙在美洲的殖民统治才彻底结束。如此长的帝国寿命只有大英帝国能望其项背。[33] 即使是腓力二世高筑的债务（他不断抱怨并且反复拖欠），若根据现代标准来看也是可持续的。[34]

不过，腓力二世以更崇高的标准判断自己。他寻求侍奉上帝，帝国的存续只是为了提升上帝的利益。所有其他目标都只需要"闭目塞听"，因为它们从定义上就是不值一提的。"相信我：这是通向一切的最简单、最轻松、最有把握的道路。"这毫无疑问，只

第五章　作为枢纽的君主

要上帝提供了实现其目的的手段。然而，令腓力二世感到困惑的是，上帝竟然像难缠的荷兰人一样吝啬。由于一切都依赖于上帝的意志，腓力二世在1559年写道：

> 我只能等待他乐意给予的任何东西……我希望他能为我指明道路，使我能够保住国家的领土，而不要因为我能力不足使我失去它们。这对我来说是最可悲的事情，也是人世间最令我遗憾的事情——如果可能，我宁愿在战场上失去它们。

"我唯一的目标就是做正确的事，"腓力二世哀叹道，"但是，我太不走运了，每当我想要一些东西时……经常会适得其反。这就是世界的运作方式。"[35]

腓力二世想要的是臣民的忠心、治下各地的繁荣、竞争对手讲求信誉，他希望那个岌岌可危、美中不足的世界能够回归正统。他没有看到的是，这世界有些东西是不相容的，因此要实现某些目标只能牺牲其他目标。尽管上帝所指示的路径也是有选择的，但国王就是拒绝做出取舍。

相反，腓力二世使自己陷入了"奥古斯丁式"的焦虑。这个世界怎么会与上帝的代理人作对（腓力二世认定自己就是那个代理人）？他坚信，这一切都反映了上帝的意图。上帝不可能像朱庇特那样善变，也不可能像撒旦一样邪恶。但奥古斯丁曾指出，上帝可以提出指引：上帝会让人失败，以便让他在这个世界或来世改善自己。这成为腓力二世的大战略的基础:不是着眼核心问题,制订计划,而是追求圣洁的内心,像殉道士般承受苦楚。"向天堂里的上帝祈祷,"腓力二世在1569年潦草地写道,"我们将得到善待。"[36]

4

像马基雅维利一样,伊丽莎白既不期望也不需要保证。她感谢上帝(而不是腓力二世)令其平安度过公主时期,但女王很少寻求任何人的指引,不论凡俗还是神圣。"她是一个非常奇怪的女人。"西班牙大使费里亚伯爵在发现这位新君主很放松,甚至笑容可掬之后,做出上述评价。在费里亚看来,她好像能读懂他的心思。"她肯定是彻底受到其父的熏陶,完全按他的方式处理事务。她决心不受任何人管制。"[37]

费里亚是第一个,但绝不是最后一个在与伊丽莎白交谈后备感困惑的人。她时而天真,时而精明强干;时而直率,时而狡猾;时而勇敢,时而谨慎;时而宽容,时而睚眦必报;时而静若处子,时而火爆如火山;甚至时而娇柔,时而阳刚。"我有一个软弱无力的女人的身体,"在西班牙无敌舰队于1588年被英国海军击败打道回府之际,她这样告诉她的部队,"但我有一个国王的心胸,一个英格兰国王的心胸。"在调和这些对立特征的同时,女王的爱国之心则始终如一,她坚持不懈地协调目标与手段,并且她的决心

（作为枢纽的必要条件）永远无法被压制。[38]

她对宗教的期许反映了这一点。因为了解自己的国家经历过的剧变（亨利八世将教皇从英国天主教中驱逐出去，爱德华六世在其短暂统治期间彻底将新教设为国教，玛丽一世治下严酷地复辟罗马天主教），伊丽莎白统治时，想要建立一个允许多种礼拜方式的教会。她指出，既然"只有一位耶稣基督"，为什么不能有不同的路径通向他？神学上的争论是"舍本求末"，或者更为尖锐地说，是"海市蜃楼"。[39]

只要这些不会影响到国家主权。在伊丽莎白统治下，上帝的教会必将坚定其英国特性：无论是"天主教徒"还是"新教徒"都没有忠诚来得重要。从某种意义上说，这是一种宽容，因为这位新任女王并不太关心她的臣民所信仰的东西。不过，她会像鹰一样俯瞰他们的言行举止。"在我看来，女王陛下比她的姐姐更令人恐惧，"费里亚警告腓力二世（鉴于伊丽莎白的姐姐可是"血腥玛丽"，这一说法确实说明了一些问题），"我们失去了一个王国，不仅是其实体，还有其灵魂。"[40]

英国在外交和国防方面也将自力更生。幸运之处在于，英国是岛国，而不像腓力二世的王国那样领土散布各地，伊丽莎白因此可以节省维持常备军的费用，随时调整海军使其适于国防或发动战争的需要，并在必要时与陆上敌人的敌人相结盟，但从无永恒的盟友。上帝给英格兰的礼物是地理优势，虔诚无法强化其优势，不虔诚也不会令其优势有所缩减。

爱尔兰和苏格兰（当时后者仍然是一个独立的国家）始终是癣疥之疾：法国和西班牙都试图利用这两个地区的骚动。但伊丽莎白在应对叛乱时，从来没有像腓力二世镇压荷兰叛乱那般，使自己陷入困境（荷兰人从1572年开始在英格兰女王的选择性帮助下发动反抗活动）。通过在强化国内经济的同时减少军事上的开支，伊丽莎白在她大部分的统治期间，平衡了收入和支出，甚至在第二个和第三个10年中有所盈余。与腓力二世不同的是，她从未宣布过破产。[41]

我们通常不会将财政责任与"生命之轻"联系起来，但在伊丽莎白身上，两者是共存的。"轻"意味着可以逢场作戏，无论是对于追求者还是对于他们的领地，逢场作戏可比承担责任成本要小得多。"轻"还使得放权更为容易：女王喜欢表演，也喜欢看其他人表演。[42] 它促成了战略上的恶作剧：一旦缺乏资金，伊丽莎白就允许她的海军袭击腓力二世从美洲返航的装满财宝的船。当腓力二世对此表示抗议时，女王也许会回复他说，这是海盗所为。[43]

女王的"轻"也令朝臣无所适从，从而被她掌控于股掌。一位令人难忘的受害者是牛津伯爵，[44] 有一天他在恭敬地鞠躬时，放了个很响的屁。伊丽莎白什么都没说，似乎没有注意到，但牛津伯爵备感耻辱，避世7年。等他再次现身时，再次鞠躬，这次毫无杂音，他紧张地等待着女王回应。"我的勋爵"，女王回应道（我猜想，她稍做停顿），"我早忘了你放屁的事。"[45]

作为枢纽需要像一个陀螺，在这方面，伊丽莎白无疑是她那个时代的佼佼者。她在目标与想象力、狡猾、幽默、时机和一个

第五章　作为枢纽的君主

正在发展的经济体之间取得平衡,无论她表现得多么夸张,都能在"走钢丝"的过程中有条不紊。而腓力二世即使像个陀螺,也是一个不断发生故障的陀螺。伊丽莎白毫不费力地在做任何事情时都掌握着主动权,而腓力二世在一件事上取得主动权的同时又在其他事上失去主动权,使自己总是疲于奔命;她总是能巧妙地获取渔人之利,而他总是笨拙地促使敌人们结成针对他的统一战线;她治理着一个穷国,却从不捉襟见肘,他管理着一个富裕的国家,却总是拆东墙补西墙;她从未怀疑过自己的能力,而他一再担心自己不能胜任。

马基雅维利以陀螺仪式的思考方式,建议他的君主成为一只狮子和一只狐狸,前者是为了吓退恶狼,后者是为了探知陷阱。伊丽莎白胜他一筹,是狮子、狐狸,还是女性,这一组合可能会让那位狡猾的意大利人颇为赞赏。腓力二世是一只大狮子,但他仅仅是一只狮子。马基雅维利警告说,这样的君主可能会因为尽职尽责而陷入困境。对于一个明智的统治者来说,"当遵循信仰会对其不利,并且促使其做出承诺的前提条件已不复存在时,就不用也不应拘泥于此……君主也不愁找不到合理的理由粉饰其不信守承诺的行为"[46]。腓力二世向一位全能的上帝负责,发现粉饰自己并非其所长:也许这就是为什么他总是穿着黑色的衣服。[47]伊丽莎白只向自己负责,总是那么光彩夺目:"年龄不能使她失色,习俗也不能减损她的千姿百态。"[48]

5

当马基雅维利下笔写到信仰时,他并非一定意指宗教信仰。他的观点仅仅是说,时移世易,君主们不应在面对新情况时恪守旧承诺。他并未预见新教改革:他于1527年去世,在此之前也没有来得及了解马丁·路德。[49] 然而,半个世纪之后,治国理政已经无法轻易地无视宗教差异。伊丽莎白和腓力二世必须做出抉择,在何种情况遵守信仰与履行王朝统治的义务可兼顾,何种情况下会顾此失彼。

他们在16世纪60年代的大部分时间里,都在谨慎地着力于划清界限。腓力二世忙着巩固他在西班牙的地位,并从奥斯曼土耳其人那里夺取地中海。伊丽莎白则忙于扩大英格兰在苏格兰的影响力,法国内战导致时任苏格兰女王玛丽·斯图亚特失去了外部支援。但是,英国和西班牙之间要缓和关系,首先要实现与宗教的切割,而此刻荷兰新教徒日益激烈的骚乱(此事对两位君主来说都具有战略敏感性),正在令这一选择变得越发不可能。

这迫使腓力二世付出昂贵的代价开展军事行动,这一行动不仅威胁到伊丽莎白,也诱惑着她。西班牙若得逞,将令这个毗邻英吉利海峡的天主教超级大国如虎添翼。然而,要实现这一点,没有巨额花费是不可能的,只有美洲的黄金和白银可以支撑这样的野心。伊丽莎白的海军可以在漫长航线上的任一地点阻击西班牙船只,至于是否承认这一行为则全凭其主观意愿,因为距离令通信困难。在离本土更近的地方,伊丽莎白采取了同样狡猾的策略,她将荷兰海盗庇护在英国港口内。因此,腓力二世在北欧的立足点被伊丽莎白打入了一个楔子,就算无关生死,却也为其平添许多苦恼。[50]

宗教使两国的外交关系更加紧张。伊丽莎白派去西班牙的大使因嘲笑教皇,并且进行新教礼拜而被西班牙宫廷驱逐,伊丽莎白以外交豁免权为由拒绝另派人选。与此同时,腓力二世在伦敦的使者与玛丽·斯图亚特暗中通信,后者被从苏格兰女王任上罢免,逃往英格兰寻求伊丽莎白的保护。1569 年,腓力二世本人向玛丽保证,只要她继续坚定尊奉天主教(坊间传闻,她态度已有摇摆),就会得到他的同情和支持。

随着法国人放弃玛丽,腓力二世不再忧心她会与法国结盟。所以他决定重拾 10 年前暂缓的大业:在英格兰复兴罗马天主教。他一度希望得到伊丽莎白的帮助,甚至想为此而缔结婚约。现在,他已经不再对她抱有希望:"上帝一定是通过允许……她的罪过和不忠,以使她迷失。"因此,很明显,"在完成维护自己国家的神圣信仰这一特殊义务之后,我必将尽一切努力恢复和维护它在英格兰的地位,令其一如当年"[51]。

为了完成自己的这一计划,腓力二世致力于天主教十字军的更大规模复兴,只不过这次旨在解放坎特伯雷,而不是耶路撒冷。服务国家的奥古斯丁式义务,已演变为服务教会的教皇式义务,只不过服务的方式不再是消灭罗马天主教圣地的异教徒(这是一项失败的事业),而是杀死那些拒绝服从罗马天主教权威的欧洲基督徒。亨利八世的宗教改革使英格兰成为罗马天主教的首要目标，1570年，教皇庇护五世将伊丽莎白逐出教会，这实际上是授权天主教徒推翻甚至暗杀伊丽莎白。[52]

腓力二世派驻荷兰军队的统帅阿尔瓦公爵发现所有这些想法都不切实际："尽管主要途径必然源自上帝的指引，但正如陛下正直且虔诚地揭示的那样，似乎有必要研究，要完成您的心愿需要何等的兵力和资源。"阿尔瓦公爵没有信心发动一场跨海峡的攻击，即使发动攻击也没有信心获胜，即使获胜也不敢确定那些忠于伊丽莎白的天主教徒会背叛她，即使那些天主教徒背叛了伊丽莎白也不敢确定英国人（无论他们的信仰如何）就会接受玛丽作为其新女王。这一系列的变数让阿尔瓦警醒，因为仅仅是平定荷兰这个比英国小得多的国家，就已耗费他不少力气。尽管如此，腓力二世命令他不得游移："我是如此心系此次（入侵）行动，我深信上帝，我们的救世主，必会将其视为他自己的事业。因此，劝阻我将是徒劳，我不能接受也不愿相信相反的看法。"[53]

但是，在明确了上帝的义务之后，腓力二世忘记了自己的责任：事无巨细地管理一个"日不落"帝国，往往模糊了他的视野。最后，腓力二世坐视他的这一伟大计划不知所终，这令阿尔瓦感到宽慰，却令教皇庇护五世和他的继任者格里高利十三世震怒。腓力二世最终无非是警示了伊丽莎白，让她意识到自己无法再承担宽容带来的代价。当她刚登基时，可能并不像"血腥"玛丽般令人恐惧，但她现在知道自己必须成为那样的人。

6

伊丽莎白的传记作者安妮·萨默塞特写道，教皇的法令使她无法"即做一名合格的天主教徒又做一位优秀的英国人"[54]。因为南方的腓力二世与北方的玛丽·斯图亚特密谋，英格兰即使没有在军事上陷入兵临城下的境地，至少也在神学方面遭遇前后夹击。此时的伊丽莎白急需保持猎鹰般的警觉，甚至开展复仇行动。

最终，在英格兰北部爆发了一场反对新教徒的叛乱（组织混乱，迅速遭到镇压）后，伊丽莎白于1569年采取了报复行动。由于担心此次叛乱的领导者可能会释放被囚禁在附近城堡中的前苏格兰女王，伊丽莎白狠狠地处置了叛乱人士的追随者，这一次叛乱当中被下令处决的人数，超过了亨利八世和玛丽一世以往因任何一次叛乱而处决的人数。她坚持要杀死"更为卑劣的那群叛乱者"以"震慑其他人"，因为后者可能是相对良善之辈。女王解释说，那些卑劣的人必须"死得有价值"。[55]

女王的警觉也获得了回报。1571年，她发现了迄今为止策划最精密的一场阴谋：入侵英格兰，废黜伊丽莎白，并将玛丽·斯图亚特推上王位。由佛罗伦萨银行家罗伯托·里多尔菲担任联络者，将密谋者庇护五世、玛丽、腓力二世和阿尔瓦联合起来，阿尔瓦是唯一质疑这一提议可行性的密谋者。里多尔菲的大嘴巴证明了阿尔瓦并非多虑，也让伊丽莎白手下的间谍首脑探知他们正在密谋的事情，并在适当的时候揭露了他们的阴谋。经此变故，玛丽虽幸运地保住了性命，但此后只能每天活在担惊受怕之中。[56]

许多领导者倾向于认为自己深受爱戴，伊丽莎白也不例外，她表示对自身安全并不担心。[57]这使她的顾问很担忧，他们敏锐地意识到她没有生下或指定一位继承人。这时，授权便起到了作用。1573年，伊丽莎白任命弗朗西斯·沃尔辛厄姆爵士为国务大臣，有权采取任何必要的措施（无须知会女王）以守护女王和国家。这样的安排伊丽莎白可以接受，因为她已将自己与国家融为一体。

沃尔辛厄姆深信"担心过多总好过担心太少，这样才能减少危险"，他采取了反间谍措施，并将这些措施实施到极端的程度。他利用贿赂、盗窃、诱捕、勒索和酷刑等手段，建立起一个遍布欧洲的线人网络。这并非是反应过度：现在教皇鼓励暗杀已成常态，腓力二世本人也已经批准下属可以谋杀伊丽莎白，只要能让玛丽·斯图亚特成为女王。[58]

我们印象中的那个伊丽莎白所打造的"黄金时代"，实际上却只有通过监视和恐怖才得以幸存下来：这是另一对矛盾，令人遗憾的是，其能得以维持，是以人们的屈从为代价。[59]伊丽莎白女王的本性比她的那些前任更加仁慈，但她所处的时代有太多人试图杀死她。"与姐姐不同，伊丽莎白从未因为信仰而烧死人，"伊丽莎白的近代传记作者丽莎·希尔顿写道，"她是因叛国罪而折磨并绞死那些人。"[60]马基雅维利倘若见此状可能会说，宽容令伊丽莎白处境不利。她想要被爱戴——谁不想呢？不过，对于君主来说，被人敬畏才能更安全。

7

腓力二世在1580年掌控了葡萄牙，对伊丽莎白造成了更大的威胁。葡萄牙这个国家在一个世纪前成为远洋航行的先锋；现在它的船只和航海技能均服务于西班牙。[61]伊丽莎白派遣弗朗西斯·德雷克爵士用了三年时间完成了环球航行（这是继麦哲伦之后的第一次此类航行）将她那支略显逊色的海军发挥到了最大价值，以表明没有哪一片海域对西班牙的财产是安全的。尽管此次航行对德雷克、他的女王和他的投资者都极为有利可图，但它并没有改变这样一个事实：如果腓力二世将他的舰队与他在荷兰的军队（被认为世界无敌，现在由阿尔瓦的继任者帕尔马公爵指挥）联合起来，则要拯救英格兰将非常困难。[62]

伊丽莎白对此的回应依旧是无关痛痒，依旧没能给西班牙制造足够的麻烦，从而扭转对其不利的权力均势。她增加了对荷兰反叛分子的资助，并且第一次派遣英国军队与他们并肩作战，但这些措施没能牵制帕尔马。她派遣德雷克以及一些步兵，前往西印度群岛，在那里袭击港口，并攫夺更多战利品，却没能建立任何永久基地。[63]与此同时，针对女王的阴谋仍在继续，但凡其中任何一场阴谋得逞，都会让玛丽·斯图亚特得遂所愿。沃尔辛厄姆的间谍们在1583—1585年的三年间，破坏了其中三场阴谋。[64]

在英国议会认定皈依天主教被视同叛国后，在英格兰隔三岔五就有牧师被处决。然而，正如伊丽莎白的顾问伯利勋爵所说的那样，玛丽仍然是反新教势力的重心，是"滋生危险的工具"。玛丽虽然仍然被女王囚禁在英格兰北部，但并没有放弃她的信仰、野心，继续策划着一场场阴谋。[65]这让伊丽莎白陷入了尴尬的境地。

杀死牧师是一回事，杀死前任女王和未来可能登上女王之位的人则是另一回事。伊丽莎白对弑君的行为深恶痛绝，更深知这一行为在英国历史上曾导致了何种暴力的后果。现在，如果要借助这一手段，则会让她比"血腥玛丽"更嗜血，毕竟那位玛丽女王曾给了年轻的伊丽莎白一条生路。而且，这将使她在道德上与教皇成为一丘之貉，不惜通过暗杀来扶持其认为的正统观念。此外，这也会让继承问题变得充满不确定性，因为如果玛丽·斯图亚特的儿子詹姆斯六世（现为苏格兰国王，并被教育成长为一名新教徒）认为自己的母亲被不公正地谋杀了，谁能保证他不会改信天主教呢？

最后，伊丽莎白巧妙地操纵了一切。她贿赂詹姆斯六世，令其与母亲断绝关系，同时批准议会通过禁令，禁止未来出现天主教君主。她让沃尔辛厄姆设计了另一场逼真的阴谋，通过伪造文件将玛丽牵涉其中：玛丽果真上了钩。在密谋者被抓捕后，伊丽莎白坚持延缓公开处决。然后，她一边促使玛丽被判叛国罪，一边又对该判决表示遗憾，并向议会询问诛杀这位罪犯女王是否真有必要。在确认玛丽的确非杀不可之后，伊丽莎白故意拖延批准逮捕令，直到她的大臣都已急不可耐，将逮捕令塞进一堆等待签字的文件中。她不经意地签了字，但后来她明确表示，她完全清楚他们要的那个小把戏。

由于担心伊丽莎白会改变主意，他们将逮捕令匆匆送往福瑟陵格城堡，玛丽就被关押在那里。随后，玛丽的处决日很快降临——日期是1587年2月8日。伊丽莎白很快得知消息，她一开始表现得不动声色，但随后完成了她一生中最伟大的一场公开表演：她歇斯底里地哭泣，抗议她遭到欺骗，威胁要绞死那些肇事者，并连续几周公开露面，哀悼死去的女王。这就像她对待海盗德雷克那样，先准许其行动，后矢口否认。然而，现在她拥有更多的技巧，面对更严重的境况，她对自己也一样，先准许自己行动，后矢口否认。[66]

8

然而，玛丽被处决，没能阻止腓力二世筹备入侵英格兰。其中一个原因是，西班牙已经掌控了葡萄牙。"如果罗马人只是通过统治地中海，就统治了世界，"国王的王宫牧师提醒他，"那么统治了环绕世界的大西洋和太平洋的人，又将达成何等功勋？"另一个原因是，腓力二世的海军上将圣克鲁斯侯爵在1582—1583年从亚速尔群岛驱逐了法国、英国和反叛的葡萄牙军队，从而显示出两栖作战的可行性。还有一层原因是来自新任教皇西克斯图斯五世，他像前任一样坚定地认为，在英格兰恢复天主教往日的地位，是腓力二世的神圣职责。[67]

教皇的施压令腓力二世感到恼火：教皇难道没有意识到，压制荷兰的叛乱分子不也是神圣的事业吗？上帝应该首先确保这次胜利，然后西班牙才能去征服英格兰。西班牙不可能同时完成所有事情。但随后，伊丽莎白的行动不再是小打小闹：在听到西班牙即将入侵英格兰的传闻后，她授权德雷克开始袭击西班牙。1585年秋，德雷克在加利西亚的短暂登陆震惊了腓力二世，令其意识到这可能是在投石问路。想到未来必须保卫整个伊比利亚海岸线，腓力二世说服自己，打败德雷克的唯一方法就是攻击他的老窝。考虑到这一点，腓力二世再没有分心他顾，专注于"英格兰事业"。玛丽的死没有改变任何事情——除了使腓力二世坚信，上帝现在希望他接替伊丽莎白的位置。[68]

然而，上帝又一次没能为腓力二世提供行动所需要的资源、环境和组织效率。腓力二世的事无巨细式管理拖延了准备工作的进度，德雷克的持续突袭更是雪上加霜。保密工作早已失效，对英格兰发动突袭的希望也已荡然无存。战略目前还不清楚：无敌舰队的指挥者现在不再是经验丰富的圣克鲁斯侯爵（他死了），而是缺乏航海技能的梅迪纳·西多尼亚公爵——他将如何与在荷兰的帕尔马的军队协作，以穿越海峡？1588年5月，腓力二世聚集了有史以来最庞大的海军，从里斯本起航，但该军队随后被风暴冲散，舰队被迫在西班牙北部的科伦纳港进行维修和再补给。腓力二世对此毫不畏惧。"如果这是一场不公正的战争，人们确实可以把暴风看作上帝给我们的警示，让我们停止冒犯他，"他训诫斗志不彰的公爵，但是"我已把这项事业献给了上帝……振作起来，完成你的使命"。[69]

"这个世界从未如此危险，也从未像现在这样充满了罪恶和背叛。"伊丽莎白的宠臣之一莱斯特伯爵几个月前从荷兰写信给她。[70]她的港口是为经营商业活动而建，而不是为了防御。她无法知道她的子民中有多少人暗地里仍然是天主教徒。帕尔马就快要将荷兰的叛乱分子肃清了。伊丽莎白的海军虽然受过良好的训练，但对于梅迪纳·西多尼亚庞大的舰队来说，根本不是对手。梅迪纳的舰队于7月29日登陆康沃尔郡。[71]然而，女王已经确定好了她的战略。

她首先将德雷克召回，因为她知道她的海军上将们只有在英吉利海峡才可以最好地对抗无敌舰队，因为他们知道，自己必须破釜沉舟。她预见到，像萨拉米斯海战或亚克兴海战这样的大战不会发生；相反，她的舰队将尾随西班牙的战船，将它们各个击破，同时等待更有利的时机。腓力二世也确实慷慨地提供了这样的时机。梅迪纳·西多尼亚的战船本应保护帕尔马的运兵船，护送它们将其陆军运到英格兰。但国王的命令没有指明行动时间，也没有说明两位指挥官要以何种方式进行沟通，在风和潮汐的作用下两支来自相反方向的舰队应当如何碰头，然后如何寻得恰当的时机共同朝英格兰进发。腓力二世把如此多的事情都交到了上帝手中。

梅迪纳·西多尼亚于8月6日在加来靠岸，完全没有听到帕尔马的任何消息。此时的帕尔马则刚抵达北部的佛兰德海岸，第二天才惊讶地得知无敌舰队已抵达加来。他让士兵们匆忙登上驳船，却发现伊丽莎白的海军上将查尔斯·霍华德爵士当晚利用风势发起火攻，迫使无敌舰队在恐慌中切断锚索四散而逃。第二天，在格拉沃利纳附近，霍华德的舰队袭击了乱作一团的西班牙人，帕尔马只能沮丧地在海滩上望洋兴叹。一夜之间，英格兰再次安全了。知道女王会赞成，霍华德临时决定对西班牙舰队发动攻击。

英国人没有直接击败无敌舰队，而是逐渐削弱它的力量，直至最终将其击败。在整个航程中，无敌舰队只能依赖几周前在科伦纳港补充的给养，现在没有任何可能在任何友好港口补充给养，西班牙人别无选择，只能再进行长途航行：横跨北海，绕过设得兰群岛，沿荒凉的苏格兰和爱尔兰西海岸而行。第一批船只直到9月的第三周才到达西班牙。在7月底启程的129艘船中，至少有50艘船彻底折损，并且许多返回的船只也只能报废。前往英格兰的西班牙士兵中有一半人死亡，其中大部分死于沉船、饥饿或疾病：总数可能达到15 000人。相比之下，英国人只是在加来火攻无敌舰队时牺牲了8艘船，另有大约150人献身。[72]

9

"我希望上帝不曾允许这般邪恶，"腓力二世在第一次收到有关这场灾难的报告后写道，"因为我们做这一切都是为了服务上帝。"很快，他又计划一次新的入侵，[73]坚信上帝只是通过逆境来考验他。"为了达成这一切，我决意处理一切可能出现的问题……我永远不会对上帝的神圣事业坐视不管。"[74]当然，奥古斯丁也提出了类似的论点，但是奥古斯丁坚持认为，上帝要测试的是将手段与目标匹配起来的能力。在奥古斯丁那里，从来没有强制要求要为了实现天国的目标而不分青红皂白地牺牲凡间的生命与财产。

"既没有占领任何港口，也没有得到任何一方的援助，就要在危险的海上发动入侵，做出这样的决定的君主可能更像是将一切交给了运气，而不是出于知己知彼。"沃尔特·雷利爵士在无敌舰队失败后说道。[75]马基雅维利倘若看到这一幕应该也会这么说，奥古斯丁也会如此，只不过他会将"运气"换成"上帝"。那么，是什么让腓力二世如此自不量力呢？

腓力二世最好的传记作者杰弗里·帕克在"前景理论"（于20世纪后期被提出）中找到了答案：该理论认为，领导者要冒更大的风险来避免损失，而不是获得收益。[76]鉴于腓力二世继承了庞大的帝国并且该帝国不断扩张，他有可能损失掉很多东西。然而，奇怪的是，他竟然为了重新获得并非由自己丧失的领土，甘冒如此风险。亨利八世与罗马决裂，玛丽一世未能将天主教回归正统，这些都不是腓力二世的错。这些不幸与新教改革一起，甚至可能是上帝对几个世纪以来教皇的过分行为的惩罚。不过，腓力二世并没有这么看。他坚信上帝赋予他的责任，不仅仅是避免损失，还要恢复教会最初和在中世纪时的荣光。

"如果上帝赋予陛下义务,要纠正世间所有的麻烦,"腓力二世的私人秘书在1591年提出,"那么他就会给予您所需的金钱和力量。""我知道你在为我服务时投入了巨大的热情,这种热情感动了你自己,"国王回答说,"但你也必须明白,如你所知,像我这样一个尽职尽责的人,对这些问题不可能置之不顾……宗教事业必须优先于其他一切。"[77]

这就是腓力二世常常诉诸的、帕克称之为"精神讹诈"[78]的方式。当被警告他的目标超出了能力时,腓力二世会声称那些提出警告的人缺乏信仰:上帝会弥补目标与能力之间的这种差距。当上帝没有这样做时,腓力二世就会坚持说,他会对上帝保持忠诚,即使上帝的注意力已经转移去了别处。上帝的确考验了腓力二世,但腓力二世并没有考验上帝。

10

伊丽莎白则考验了上帝,但她是出于英国人的爱国主义情怀,而不是天主教的普世性。"君主权威所散发的耀眼荣光并未迷乱我们的双眼,"她在去世前不久向议会保证,"我们都很清楚并且记得,我们所有的行为都要面临最终的审判。"但她并没有表现出对最终审判感到恐惧的迹象:她表示,"很高兴上帝选我作为他的助手,来维护他的真理和荣耀,并捍卫这个王国"[79]。如果女王之位和国家在伊丽莎白的心中是相同的,那么,同样地,在上帝那里,

"真理与荣耀"和捍卫"这个王国"也是相同的。

但是,确定性从来都需要时间。历史学家A. N. 威尔逊指出,从伊丽莎白成为女王的那一刻起,"她的顾问和朝臣一直敦促她做出决定:成为天主教徒还是成为新教徒,是否结婚,是否要在爱尔兰或低地国家①打一场具有决定性意义的昂贵的战争。几乎在所有情况下,伊丽莎白都像哈姆雷特一样斟酌再三:即使这不是正确的政策,那么至少也不是错误的"。因为"伊丽莎白如同哈姆雷特一样,可以洞察政治生活中过于精确和过于果断,将会造成何种灾难性的后果"。

他们起初看起来并不相似。莎士比亚笔下的哈姆雷特总是像腓力二世一样身着黑衫,不如伊丽莎白那般轻松——除了在他发疯的场景中,那时的他假装不负责任,甚至精神错乱,以诱出他的敌人。伊丽莎白遇事总是斟酌再三,看似不负责任,实则是为了提醒她的顾问,他们到底为谁工作,也为了推挡她的追求者,从而平衡不同国家之间的势力。当这种势力对比最后对她不利时,她就引诱西班牙无敌舰队进入英吉利海峡,借重她信任的海军将领,铺下天罗地网。在上述每种情况下,精确和果断都会让她陷入困境。"这位克兰麦大主教的教女,礼拜仪式上使用'重言法'修辞格的大师,"威尔逊总结道,"早已洞察到三思而后行的智慧。"[80]

在我的词典中,"重言法"是指"由一个连词连接两个词,以

---

① 低地国家是对欧洲西北沿海地区的荷兰、比利时、卢森堡三国的统称。——编者注

表达一个复杂的概念"。或者简单点说,就是将两个事物变成一个事物的方法。英国国王出于私欲而孕育出的一个新宗教,如何能够取代一个已被人们追随千年的信仰?也许可以通过用人们最熟悉的语言与他们交谈,而不是表现出一副屈尊俯就的模样。威尔逊表示,克兰麦大主教的《公祷书》中滔滔不绝地使用了精彩的"重言法",使这种尚且年轻而且仍在成长中的语言,变得尤为清楚简明。

全能且最仁慈的天父,我们错误地偏离了您指引的道路,如同迷途的羔羊。我们对自己心中的想法和欲望过于关注……请眷顾我们最亲切的女君主伊丽莎白女王……保佑她健康和财富长存;使她足够强大,能击败并征服所有的敌人;最终,保佑她在此生结束以后,可以获得永恒的快乐和幸福。

"重言法"貌似是在说重复的话:"错误地偏离""想法和欲望""健康和财富""击败并征服""快乐和幸福"。但这种组合中也融入了矛盾的说法,手法非常巧妙,以至我们很难发觉,例如"全能且最仁慈的天父",或"我们最亲切的女君主"。

这提出了一种可能性:天父可能会谅解人类,一位女士可能统治一个王国,一位童贞女王可能拯救一个国家并且遗泽绵长。这些在之前都是不可能的,伊丽莎白则成功开了先例。从长远来看,她激励了莎士比亚。他的戏剧和诗歌中不仅使用了许多新词,还充斥着含义丰富的冗余词句,例如,"人世间的一切在我看来是多么可厌、陈腐、乏味而无聊！"正如威尔逊所说，莎士比亚"延伸并扩展了英语这门语言"，进而赋予所有讲这种语言的人"更大的词汇量，从而有更高的水准来描述经验"。[81]

从而使人们有更强的能力来管理经验。修昔底德在2 000年前警告过，在危机中，言词可能会失去意义，因为"有看到问题的所有方面的能力，却没有在任何一方面采取行动的能力"[82]。如果真的是这样，那么莎士比亚和他的伟大女王就在多重含义中寻到了慰藉，其中有一些含义是重复的，有一些则是相对的，但都通过这种组合，使它们变得出乎意料地适用。"重言法"塑造了一种文化，以对抗即将到来的世界中的无力感。

11

"在1588年7月一个温暖的傍晚，在格林尼治皇宫……一个女人奄奄一息，刺客的子弹打进她的腹部和胸口。她的脸上布满了皱纹，牙齿变黑，死亡并没有为她保留任何尊严。但是，她的最后一口气幻化为一种回声，撼动了半个地球。"消息传到海上，梅迪纳·西多尼亚一整天都在甲板上来回踱步。"然后，他做出了决定。一艘接一艘的战舰、大桨帆船和笨重的储物舰，纷纷驶向北边的陆地。前方就是黑斯廷斯……在几个世纪之前，那里曾经创造过历史。"

腓力二世再次成为英格兰国王，新教改革运动在整个欧洲溃败,西班牙统治了整个南美洲和北美洲,库克船长在澳大利亚遍插教皇的旗帜。"对一些人而言,过去的几年是充满成就感的,上帝的意志终得实现;对于其他人而言,则是黑暗时代的再次降临,那些早已死去的、最该被人遗忘的东西沉渣泛起……总而言之,教皇的手臂探向各处,或惩罚或奖励,教会的好战分子权势熏天。"[83]

基斯·罗伯茨写于1968年的小说《帕瓦内》(*Pavane*)中描绘了380年前,倘若历史有些微错位,就可能发生的事情。他将故事背景设定在了20世纪60年代。在那个时代,英格兰的交通主要靠蒸汽拖拉机,用蜡烛照明,通信则是通过旗语,因为罗马禁止使用石油、电力和电报。只有一个秘密公会被允许使用收音机,其他人若敢僭越就会被视为实施巫术。政治走向专制,教育只面向一部分人,人们的记忆模糊不清。"其中一个伊丽莎白时代的人,"书中的一位角色解释道,"我们让他待在学校。我忘了他的名字,我当时以为他人还不错。"[84]这出人意料地让人回忆起《理查三世》中的几句对白。

如果罗马教廷列出的禁书目录没有在1966年被废除的话,那么以《帕瓦内》的反天主教的程度绝对足以跻身该目录。但书中的另一个角色又出乎意料地说道:"不要鄙视你的教会,因为她的智慧超越了你的理解力。"原来,罗马一直都拥有现代科技,甚至拥有核技术,只是一直将其雪藏,直到人类的文明程度提升至能理智地使用它们。"教会对人类施以绞刑和火刑了吗?是的,用了一点点。但贝尔森集中营、布痕瓦尔德集中营都未曾存在过,更没有发生过帕斯尚尔战役。"只发生过一场古老而真实的末日决战，现有的知识便是从此间得来。[85]

这最后的转折使罗伯茨的小说带有重言的修辞特征：教会比人们想象的更为擅长利用矛盾，并借此将上帝之城和凡人之城相连接。当然，它只是一部小说。但反设事实如同幽灵，会一直萦绕在历史学家的脑海中。人们可以说，奥古斯丁最终上了天堂，而马基雅维利下了地狱。那么，腓力二世身在何处呢？如果真有上帝，并且他真的是天主教徒，那么这位始终忠心不二的国王就可跻身有史以来最伟大的战略家之列。[86]伊丽莎白呢？至少马基雅维利是其永远且不错的陪伴者。

第六章 新世界

事实上，1588年英吉利海峡上发生的那些大事的确震耳欲聋，足以"撼动半个地球"。[1]葡萄牙人和西班牙人在15世纪凭借他们对船舶、航行、风浪的新理解，开拓并征服了海量浩瀚的新奇事物。[2]"这个世界远远不够！"这是腓力二世面对他那些位于伊比利亚半岛上的王国，以及已经建立起的帝国所说过的箴言，这句箴言贴切地描述了当时他们的境况：当时，亚欧大陆这个此前的帝国所适应的旧世界，已远不能满足腓力二世。那年夏天，西班牙的无敌舰队从里斯本起航，眼看着船队渐行渐远，人们坚信，在那片被称为美洲的大陆，天主教君主制将会经久不衰。

对于卡斯蒂利亚和阿拉贡这样的基督教王国，上帝怎么能不站在他们这边呢？仅在1492年一年里，他们就将穆斯林和犹太人驱逐出境，并顺带着拓展了自己的疆土。在接下来的一年，它们与葡萄牙一起，通过教皇指令取得新领域的所有权。西班牙王国成立后，用短短三年的时间征服墨西哥，并且用更少的时间征服了秘鲁，从而获得无尽的金银。他们用这些财富，在两块迥异的大陆上颁布了相同的政令，甚至要求建筑风格都必须保持一致。他们为当地不同的原住民设计出唯一一条通往灵魂救赎的道路。

如此这般成就需要的可不仅仅是自信心,他们还需要推测上帝的旨意,并照此行事。

在无敌舰队航行235年后,一位坚定的新教政治家,在一个世俗国家的新首都,为他的共和党政权起草了一份同样充满野心的宣言。该宣言称:"美洲大陆已经处在自由和独立中,并将继续维持,欧洲任何列强不得把美洲大陆业已独立的国家当作将来的殖民对象。"当美国国务卿约翰·昆西·亚当斯在1823年将"门罗主义"拟定为"美利坚合众国"的座右铭时,这个国家还没有掌握从"旧"主人手中获取"新世界"的手段,但它已经有了西班牙鼎盛阶段的那种自信心,而亚当斯认为这便足够了。[3]

杰弗里·帕克认为,"西班牙无敌舰队的失败打开了北欧国家入侵美洲并将其变为殖民地的大门,从而使美国建国成为可能"。如果这句话是正确的,那么在1588年8月7日晚,在良好的风势、一位聪慧的海军上将和一场大火的助推下,历史就此被改写。如果腓力二世真的成功了,他将会要求伊丽莎白下令终止英国船舶继续驶向美洲。[4]只可惜,从他的船长们切断锚索的那一刻开始,西班牙开启了缓慢的衰落过程,一个新的世界秩序逐渐显现。

— 1 —

在无敌舰队横行海上时,英国人刚刚开始进行海外扩张。对他们来说,"殖民地"这个词意味着爱尔兰,曾经踏足过的"纽芬

第六章 新世界

兰岛"意味着鱼,"探索"则意味着成立合资公司。英国成立的第一家合资公司还被冠上一个牛气的名号"由商人冒险家组成的探索未知地域的神秘团体"[5]。但该公司有点儿计划不周:在一个全球进入冰期的时代,它试图穿过哈得孙湾,绕过俄国北部,寻找通往中国的贸易之路。德雷克在1577—1580年的环球航行则标志着伊丽莎白探索更广阔世界的好奇心:当时,西班牙统治加勒比海、墨西哥和南美洲大部分地区已逾半个世纪。沃尔特·雷利爵士在罗阿诺克岛建立了英国人在北美地区的第一个殖民地,但其仅存于1584—1585年,之后便迅速陨落,没给英国人留一丝颜面。[6]

伊丽莎白对西班牙在海外殖民活动中的领先状态丝毫不慌张。她选择由商人带着商船和移居者去做这样的事情,而不是让她的海军或者财政部门承担风险。她鼓励德雷克去吓唬西班牙人,但并不幻想单凭这种出击能保证英国的安全。伊丽莎白意识到腓力二世在微观管理上的不足,因此她试图让海外企业自给自足。只有确信他人也认为有利可图时,伊丽莎白才会对这种海外活动表现出兴趣,而且主要集中于商业领域(当然也不仅限于此)。因此,她为英属美洲殖民地的管理立了一个模板:各殖民地之间缺乏共同目标,缺乏联系。这些殖民地零星分散在从马萨诸塞州到佐治亚州之间绵延数千英里的海岸线上,对于其中大部分地区,英国人只是稍加管理,甚至可以说是毫不上心。[7]

到18世纪中叶,西班牙控制下的美洲地区人口已经达到英属美洲殖民地人口的6倍,而其控制的领土面积和积聚的财富则超出对方更多。兴起的大城市、耐用的道路和标准化的行事方式，使其甚至可与罗马帝国相媲美，无处不透露着管理者的用心。历史学家约翰·艾略特曾指出，一位来自墨西哥城的绅士造访2 600英里之外的利马时，完全会有宾至如归的感觉："一致的市政机构，相同的做礼拜方式。"然而，这种情况不可能出现在英属美洲殖民地，因为在那里，"不尽相同的风土人情、迥异的移民动机，以及各异的宗教信仰和行为方式，造就了于不同时期建立的、以不同的方式存在下来的马赛克式零散社区"。[8]想想年轻的约翰·亚当斯（约翰·昆西·亚当斯的父亲）置身弗吉尼亚州的大种植园主之间时或面对南卡罗来纳州的奴隶主时，文化冲突之巨大，犹如他身处利马。

与罗马一样，西班牙对不同的地方实行统一管理。这可能会带来深远的影响，否则任何一个帝国都不可能如此迅速地扩张。不过，这种模式所付出的代价是统治根基不稳，稍有波折就可能会导致帝国倾覆。[9]英格兰人势力扩张得更慢，但是更容易与当地融合，在北美地区尤其如此。在这种模式下，麻烦的出现往往会导致共和革命式的权力让渡，而不是帝国势力的立即崩溃。在接下来的两个世纪里，这种场景将在世界各地上演，逐步摧毁各个帝国的根基。

— 2 —

但是，一种松散甚至毫不用心的管理是如何取得这样的成果

第六章 新世界

的呢？我认为，答案就在于因地制宜。强权和专注看起来似乎能创造辉煌，但要实现这一点必须要将所有的崎岖都夷平，就像薛西斯一世所做的那样或者是修高速公路一样。可是，你不能一直这样做，因为地球表面的不规则性反映了它的本质：大陆板块总是在移行、滑动、互相碰撞甚至覆盖。追求稳定性是导致毁灭的方式之一。只有保持弹性才能适应意外情况。

因此，反对一致性，尊重当地状况，甚至保持谨慎都成为一种正确的行事方式。伊丽莎白实践了这一点，她终身不婚，（在一定范围内）包容宗教差异，并且让一种语言发扬光大。每一种情况的产生都有其特定的因素，没有一种能够完全反映出统治者的宏大设计。合资公司同样可以具有灵活性。"殖民统治初期，英国王室没有进行严密控制，"艾略特指出。

> 这给政府形式的演变留下了相当大的空间，以使其最适合那些积极投身海外企业以及在海外定居的人（企业背后的金主和殖民者本身），当然他们必须在皇家宪章的框架内运作。

相较于西班牙在"新世界"的殖民地，以及法国在圣劳伦斯河畔、五大湖区、俄亥俄河以及密西西比河附近声索（却罕有人定居）的领土，英属美洲殖民地"就是一个社会，在这里，政治机构和行政机构更有可能自下而上逐步形成，而不是自上而下强制建立"。[10] 这不仅使英属美洲殖民地有种大杂烩的感觉，更使其发展出一种复杂的自适应系统。

根据理论家的学说，对无法预料的事情的频繁反馈造就了系统的蓬勃发展（当然反馈也不需要太频繁）。人一旦控制了周边环境会容易产生自满情绪，当控制系统崩溃时，问题便会变得棘手，而控制系统迟早都会崩溃的。然而，持续的干扰会阻碍系统复原，因此天底下并没有什么永远康健之物。在自然界中，整合过程与分裂过程之间，即混沌的边缘，也存在着一种平衡，而适应，尤其是那种自发的秩序也往往在此时产生。[11] 新型的政治世界就是这样运行的。

3

英属北美殖民地的定居者同时生活在若干个混沌边缘：他们面对一片巨大但是可通航的海洋，他们所生活的这片大陆，南部被西班牙占领，西部和北部被法国占领；在他们的故乡英国，伊丽莎白那些愚蠢的继任者在国内制造了混乱。伊丽莎白手腕极高，会用迷惑、恐吓、哄骗、顺从或无视等方式，避免与议会产生直接冲突。[12] 然而，斯图亚特王朝的首位君主就不顾一切地投入自己无法取得胜利的战斗中。他们还模糊了已故女王对人们的信仰和行为的区分，而此时的欧洲即将陷入由宗教引发的30年战争之中，英国统治者的行为无疑是在玩火。1642年，英格兰爆发了内战，个中缘由直到现在历史学家也没搞清楚。[13] 7年后，查理一世被送上了断头台。

第六章　新世界

国内的暴力冲突成为人们移民的理由之一，与此同时，人们获得承诺，在美洲他们会拥有更多商业机会，不同的宗教信仰都会被尊重，监管也会更加宽松。严峻的国内形势以及奥利弗·克伦威尔统治下共和制试验的失败，使英国别无选择，只能允许殖民地成为"马赛克式社区"。等到1660年查理二世轻松"复辟"之时，大西洋两岸的异质性早已确立。[14]

查理二世"懒惰、漫长而淫荡"[15]的统治于1685年终结，他脾气倔强的弟弟詹姆斯二世接任英国国王，而詹姆斯二世在其任期内继承了他哥哥的最后一种品性。作为一个坚定的天主教徒，詹姆斯二世开始使英格兰回归罗马天主教，并且对法国国王路易十四创造的中央集权模式进行了"现代化"改造，随后殖民地也纷纷效仿。[16]但是，三年后，由于詹姆斯二世的儿子诞生使得天主教可能在英国延续，奥兰治亲王威廉（即詹姆斯二世的女儿玛丽的荷兰丈夫，夫妻二人均为新教徒）跨越英吉利海峡，对英国发动了自1066年（诺曼底公爵威廉征服英格兰）以来最成功的一次入侵。詹姆斯二世的皇位被推翻，威廉和玛丽取而代之，英属美洲殖民地再一次成为弃儿。对于生活在那儿的英国移民者来说，1688年的"光荣革命"确保了持续发展的过程抵制未来任何倒行逆施的行为。

英国著名思想家约翰·洛克认为，1688年的"光荣使命"给后人留下的教训便是："最高权力，即立法权，只能有一个，其余一切权力都必须处于从属地位"，但是，"人民仍然拥有废除或修改立法的最高权力"。[17]这种原则看上去是自相矛盾的——既然是至高无上的权力，又如何分配呢？但正如现代历史学家罗伯特·图姆斯所指出的，这一矛盾恰恰奠定了英格兰在后斯图亚特时期的政治文化基础。

> 对乌托邦思想和狂热者持怀疑态度；相信常识和经验；尊重传统；倾向于逐渐改变；认为"妥协"是胜利，而不是背叛。这些皆源于皇家绝对主义和神圣共和主义的失败：这些失败所付出的代价极高，但富有成效。[18]

这些思想散发着伊丽莎白式"气势"（马基雅维利所用的词），尽管女王陛下不会欢迎"宪政"君主制。然而，她会看到平衡对立面的好处：她每天都练习这种艺术。倘若知道她的继任者努力去调和对立面，她肯定会认为这种行为是危险且愚蠢的。她懂得"政治园艺"：只要允许品种多样化，不要太过仔细地检查根茎，植物就能很好地生长。因此，她很可能会赞成埃德蒙·伯克。

4

伯克于1775年3月22日站出来，向英国议会解释英属美洲殖民地上的人们所取得的成就。他称，"这些已脱胎换骨的人……尚未完全成熟"，但他们展现出了一种"强韧的勤勉"，而这种勤勉正是源于对英国的自由、本土的共和主义、多元化的信仰的传承。他们对奴隶制的依赖虽然令人不安,但是有利可图。识字率的普遍提升则让他们争讼好胜。而"隔在你们和他们之间的 3 000 英里宽的海洋"则促使他们自力更生。除了"明智而有益的忽视"之外,他们这一切的成就"丝毫未得益于我们任何形式的关爱"。在他们的成就中,"我放下了所有对权力的骄傲,我此前对人类谋划能力的假设也被推翻……本着自由主义精神,我宽恕了一些事情"。[19]

的确,在 18 世纪上半叶,英国在英属北美地区的政策实施中罕见"谋划"。旷日持久的欧洲战争,加上在弱化的君主制下独特的"政党"的崛起,留给野心勃勃的殖民计划的时间和精力已经所剩无几。同时,不易被影响的北美地区的人们不肯轻易去尝试外来指令。"像大多数初到此处的年轻人一样,我以为自己能够在处理各种事务时做出巨大改变,"一位殖民地州长在 1737 年写道,字里行间充满忏悔,"但对这里的人们有了些许了解,并且反思了故土的实际情况后,我意识到以前的想法是个彻底的错误。"[20]

然而,这种松散的状况很难维持下去。殖民地的人口每 25 年便会翻番,本杰明·富兰克林在 1751 年指出:在一个世纪里,"在大洋的这一边,英国人的人口数量将达到顶峰"。[21] 这意味着向西的领土扩张势在必行,但是,法国人与当地的印第安人结成盟友,将英国殖民者扩张的道路封锁。1754 年,年轻的陆军上校乔治·华盛顿未能夺回英国边境堡垒,[22] 一场新的战争就此爆发。这场战争因为持续 7 年而为人所熟知,战火更是蔓延至欧洲、印度和公海。战争期间最引人注目的事件是,法国于1759年将魁北克省拱手让给英国,之后更是完全退出了北美地界。

1763年《巴黎条约》的签署看起来像是英美的胜利,但事实上它使获胜者分道扬镳。这场战争使统治阶层聚焦以下问题:国王乔治三世的部长们问道,战后殖民地的管理为何会再次失去重心?按照某种计算方法,英属美洲殖民地的那些人缴税最少,难道他们不应该为自己获得的安全付出更多代价吗?虽然英国央行现在能提供资金支持,但英国人怎么可能无限期地积累债务呢?不应该有人管理阿巴拉契亚山两边的定居点,防止外来人口和原住民之间的冲突吗?如果不好好管理它,即使坐拥一个帝国又有什么用呢?[23]

然而,对于习惯不受干涉的英属美洲殖民地的人们来说,这样的问题表明,政府即将对他们实施高压政策,而这种政策一旦得到实施,就很难撤销。[24]他们先是感到困惑,然后是怨恨,随着1765年《印花税法案》的通过,他们开始进行抵抗。议会鞭长莫及,无计可施,只能选择妥协,并为了自己的利益于1766年颁布了《公告令》,保留了英国恢复曾经被废除的法案的权利。伯克尖锐地讽刺这种任意妄为的行径:"在你制定了一部法律之后,你必须再制定一部法律来保证实施,如此以往,陷入无休止的徒劳和无力之间。每一项大法案诞生的同时都必须有一项小法案跟随,就像是一个乡绅走到哪儿都提着自己的盔甲一样。"[25]

洛克主张权力分散:人民必须服从政府,但政府也必须反映人民的意志。不过,即便对于一个小岛国而言,要践行洛克的主张也如走钢丝一般。而当要跨越整个大洋时,这根钢丝更是如线般纤细,因为距离不但会阻碍反馈,还会煽动民众的反抗情绪。早在1769年,伯克就已经看到了这些困难。

> 英属北美殖民地的人们已经发现或者说自认为已经发现我们想要镇压他们;我们已经发现或者说自认为已经发现他们要揭竿而起。我们的严厉助长了他们的错误行为,我们不知道如何前进,他们也不知道如何撤退。[26]

唯一的出路就是与他人分担你的不满:"所有政府,实际上每一个人的利益和享受、每一种美德、每一个谨小慎微的行动,都建立在妥协和讨价还价上。我们平衡不便;我们给予和接受;我们让渡一些权利,以便享受其他权利……但是,在所有的公平交易中,购买的东西都必须与支付的金额成正比。"伯克在其1775年的演讲中,以这句话作为结束语:"剥夺(英属北美殖民地人民的)这种自由,你便打破了维系帝国统一的唯一纽带,这个纽带最初就已存在,而且必须维持下去。"[27]

— 5 —

伯克的传记作者戴维·布罗姆维奇在谈到乔治·格伦维尔(在《印花税法案》时期担任英国首相)的一次演讲时发现,这项争论进展到最后时人们已经完全不"记得它的初衷"了。[28] 格伦维尔试图表明，一个帝国的中心可以在限制周边地区的自由的同时赐予周边地区自由。伯里克利在他的"葬礼演说"中曾尝试表达类似的东西：他开头赞扬了雅典人对殖民地人民的尊重，但结束时又颂扬雅典人使用武力来控制殖民地人民。[29] 两者的问题都在于，在实现目标之前，他们都已经忘记了自己的目标：他们使购买的产品与付出的价格不成正比。

美国革命者有更长的记忆。自学生时期就沉浸于古典著作之中的他们，从希腊的民主政治和罗马的共和政治的失败中吸取了令人信服的直接教训。他们敬畏那些被认为是撒克逊人制定的普通法，这些法规在遭诺曼人篡夺后在《自由大宪章》中得以保留，遭斯图亚特王朝破坏后又于1688年被恢复，现在又因国王、议会和殖民当局的腐败而面临风险。他们的《独立宣言》强化了那些法规，但与此同时它也反映出1776年的思想解放：亚当·斯密的《国富论》、爱德华·吉本的《罗马帝国衰亡史》第一卷，以及最有力量的托马斯·潘恩的《常识》均在这一年出版。其中《常识》中声称，"认为这片大陆可以长期受任何外部权力的支配的想法是悖理的，是违反事物常规的，也是不合历代先例的"。[30]

潘恩坚持认为，各种君主制的出现，与其功绩无关，而是因为他们存在的时间太久，已经超越了记忆的范畴。第一位国王或许只是"一群躁动不安的暴徒的首领"。当然征服者威廉就是一个

第六章 新世界

例子,"一个法国私生子带着武装匪徒登陆,并且在当地人反对的情况下建立自己的英格兰王国,……这不是天赋神权"。如果天道尊重君主制,它就不会常常"把笨驴而不是雄狮给予人类,从而使这项制度成为笑柄"。"一个 21 岁的青年(1760 年乔治三世登基时是 22 岁)居然可以对数百万名比他年长、比他聪明的人说,我禁止你们的这项或那项法案成为法律。"[31] 这样做有什么意义呢。

尽管自罗马时代以来,共和制的规模一直较小,发生的概率也较低,但它们的表现尚佳。通过鼓励平等,共和制使人们减少了傲慢自大,从而减少了因骄傲而产生的健忘:在君主制政权进行毁灭性对抗的时代,荷兰和瑞士(均为共和制)却能够和平发展。随着殖民地宪章演变成代议机构,长期以来自食其力的美国已经自己演化为共和制。他们繁荣的贸易、黄金白银的匮乏可以"确保我们与整个欧洲的和平和友谊",那么"同这个世界抗争与我们有什么关系?"[32]

独立之所以令人恐惧,是因为它的架构不完整:13 个拥有大陆野心的共和国怎么会在一起呢?在这一点上,潘恩不确定,但他所知道的是"组织我们自己的政府是我们的自然权利",而且这种需求非常急迫。"自由在全球范围内都是被驱逐的对象。亚洲和非洲早就已经把她逐出。欧洲把她当作异己分子,英格兰也已经对她下了逐客令。哦!接待这个逃亡者,及时为人类准备一个避难所吧!"[33] 每次争论进行到最后时,已鲜有人记得争论的初衷。

6

潘恩的这本小册子的威力相当于伊丽莎白的火船：这是一种可燃烧装置，不仅能够让敌人闻风丧胆，还能集结防御力量，改变历史走向。当然，这一切不可能一次完成。《常识》于1776年元月问世之时，如何确保美国独立（而不是口头宣称其独立），尚不清楚。潘恩所做的是改变人们的心理。此时的英国人就像1588年的西班牙人一样，仍然暂时保持着他们的军事优势。不过，他们已经无法确定上帝或历史的进程，正义或理性，或者仅仅是竞争的天平，现在是否还都站在他们那一边。[34]

6个月之后，杰斐逊在《独立宣言》中充分阐明了这一观点："在人类历史进程中，当一个民族有必要……按照自然法则和上帝的意旨在世界列强中取得独立和平等的地位时，出于对人类舆论的真诚与尊重，有必要宣布促使他们独立的原因。"[35] 虽然杰斐逊措辞仓促，但这样的话让英国人哑口无言，只能继续前一年他们在列克星敦、康科德和邦克山开始的事情：国王和议会尊重的自由，在这里遭到无情镇压。

历史学家约瑟夫·埃利斯指出，杰斐逊在抽象概念中隐藏矛盾方面是个天才。当这个宣称"人人生而平等"的弗吉尼亚人抵达费城时，衣着华丽的奴隶左右相伴。[36] 他的宣言中混杂着普世原则和乔治三世个人犯下的27项罪状：这就是为什么今天如果引用完整的文件会看起来有点蠢。和潘恩一样，杰斐逊也没有说过什么样的政府可以取代这位英国的暴君。爱国者的强项不在于细节。

否则的话，他们可能永远不会尝试独立，因为细节会使火光暗淡。它们切断了争论的初衷和最终的结果之间的联系。这就是为什么潘恩和杰斐逊认为有必要首先让历史有倾向性，然后开始创造历史。修辞手段，作为他们的工具，必须比真相更清楚，必要时甚至可以扭曲真相。[37] 乔治三世不是詹姆斯二世，更不是尼禄。尽管如此，杰斐逊还是在列举他的罪状时删除了对国王支持奴隶贸易的指控，因为这样会毁坏奴隶制的名声，而且这也将使投票支持自由的人提出异议。[38]

妥协带来的结果是人们一致投票支持自由。反之，一个意识形态上一致的宣言极有可能会不痛不痒地创造出"美利坚合众国13个分裂州"，一致的语调也无法煽动起签名者的情绪，更不会有爱国者的愤怒、哲学的反思、对未来流血事件的担忧、一种人人都在关注的确信，以及如潘恩所说的"权力在手"，可以"去重新开始建设新世界"[39] 的青春欢愉。脾气暴躁的约翰·亚当斯一向对这种热闹不屑一顾，然而在号召对独立周年进行纪念时，他也陷入了这一情绪而不能自拔："用展览、游戏、运动、枪火、钟声、篝火以及照明弹来隆重庆祝吧，从大陆的这一端到另一端，从此刻到永远。"[40]

—— 7 ——

亚当斯在此选择用"大陆"而不是"国家"，并不是笔误，因为独立运动的领导者们经常在地理方面强化自己的观点。潘恩认为，"一片大陆永远由一座岛屿统治，是非常荒谬的事情"。富兰克林指出，英国人在1775年花了300万英镑却只杀了"150个美国人"。而在那一年，有6万名美国人出生。照这样下去，需要多长时间才能"把我们赶尽杀绝？"[41]已任大陆军指挥官的乔治·华盛顿的撤退空间已经不再有局限，现在他身后有大片的土地。与此同时，他的对手只能通过海路获得补给。他后来解释道，"在我们拥有更好的武器和其他作战手段，以及纪律更严明的部队之前"，所依靠的是"时间、谨慎行事以及对敌人的不断骚扰"，只有如此，才能确保胜利。[42]

当然，这只能由一个政府来完成，但是美国人在1776年不确定他们想要一个什么样的政府。因此，他们选择了以各州利益为基础的政府，并通过《邦联条例》将各州松散地联系起来。这造就了一个邦联而非一个国家：没有首席长官，没有对立法的司法审查，最重要的是没有税收权。[43]美国人仿佛对他们的第一部宪法进行了"有益的忽视"，但是他们在旧大英帝国下所习惯的松散管理能否从新的帝国中取得，还是一件有待观察之事。

即使在大陆之上，军队也可能被困，从而被迫投降。这就是英国人在1777年的萨拉托加战役和1781年的约克镇战役中所经历的窘境。他们在前一场战役失败后选择继续前进，但在后一场战役失败后便放弃了：在这种情况下，美国人是否会继续战斗？到1783年英美签署合约，英国承认美国独立之际，邦联议会对华盛顿的支持如此勉强,以至让他信心尽丧。"只有我们统一如一个帝国,"他警告说,"我们的独立才能得到承认,我们的权力才能得到重视,或者说我们的信誉才有保障。"[44]

对于美国人来说,赢得这场战争所依靠的,其实是马基雅维利式的洞察力:君主立宪制对绝对君主制的羞辱,可能导致后者在多年后拯救了共和革命的新贵。1763 年,法国在北美战场上负于英国,对此路易十六仍然耿耿于怀。1776 年,英属北美殖民地的叛军使者前往巴黎,路易十六颇为欢迎。美国人开出的贸易条件模棱两可,但提出可以帮法国报一箭之仇,这一点令法国极为满意,作为回应,法国承认美国独立,为其提供资助并与其结成"永久"的军事联盟。法国的舰队及时抵达约克镇,迫使英国最终投降,而此时的美国人随意地放弃了这一盟友,去与敌军的代理人进行谈判并达成和解,就此将自己的边界拓展到密西西比河以西。[45]

这一结果无法被定性。[46] 此次胜利到底是因为坚持原则还是因为采取了权宜之计?是人权的胜利还是治国之道的胜利?是因为松散的管理还是因为重拳出击?是一个共和国的胜利还是像华盛顿自己所说的那样,是一个"帝国"的胜利?若回答"以上皆是",虽然言辞躲闪,但也是有用的回答。伯克认为政府应该平衡各种不满,伊丽莎白广开先河而不是受旧的规则约束,马基雅维利更看重行为与目的的相称性而不是前后一致性。如果这些人的做法是对的,那么美国人所做的就不仅仅是一种简单的和解行为。[47] 即使是奥古斯都也会对美国领导人下一步所做的事情印象深刻：他们发动了第二次革命以纠正第一次革命中的失败之处，但是他们的行动极为隐秘，且颇具说服力，以至国民尚未反应过来，就已经发生了。[48]

8

无论美国人与政府之间的矛盾是什么，美国人对政府的不信任，在第一次革命前和革命后并没有任何改变。长期以来，殖民地居民一直孤立无援，在他们眼中，英国采取的任何影响他们的行为都是邪恶的。历史学家戈登·伍德表示，"最轻微的小事都会升级为涉及公民基本自由的重大宪法问题"。[49]极端严重的过敏症不容易根治，1783年英国接受美国独立之后，这种"过敏"情况持续了很长时间。美国人直接把矛头指向了自己。

也许第一次革命的胜利使忍耐变得不那么必要，也许它揭露了一个人们一直以来所回避的问题：此次革命是确保了机会平等（挑战不平等的权力），还是条件平等（容忍不平等的义务）？也许英国社会的腐败已经像天花一样，感染了美国。无论是在议会还是邦联，立法如果不受制约，暴政就会产生。也许是人民自己不值得信任，也许英国人以重拳出击替代松散的管理的做法是正确的（部分美国人持有这种想法但不敢说出来）。

从表面来看，这个国家正在蓬勃发展。尽管发生了战争，但人口的增长还是如富兰克林所预测的那么快。和平使移民者可定居的空间增加了一倍多,繁荣普遍存在。"如果我们失败了,"一名南卡罗来纳人当时写道,"那么我们的毁灭一定是所有国家里最壮观的。"[50]

但是,由于期待颇高,而且新的世界格局还没形成,恐惧侵蚀着自信。美国人最担心的是,在羞辱了英国之后,他们自己还是不会被视为一个大国。如果他们的革命成果只是建立了一个邦联制国家(权力极为分散,没有中心),那么这个新国家怎么才能立足?1784年,《罗马帝国衰亡史》的编辑谢菲尔德勋爵曾抱怨道:"与美国各州签订的条约中没有一条对美国整体具有约束力。""我们有理由对美国各州之间的结合所带来的影响感到恐惧,就像我们恐惧神圣罗马帝国内部各王国之间的结合所产生的影响一样;我们反对美国国会的决议,就像我们反对神圣罗马帝国议会的决议一样。"[51]

岛屿已经表明它无法统治一片大陆,那么一个共和国可以吗?自罗马共和国以来,没有一个共和政体规模如此之大,而罗马共和国也并未树立一个良好的先例。导致美国与大洋彼岸的英国决裂的"无代表不纳税"原则因为相隔一片大洋而无法实施。但当需要跨越的是一片广袤的大陆时又会怎样呢?[52] "我们已经无路可退。"一位小册子作者指出。

> 现在的问题是,我们是应该分裂成不同的宗族和部落,受制于各自的统治者,他们会专横跋扈,使整片大陆处于持续的动荡状态……还是应该团结起来,或者我们大多数人联

合起来，建立一个全面而有效的政府，这个政府治下应包括1783年《巴黎条约》中规定的美国所拥有的全部领土。[53]

英国人在承认美国的疆界的同时，似乎也埋下了一颗定时炸弹：这个共和国能否在保持自由、远离暴政的同时造就一个帝国？至少，吉本所述之罗马未能如愿。

9

美国的第二次革命以奥古斯都的方式开始，就如同一场"庞氏骗局"，故意召开了一场又一场无结果的会议。第一次会议于1785年在华盛顿的弗农山召开，其表面上是为了阻止马里兰州和弗吉尼亚州在波托马克河航行权问题上的争吵。与会者得出的结论是，真正的问题是内部关税，解决这个问题需要于1786年在安纳波利斯举行一次更大的会议。但在场的人认为，有必要对宪法条款进行更大的"调整"，为此，他们于1787年在费城组织了一次"制宪会议"。然而，在闭门会议上，这些又被抛到了九霄云外。[54]这不是一场政变，因为它进行得过于缓慢和委婉。然而，它确实差点成为既成事实。

乔治·华盛顿可以和奥古斯都相媲美，他的最新传记作者曾说，他"在追求权力的过程中自我克制，并因此获得更多的权力"。他主持了1785年的会议，但没有承诺任何事情。他允许两个阿格里帕般的年轻人——詹姆斯·麦迪逊和亚历山大·汉密尔顿在公开场合担任领导者,同时私下里明确他自己的立场:"有什么比这些混乱更能说明我们的政府缺乏活力?"1786年年末,当马萨诸塞州的农民因政府课税过重而游行时,这位伟人勃然大怒(听起来有点像乔治三世)。[55]1787年,华盛顿在众人的艰难说服下答应主持费城"制宪会议"。在会议现场,他几乎一言不发。他不需要说太多。华盛顿知道,他本人能出席就已经达到目的。[56]

在接下来的夏天,代表们制定了世界上最长寿但修改最少的宪法[57]——尽管几乎没有一个签署方对其完全满意。在约翰·杰伊的帮助下,"阿格里帕们"发表的文章集结成《联邦党人文集》并迅速出版,长度是其所为之辩护的宪法的34倍。[58]这本书是写给"纽约州人民"的,由85篇文章集成,都以"普布利乌斯"署名,但并不影响其效果。这本文集在纽约州以外的地方几乎没有什么发行量,而当1788年7月纽约州最终批准宪法时,已经有其他10个州早于纽约州批准了。[59]《联邦党人文集》的名声来自其他方面:它是自马基雅维利的《君主论》以来,影响力最持久的政治战略著作。

宪法和《联邦党人文集》都具有这样的特点:其出台是受时代所迫,却影响持久。这一悖论集中体现出了一点,那就是人能够同时在脑海中持有相反的想法,并且仍然保持良好的行动力。那么,这种"良好"表现在何处呢?

10

"先生，请相信，当一个人知道他将在两周内被绞死时，他的注意力会异常集中。"[60]塞缪尔·约翰逊博士曾如是说。尽管许多人走上绞刑架时精神涣散，而富兰克林曾开玩笑称会被绞死，[61]但美国的开国元勋对这一命运的恐惧早已烟消云散。他们所处的现实是：美国还是一个被强大旧势力包围的弱小新政权；尚不确定主权应归属何处；理想主义者对人性已经幻灭；现实主义者坚信他们可以改造人性；研究历史的学生们则认为现在有必要自己创造历史。面对这一现实，他们需要做的就是协调目标与有限的能力，《联邦党人文集》就是要这样做。

"这个问题本身就能说明它的重要性，"汉密尔顿在第一篇文章的开篇中称，"因为它的后果涉及联邦的生存、联邦各组成部分的安全与福利，以及一个在许多方面可以说是世界上最引人注意的帝国的命运。"因为：

> 似乎有下面的重要问题留待我国人民用他们的行为和范例来求得解决：人类社会是否真正能够通过深思熟虑和自由选择来建立一个良好的政府，还是他们永远注定要靠机遇和强力来决定他们的政治组织。

解决如此庞大的问题需要"对我们真实的利益审慎估算，不掺杂与公众利益无关的其他考虑因素，不偏不倚"。但令人不寒而栗的是，"这只是一个奢望"。

> 提供给我们审议的那个计划，要影响太多的私人利益，要改革太多的地方机构，因此在讨论中必然会涉及与计划的是非曲直无关的各种事物，并且激起对寻求真理不利的观点、情感和偏见。[62]

旁观者永远不会忘记。美国人表现得漫不经心。手段远远没有达到预期目的所需：危机即将来临。

《联邦党人文集》是一个矛盾的号角。因为，一个"联邦"沉没，怎么可能不会淹没它的相关"部分"呢？有哪一个"帝国"不是通过武力继承以实现合法运作的？局部问题能否合并？如果"这只是一个奢望"，那么，"审慎估算"又有什么用呢？汉密尔顿承认，聪明人常常犯错，他们可能会教导"那些坚信自己正确的人"如何节制。这使得坚持一致性变得愚蠢：一个人必须重塑逻辑本身。这就是为什么汉密尔顿和奥古斯都一样，以谦逊的态度解除了反抗的武装。

11

《联邦党人文集》最艰巨的任务是，带领一个共和国成为帝国,而不是走向暴政。某种程度上,这个艰巨的任务落在了麦迪逊身上,这也是美国开国元勋最容易低估的任务。[63]然而,麦迪逊在时间、空间和规模上成功地完成了任务。

麦迪逊在第10篇以"普布利乌斯"署名的文章中写道,历史表明,"不稳定、不公正和社会动荡"总是会扼杀"人民政府"。独立还没有将美国人从这些危险中解放出来。

> 抱怨之声四处存在……在敌对党派的冲突中,公众利益遭到忽视,而通常采取的措施,并不是依据公平原则和少数党派的权利而制定的,而是由利益相关、更为专横的多数党力量决定。

废除自由将是一种"比问题本身更糟糕"的补救措施,但通过平等来治愈它不会让任何人安全。

> 民主体制历来是充满动荡和争吵的;它曾被认为与人身安全或财产权不相容;而且一般来说,民主生而短暂,容易在暴力中死亡。

"导致派系产生的原因"大部分源自人性,无法彻底消除。然而,解决之道可能在于"控制其影响"。[64]

到目前为止,距离使各共和政体保持较小的规模,因为共和

第六章 新世界

政体所依赖的代议制度需要冷却激情,而只有定期开会的审议机构才能冷却这种激情。当领土广泛分散时,审议机构无法履行这个职能。美利坚合众国的领土现在扩展到整片大陆的1/3,而且不太可能就此止步。那么,1783年英国将大块土地划归美国,这颗定时炸弹怎么可能不重新引发人们的抗议?如果那样的话,汉密尔顿的"联邦"会怎么样?

麦迪逊通过改变规模来解决这些时间和空间的问题。在这一过程中,他有意无意地[65]学习了马基雅维利。因为这位佛罗伦萨人曾经说过,只有在共和政体中,"共同利益"才能得到"恰当对待"。通过扩大受益者的规模,少数未受益者的影响可以降低:这样一来,当整个"联邦"沉没时,并不是所有的"部分"都会被淹死。[66]规模,可以成为救生圈。麦迪逊承认,这其中也存在着危险。

> 如果选民人数扩大过多,会导致代表对当地情况和次要利益了解不够;如果过于减少选民人数,代表过分依赖这些选民,会致使他无法理解和追求更伟大的民族目标。

但肯定存在"一种中间状态,在这种状态的两边均存在不便之处"。这样,平衡各方利益,构建一个伯克式主体,就可以更好地利用这些"不便"。

扩大范围，吸收更多不同的党派和利益；使全体大多数人不太可能具有侵犯其他公民权利的共同动机；即使这种共同动机存在，那么所有有这种动机的人将很难发现自己的力量，更难团结一致行动。

所拟议的宪法"形成了一个巧妙的组合：涉及重大的、整体性利益的事件交由国家立法机关处理，涉及地方性、具体利益的事件交由州立法机构处理"。[67]

因此，麦迪逊采取在空间上拓展规模，以扭转时间的策略：自此以后，通过允许各个派系在所有层面上竞争来巩固加强共和体制，随着国家的发展，它的道路不同于罗马那样。[68]《联邦党人文集》的方向指向了林肯，而不是尼禄。

12

如果是这样的话，为什么林肯沿下的联邦会遭遇灾难性失败？表面上看这可能是因为没有一个战略能够解决所有意外情况，每一个解决方案都可能带来新问题，有时这些问题甚至无法解决。更为深层次的答案，在我看来也是更准确的答案是，美国开国元勋使联邦进行自我检验：他们知道协调能力与目标的必要性，也意识到所有好处无法兼得，他们选择拯救这一新国家，并将拯救其灵魂的任务留给他们的后代。

奥古斯丁和马基雅维利都发现了在某种程度上可以平衡灵魂诉求和国家诉求的方法，他们的不同之处在于达到平衡是否需要对上帝负责。奥古斯丁认为应该对上帝负责，并尽力去实现平衡。马基雅维利的上帝将治国之道留给了人类。此时的美国人极具多样性，丝毫不亚于伊丽莎白一世时代的英国人。他们横跨在这个鸿沟之上：他们既可以像早期的领导人一样冷静务实，又可以像信仰复兴主义者一样虔诚，也可以像企业家一样处于两者之间。然而，显而易见的是，这个年轻的共和国中很少有人质疑，至少不会公开质疑，在这样一个成熟的共和政体中，许多人会为了改变而献出自己生命：一个允诺"更美好的联邦"的宪法，却假定奴隶制的合法性，这是不正常的。[69]

这一过程中，《独立宣言》实际暗含了潜台词：并非人人生而平等。1776年，人们担心如果将奴隶和国家一起解放，他们就会失去国家，杰斐逊对这一点尤其担心。为了解决这个问题，宪法将众议院的席位分配给"全体自由人"和"所有其他人口的五分之三"；20年内不得限制"任何一州所认为的应准其移民或入境的人"；并且要求"在该州服役或服劳役者，逃往另一州时，不得因另一州之任何法律或条例，解除其服役或劳役"。"奴隶制"这个词完全没有出现在宪法里。[70]

这种回避让麦迪逊抓住了救命稻草。"毫无疑问，"他在《联邦党人文集》中无力地写道，"禁止进口奴隶的政策一直延续至1808年，或者更确切地说，它已经得到允许立即生效。"但这段时间本可以：

> 让这些州永久结束长期的野蛮贸易，……如果让非洲人从欧洲同胞的压迫中得到救赎，让他们看到同样的前景，那么不幸的他们将会感到多么幸福！

然而，不幸的是，麦迪逊也相当虚伪，他在另一篇冗长的文章中费力为"五分之三"条款辩护，声称这段文字代表了美国"同胞"的观点，即把奴隶同时视为人民和财产。

> 这就是南方利益的拥护者在这个问题上可能采用的理由；虽然它在某些方面似乎有点牵强，但总体而言，我必须承认，它完全符合（宪法）公约所规定的代表比例。[71]

麦迪逊的平衡术需要一些野蛮手腕，因此他发现自己十分紧张，这不足为奇。然而，他面临的选择之间的矛盾是无法调和的：开国元勋可以选择建立联邦或解放奴隶，但不能两者兼顾，至少在他们这一代做不到。最终，他们选择了建立联邦，推迟了奴隶解放；因为他们认为，一个统一的强大国家比几个弱小的国家的前景更好。[72]这是一种赌注：是与上帝还是与魔鬼打赌，取决于你的视角。

13

这些开国元勋毕生都在寻求建设一个大陆共和帝国。汉密尔顿是其中最坚定地反对奴隶制的人,尽管如此,他也逐渐意识到,只有联邦不断扩大,才有机会"成为欧洲各国在美洲的仲裁者,才能按照我们的利益诉求,在世界的部分地区制衡欧洲的竞争"。麦迪逊展示了如何通过平衡内部利益,实现外部扩张。[73] 杰斐逊就任美国总统后,从法国人手中廉价收购路易斯安那州,联邦的范围再次扩大一倍,这笔横财也让他平息了对汉密尔顿近乎病态的仇恨。[74] "一丝不苟地遵守成文法而导致国家迷失,"他后来辩解道(无论汉密尔顿去了天堂还是地狱,他一定笑了,哪怕只是浅浅一笑),"就是失去法律本身……这就是为了手段,荒谬地牺牲了目标。"[75]

1811年,44岁的约翰·昆西·亚当斯告诉母亲,势必在两种局面中做选择:一方面,"众多微小的宗族、部落,为了一块石头或一个池塘,因为欧洲统治者和压迫者的玩笑或谎言,相互战争不休";另一方面,"一个与北美大陆同样辽阔的国家,注定成为有史以来人口最稠密、实力最强大的契约社会"。[76] 这又转回到他父亲约翰·亚当斯在1776年希望烟花响遍美洲大陆两端的期待。

1817年,亚当斯成为詹姆斯·门罗的国务卿后,开始致力于实现这一目标,并且要超越这一目标,这主要是以牺牲西班牙的利益为代价。腓力二世的帝国版图从北美中部一直延伸到麦哲伦海峡，但是法国大革命和拿破仑的崛起令这些地方如美利坚合众国一样独立思想蔓延。[77] 亚当斯像鲨鱼一样敏锐地利用了这个弱点。他以佛罗里达州为开端，在那里，他抢先派出安德鲁·杰克逊发动军事攻击。虽然对杰克逊的此次行动是否获得授权存在争议，但美方的先发制人变成了最后通牒：西班牙必须确保该领土的边界安全，否则"就割让一个省给美国……而这块土地实际上已被遗弃，美国或文明或野蛮的敌人随时可以进入，而且这块土地对他们来说无甚用处"。[78]

1821年，西班牙人放弃了佛罗里达州，以换取美国一个申明，得克萨斯州（不过，它很快就会成为墨西哥了）被排除在美国领土之外，并同意西班牙殖民地将剩下的北部边界设为北纬42度线。这条线一直画到了太平洋，尽管此时美国人在北纬42度线以北地区并没有任何明确的所有权。这是在治国方略上一次傲慢的展现，[79] 两年后，亚当斯再次超越了自己。

1823年12月，门罗总统向国会发表国情咨文。[80] 英国外交大臣乔治·坎宁悄悄提议与美国合作，防止俄国、普鲁士、奥地利，以及拿破仑时代后的法国在"新世界"恢复西班牙统治的任何努力，目前西班牙几乎已经失守。坎宁想到的是英国的商业利益，尽管英国海军不需要外界帮助就能保障其商业利益，但与美国合作可能会平息1812年英美战争和1814年英国人焚烧华盛顿留下的怨恨。[81] 但是，亚当斯通过巧妙的调整，看到了一个发表革命宣言的机会。

在此情况下，为后世所铭记的伟大的"门罗主义"诞生："美洲大陆，已经处在自由和独立中，并将继续维持，欧洲任何列强不得把美洲大陆业已独立的国家当作将来的殖民对象。"这只是空摆姿态？考虑到当时的能力，这是肯定的，但这正是汉密尔顿在《联邦党人文集》中发出的呼声：为了"共同的利益"部署"国家的自然力量和资源"，以阻止"欧洲的各种戒备，避免对我们的增长形成抑制"。简而言之，美国要"成为欧洲各国在美洲的仲裁者"。[82]

然而，如果麦迪逊没有在《联邦党人文集》中阐述如何首先抑制美国人自己的戒备，可能外界不会有这样的兴趣。这就是1820年《密苏里妥协案》的目的，而颇令人不安的是，该妥协案同样将新州划分为未来的自由州和蓄奴州。亚当斯一直坚信，宪法"在自由和奴隶制之间讨价还价"是"道德和政治上的邪恶……这与我们革命所依赖的原则是不一致的"，但同时我们也知道，正是这种讨价还价确保了联邦，使之免于内战。结果是必然的，那就是：

> 从这整片大陆上消灭奴隶制；尽管整个过程必然是灾难性的和凄凉的，但它最终是光荣的，以至上帝要审判我，我不敢说这不合时宜。

但是，正如年轻的奥古斯丁可能会说的，现在还不是时候。改变信仰、解放奴隶，以及上帝本身，都需要等待。[83]

14

那么，在依然是帝国时代的环境里，一个年轻的共和国如何摆脱公然称霸半球的争议呢？或许，英国像那些疲惫不堪的家长一样，已经学会了放任孩子的古怪姿态。坎宁早在1824年就提到过"准则（如果可以被称作准则的话）对于这个政府来说是一个全新的事物"。但是，在三年内，那位"特别的家长"就对下议院鼓吹道，"我创造了新世界来重新调整旧世界的权力平衡"。拿出一个李子，却以做出布丁居功，一位愤怒的美国历史学家之后抱怨道，坎宁甚至比儿歌里的小杰克更厉害，不断叫嚷："看我多牛啊！"[84]

然而，坎宁的想法不止于此。他坚信北美并不会分裂成那些为了鱼塘而争战不休的宗族和部落，并思考因此可能会带来哪些影响。其中一个不可预示的影响就是1874年出生于布莱尼姆宫、母亲是美国人的温斯顿·丘吉尔。这位自伊丽莎白一世之后最伟大的英国人并没有忽略权力间的平衡，还有那些好用的至理名言。他频繁引用坎宁的话，最令人印象深刻的一次就是他在1940年6月4日，就敦刻尔克大撤退，在下议院发表的演说。丘吉尔起誓说，他绝不会投降，即使：

> 我们这座岛屿或这座岛屿的大部分地区被征服并陷于饥饿之中……我们在海外的帝国臣民，在英国舰队的武装和保护下也会继续战斗，直到新世界在上帝认为适当的时候，拿

出它所有一切的力量来拯救和解放这个旧世界。

坎宁和丘吉尔都察觉到了历史发展演绎的转向——作为外交部部长的坎宁从与远方其他国家的接触中得知，作为首相的丘吉尔则从自己的脚下领悟得出。其重要性堪比1588年8月的一个晚上，有人觉察到距离敦刻尔克海岸几英里的地方，风向发生变化，由此开始发起行动。[85]

这就引出了一个问题，"为什么在18世纪和19世纪，还有20世纪，只有一个'新世界'国家获取了足够的权力重新还原'旧世界'的平衡，而且不止是一次而是三次？"这股力量为何会产生于动荡不安、组织无序的英国殖民地，而不是产生于南边更广阔、更富足、管理更有序的西班牙殖民地？其实，解放拉丁美洲的领袖西蒙·玻利瓦尔早在1815年就给出了答案。他承认，绝对不会出现拉美合众国。[86]

其中一个原因便是地理位置。从海港开始统治一个帝国可能要比从它的内陆地区开始更容易些，但是这并不意味着这个国家就此可以完全掌控。包括天气、地势、居住地、文化和通信在内的众多内在障碍非常复杂。[87]"谁会有能力搜集到像这样一块土地上所有完整的数据！"玻利瓦尔抱怨道，巴拿马地峡对于我们来说，绝非是"希腊人眼中的科林斯地峡！"[88]

为什么不能像麦迪逊在《联邦党人文集》中提出的，将多样化转化成力量之源？玻利瓦尔争论道，拉丁美洲的问题在于政治不成熟。西班牙从一开始就严格控制它的领地，以使它们"永远处于婴儿期"，无法实现自尊自立。"我们甚至被剥夺了建立一个有效的专制政权的权力，因为西班牙不允许这样的政权发挥它的功能。"[89] 曾经是世界霸主的西班牙随后虚弱不堪，无法维持其统治地位，但是它没有培养出一个合格的继承者。

因此，代议制政府很难在此扎根，某些专制政权（可能伪装成共和制）成功的概率更大一些。但是，玻利瓦尔认为，这并不会出现在洲际层面，因为就其本质而言，独裁主义者抵制合作。只有在一个伟大的"自由"国家的指导和保护下，拉丁美洲人民才能够培养"美德和才能，从而走向荣誉之路"。[90]

这给了与亚当斯同时代的亨利·克莱灵感。亨利·克莱积极倡导美国不仅应该支持拉丁美洲的独立运动，还应该支持当时希腊反抗奥斯曼帝国的运动。[91] 但是，亚当斯自己深谙这样的援助将会快速消耗美国的资源，并损害其道德形象。1821年7月4日，亚当斯在对众议院发表的演讲中告诫道："美国'不会为了寻找并摧毁魔鬼而走出国门'。"

> 她真诚地希望人类都能获得自由和独立。她只是美国自由与独立的捍卫者和支持者……她清楚地知道，一旦自己投入其他国家的旗帜之下……她就会卷入因争夺利益、阴谋以及满足个人贪婪、忌妒和野心而导致的战争中，此类战争往往打着自由的旗号篡改自由的标准。她行为处事的基本原则

将在不知不觉中从自由变成暴力……她可能会成为世界的独裁者。她将永不能再是自身精神的主导者。[92]

因此，不可磨灭的是时代的妥协式特征：原则上的自由至上，最终可能只是部分实现。但是联邦（以及实现联邦的必要条件：伟大的目标必须考虑能力所及）往往是第一位的。一个国家只有能够与自身和平相处才能拯救其灵魂。现在亦是如此。

第七章　最伟大的战略家

在列夫·托尔斯泰关于博罗季诺战役的叙述之前,有一段有趣的对话,出自理查德·佩维尔和拉里莎·沃洛孔斯基的《战争与和平》英译本第774页。这一幕的两个中心人物皮埃尔和安德烈公爵走出帐篷,抬头看到卡尔·冯·克劳塞维茨将军和另一位军官骑马走过。其中一人说:"必须不惜一切代价继续扩张战场。"另一人同意道:"我们的目的是削弱敌人,所以不能太在意己方的损失。"这两人的讨论让安德烈感到厌恶,因为他认为这场战争已经蔓延得太过分了。"德国人的脑子里就只有这种所谓的推理",他苦涩地对皮埃尔抱怨道,"但这些推理一文不值。他们把整个欧洲都丢给了拿破仑,现在反倒教导起我们来了,可真是一帮好老师!"[1]

在小说人物骑马而过的短短一瞬,托尔斯泰就点明了理论和实践之间处处存在差距。小说中的这一片段只是诸多例子中的一个,在这里,他的细微见解也具有宏观意义。克劳塞维茨本人的著作中也有很多这类例子,事实上他对战争时间、空间和规模的理解极其深刻,描述也非常准确,几乎无人能及。

小说人物皮埃尔和安德烈当然只在托尔斯泰的想象中目睹了

博罗季诺战役，克劳塞维茨可是真实地经历了这一切：当法军在1812年入侵俄国时，他辞去了普鲁士军队的委任，加入俄军，并在这场伟大的战役中英勇作战。[2] 作风严谨的托尔斯泰本就知道这一点，并且他在19世纪60年代开始写作《战争与和平》时，可能已经读过1832年出版的克劳塞维茨遗作《战争论》了。[3] 正如许多批评家在20世纪不断重申的那样，托尔斯泰笔下的克劳塞维茨更喜欢抽象观察。[4] 尽管如此，托尔斯泰可能并非在责备克劳塞维茨，而是在反映当时俄国人对他们普鲁士新盟友的想法。托尔斯泰和克劳塞维茨经历了同一场战争，他们目睹的战场是相似的，但他们各自凭借自己的军事经历构建了自己的军事理论，这些理论本身就具有局限性。

1

"让我们陪着新兵上战场。"克劳塞维茨在《战争论》中如是写道。毫无疑问，他在这个话题上有着权威的见解。

当我军前进时，周遭枪炮声隆隆作响，炮弹穿梭回旋，这开始引起他的注意。枪声在我们附近此起彼伏，我们急忙跑到指挥官和部队驻守的斜坡上，落在这里的炮弹和纷飞的弹片却比想象中的更加密集。突然间就有你认识的人负伤挂彩，随后一记弹片飞溅到众人之间。你注意到几位军官也表现得有些古怪，而你自己也不像之前那样沉稳有素：即使最勇敢的人也会有点儿心烦意乱。奇迹般地，我们居然真的进入了这片肆虐的战场，并且加入最近的指挥官麾下。枪击密如冰雹，而友军的还击也声如雷霆。一位公认的勇士前去为准将传递消息，他小心翼翼地前进，在每处掩体、房子和树丛后不断躲闪。这时听到的任何声音都是危险增加的信号——霰弹在屋顶和地面上轰鸣炸响，炮弹嘶吼着飞过，在空中炸开，而枪声也在我们四周呼啸。我们竭力向火线前进，步兵们已经在那里奋力坚持作战数小时之久。空中飞舞着嘶嘶作响的子弹，它们每次擦过一个人的头部，都会带来一阵尖锐的破响。最可怕的就是目击战友被杀害和肢解，在那之后我们惊恐的心情开始变得平静，并产生怜悯之心。

在新兵最终感受到这一层层递进的危险之后，他必定会认识到，在这里人的想法是会被种种其他因素支配的，而理性之光的呈现方式与学术推论中的常规方式完全不同。[5]

托尔斯泰曾在19世纪50年代随俄国军队参加了高加索战役、巴尔干战争和克里米亚战争。现在来看看他对博罗季诺战场的描述。

在战场上，拿破仑派出的副官和将领的传令兵不断来回疾驰，通报战局的最新进展，但所有的情报都是错误的：因为在激烈的战斗中，无法分辨出某一特定时刻发生了什么，许多副官甚至根本没有到达实际的战斗地点，而只是把他们听来的情况向上汇报。另外，战局瞬息万变，有时候一个副官带着情报疾驰一英里到达拿破仑身边时，情况就已经有所不同了，而他带回的情报也变得不再正确。拿破仑在接收这些错误情报之后，根据错误的情报下达命令，而这些命令要么在传达到前线之前就已经被执行，要么就是之前没有被执行，之后也再不能被执行了。

那些离前线更近的上校和将军也像拿破仑一样，没有亲身参与战斗，只是偶尔奔赴火线下达自己的指示和命令，诸如从哪里开火、向哪里开火、骑兵冲锋到哪里、步兵部署到哪里等，并没有真正听从或者询问拿破仑的指令，而他们的命令也像拿破仑本人的命令一样极少被真正执行。在大多数情况下，战场上的实际情况与他们的指示完全相反。比如，被告知要进攻的士兵在遭受一轮霰弹轰击后就开始后退；被告知要原地驻守的士兵在看到俄军突然出现后，有的向后撤退，有的向前迎击；骑兵则在没有接到命令的时候就冲锋追击俄军……一旦这些人离开炮弹纷飞的战区，他们的指挥官就在后方整顿队伍，组织起纪律，凭借这种纪律将他们再次带上火线，然后他们在对死亡的恐惧下再次丧失纪律，并且根据军中的偶然情绪而四散溃逃。[6]

第七章 最伟大的战略家

这些段落并不抽象,因为我们可以从文字描绘的画面想象当时的场景。读到这里时,你可能会发问,如此混乱的战场到底能打出个什么结果来?然而,博罗季诺战役(尽管没有明显的赢家)却取得了很多成就。

这场战役同时削弱了参战双方的实力,但俄国的领土辽阔,甚至超过美国,因而俄国人有大量空间可供撤退,而他们也确实撤退了,并且放弃了莫斯科。离乡背井的法国人则进一步深入作战,因为拿破仑无法抗拒占领这座城市的诱惑。他希望借此震慑沙皇亚历山大一世,以达成停战协议。当这一目的未能达成时,拿破仑这位被公认为恺撒之后最伟大的军事天才却表现得像一只追着汽车跑的狗终于追上了汽车——他在那一瞬间失去了方向。与此同时,正如他最卑微的亲兵提醒他的那样,冬天也即将到来。

克劳塞维茨称这是拿破仑攻势的"强弩之末",认为法国人此时已经累垮了,[7] 而"亮出复仇之剑"[8] 的俄国人现在则可以把他们赶出国境了。托尔斯泰笔下那位老迈、肥胖而动作缓慢的指挥官米哈伊尔·库图佐夫比克劳塞维茨做得更好:历史上也很少有人能像他这样,表现极少而成就极多。最后的结局是拿破仑失去了他的军队,并在一年半的时间内丢掉了王位。俄国沙皇则耀武扬威地开进巴黎,在伦敦受到尊重,甚至在众人崇拜的目光下到牛津的礼堂里用餐。[9]

"战争的'语法',"克劳塞维茨在《战争论》中写道,"可能只是它本身,而不是它的逻辑。"[10] 凭借训练、纪律和卓越的领导能力，军队可以暂时忘记人类逃避危险的本能，就如克劳塞维茨的新兵发现的那样，依靠不懈战斗来无视本能。然而，随着时间的推移，逻辑会再度归来，并且包围、击败和最终取代这种战争的"语法"。英雄主义会渐渐消耗殆尽，进攻随着补给线的逐渐拉长而减慢，撤退则又招来反击。俄国广袤无垠而冬天寒冷可怖，如果像只会跟着汽车盲目奔跑的狗那样采取行动，绝无击败俄国的可能。这一点连最蠢笨的人都看得出来，那么究竟为什么拿破仑会浑然不知呢？大概常识确实像氧气一样：人走得越高，它也就越稀薄。在一次次踏着胜利走向巅峰后，拿破仑的战争"语法"变成了他的逻辑。就像恺撒一样，他已经高高凌驾于常人之上，以至看不清自己脚下遥不可及的根基了。此般高度固然令人敬畏，但别忘了，在拿破仑那个年代，即使已经发明能够扶摇直上的热气球，也不代表地心引力不存在了。

2

还没来得及完成《战争论》，克劳塞维茨就于1831年去世了，留下这本浩瀚、笨拙而充满矛盾的著作。我时常警告我的学生，细读此书得冒着精神错乱的风险：读者最终会无法确定他所言何物，甚至开始怀疑自我的存在。托尔斯泰在1868年完成了《战争与和平》，但并没有更清晰地认识到自己的著作取得了何种成就："这不是一本小说，称不上一部史诗级作品，也称不上一部编年史。《战争与和平》是作者想要表达并且有能力以一种特定形式表达出来的产物。"[11]以赛亚·伯林在托尔斯泰的闪烁其词中发现了"折磨人的内心冲突",这似乎与仔细阅读克劳塞维茨的体验有点儿类似?也许是一种介于"自由意志的虚幻体验"与"历史决定论下的无情现实"之间的体验。[12]

不过,如果克劳塞维茨与托尔斯泰两人各自手持自己的矛盾相互格斗,该是一种什么样的情景呢?估计他们都会乐在其中而非相互折磨。[13]两人都将决定论看作无可摆脱的铁律。"如果在1 000年中有百万分之一的人得到自由行事的机会,"托尔斯泰写道,"那么显然一个人的自由行为与整个法律规则相悖,就摧毁了全人类拥有法律规则的可能性。"[14]克劳塞维茨对此表示同意,他认为如果法律不能包含"现实世界的多样性",那么"规则的应用就要允许更大的判断范围"。有句谚语说"每条规则都有例外",但并不说"每条法律条文都有例外",这表明当抽象的概念靠近现实时,它们允许"更自由的解释"。[15]这与托尔斯泰的观点一致——托尔斯泰也在广义层面上寻求破坏所有法律。

克劳塞维茨抱怨道,有太多的冗论在徒劳地试图成为法律。举例来说,他引用了一种普鲁士灭火规则。

> 如果房子着火,当务之急是先到左边保护房子的右墙,再到右边保留房子的左墙。例如,如果某人要在左边抢救房子的左墙,必须记住房子的右墙是在左墙的右边。假设此时房子的

右边起火,那么火情同时发生在左墙和右墙的右边,也就是说右墙比左墙更靠近火,因此右墙如果没有被及时保护,就会在火势蔓延至左墙之前先被烧垮,导致屋内另一样未经保护的东西也一起烧起来,而且比其他东西烧得更早,即使其他东西也没有被保护起来。这又导致第二样东西必须被放弃,而第一样东西要被优先保护。要牢记灭火的优先行动,人们只需要记住:如果房子位于火情的右侧,那么保护左墙就很重要;如果房子位于火情的左侧,那就要优先保护右墙。

克劳塞维茨承诺自己会在《战争论》中避免上述这种"废话",而将呈现他的"思想和信念"。这些思想来自"对战争的多年思考、与深稔战争有才之士的合作,以及与之相关的大量个人经验"。他将以"如同金块般纯粹而浓缩的形式"把这些内容展现给读者。[16]

这听起来像马基雅维利的风格——克劳塞维茨熟知并钦佩他的作品。[17]但是,克劳塞维茨51岁就死于霍乱,未来得及缩写和梳理《战争论》,所以这部著作不像他许诺的"金块",反倒像一条触须混乱缠绕在一起的章鱼。因此,就像奥古斯丁的《上帝之城》一样,《战争论》也更适合随手翻阅。读者在阅读时千万不要让自己在迈克尔·霍华德爵士[①]所谓"令人发指的不连贯性"中越

[①] 迈克尔·霍华德爵士,英国军事史学家。——译者注

第七章 最伟大的战略家

陷越深。[18]

相比之下,略读《战争与和平》可要困难得多:托尔斯泰的写作太引人入胜了。即便这样,在结尾处托尔斯泰还是会让读者陷入冗长而漫无边际的思考,来分析伟人的无用和历史的无意义。不过,让他的语言之河带你体验这些话题,并且对重温它们是很有帮助的。你会发现克劳塞维茨的一些思想在《战争与和平》中得到了反映甚至改进,比如以下这段托尔斯泰关于近代欧洲史的"理论"。

> 路易十四是个非常自大而专横的人,他有这样那样的情妇和这般那般的大臣,他统治法国的方式很糟糕。路易十四的子孙也都是些暗弱之徒,也把法国管理得乱七八糟,并且他们也有这样那样的喜好和这般那般的情妇。此外,当时有一批人在写书。18世纪末,二十几个人到巴黎聚会,并且开始讨论起所有人都应该平等而自由,这反而导致全法国的人开始相互屠杀起来。与此同时,在法国有个叫拿破仑的天才,他战无不胜(也就是说,他杀了许多人),因为他就是这样一个伟大的天才。然后,他出于某些原因又跑到非洲去杀那里的人,而且杀得出类拔萃,显得自己狡猾又精明。他回到法国后命令人人都要听命于他,人人莫敢不从。于是,他当了皇帝,之后又去意大利、奥地利和普鲁士继续杀人,杀了一大票人。同时,在俄国有个皇帝亚历山大一世,他立志

要恢复欧洲的秩序，并且因此和拿破仑开战。可是在1807年的时候，他突然和拿破仑成了朋友，而在1811年两人又翻脸了，所以他们就再一次杀了一大票人。拿破仑带兵60万到俄国拿下了莫斯科，后来他又突然丢下莫斯科跑路了，然后是亚历山大一世……联合全欧洲拿起武器反对破坏和平的拿破仑，于是拿破仑的盟友突然就变成了他的敌人，并且联合起来和组织了新部队的拿破仑大战一场。这支同盟军打败拿破仑，开进巴黎城，逼拿破仑退位，并把他流放到了厄尔巴岛，但没有剥夺他皇帝的尊严，在各方面都给足他面子——虽然五年前和一年后，人人都认为他是恶棍和土匪。从此，路易十八的统治就开始了，在此之前法国人和外国人还都只把他当笑话看……然后是经验丰富的政治家和外交官……在维也纳谈判，谈着谈着就有人高兴，有人不高兴。突然间，外交官和君主们又差点儿吵起来，并且差点儿就要命令手下军队继续杀将起来。就在这时，拿破仑带着一个营的人回到法国，于是刚刚还恨他入骨的法国人立马又归顺了他。各位同盟国的君主见此大为光火，再次团结起来和法国开战。天才拿破仑又被打败了，并且突然被当作一个土匪流放到圣赫勒拿岛。这个被流放者只好与他心爱的人民和心爱的法国分离，在海岛上慢慢死去，并将他的丰功伟绩传向后世。在欧洲，他的所作所为却引起了许多反响，而所有的王公贵族又开始虐待起他们自己的老百姓来。[19]

我们通常不会认为托尔斯泰或克劳塞维茨会成为笑料，但事实是两人的理论都可能是荒唐可笑的，这恰恰证明了不可预知性的魅力，后人也实在没必要为他们遮掩。

我认为真正让这两位作者着迷的东西是讽刺，我将"讽刺"定义为"某事件的结果与对其的预期正好相反"。[20] 正如没有一个欧洲人在经历拿破仑时代的风起云涌时不曾大吃一惊一样，这种惊愕也时常萦绕着克劳塞维茨和托尔斯泰，正如他们提出的那些论断一样。论断产生于规律的宇宙法则与不规律的人类奇才之间的碰撞（这两者碰撞的结果可能有无数种，但方式则不可能无穷无尽）：对拿破仑这样的人物来说，即使像达达尼昂海峡这般天堑，他也能够一下子就越过去。

— 3 —

诚然，拿破仑在1812年6月24日之前已经跨越很多天堑，先是尼曼河①，然后是俄罗斯帝国和在法国控制下的华沙公国之间的边界。其间他没有遇到多少阻挠，毕竟他麾下大军有60多万人（比波斯帝国国王薛西斯一世的军队人数还多）和三座浮桥。然而，当他们在12月狼狈而归时，只剩下9万人了。[21] 这样的耗损率让人想起远征希腊的波斯大军、开向西西里岛的雅典部队、扎

---

① 尼曼河，东欧河流，曾是德意志与斯拉夫地区的分界线。——译者注

进条顿堡森林的罗马军团、驶入英吉利海峡的西班牙舰队和踏上美国的英国龙虾兵：这些铩羽而归的军队在想什么？换句话说，拿破仑遗忘了什么？

克劳塞维茨用敏锐的见解回答了这个问题，就像奥古斯丁的"正义之师"理论一样，但读者要在他的闪烁其词中寻找答案。例如《战争论》的开篇就好比巴顿将军传记电影的开头，将军在此对他的部队进行了一番慷慨陈词。

> 战争乃是……强迫我们的敌人遵行我们意志的武力行为……战争必然与不言而喻的武力相关，也与被称为国际法律和习俗的微小限制相关，但后者对前者的影响和削弱几乎不值一提。武力（这里说的武力仅指物质力量，因为道德力量只在国家和法律中存在，在战争中几乎不会存在）是战争的手段，而将我们的意志强加于敌方则是战争的目的。

接下来你就会读到这段陈述："上文从理论上论证了战争的真正目的。"那么，战争的实践应该是什么呢？克劳塞维茨向我们保证："在最大限度地使用武力的同时，无法兼具使用智力。"如果"文明国家不处死囚犯或摧毁城市和国家，那是因为智力在他们的作战方式中发挥着更大的作用，并且教会他们更有效地使用武力，而非诉诸简单粗暴的动物本能"。[22] 至此，我们读者仅仅读了大部头《战争论》的前两页，就已经晕头转向了。无论你喜不喜欢电影里的那位巴顿将军，至少他说的话一清二楚。

在"告诉手下该思考什么"的段落中，克劳塞维茨却试图教我们该如何思考。他十分确信在未能把握住事物的纯粹本质之时，我们什么都不知道。这一想法最初是柏拉图提出的，但其最具影响力的近代倡导者是差不多与克劳塞维茨同时代的康德。康德认为，如果要调和对立的二者，首先必须明确地构建起对立双方，其次才可能使用渗透、限制和缓解等手段。[23] 或者正如克劳塞维茨自己解释的那样：

> 两种想法形成一个真正的逻辑对立面……从根本上来说，每种想法都隐含在另一种想法之中。即使我们自己头脑中的限制让我们无法同时理解这两者，并且通过它们之间的对立看见两者的全貌，至少还是可以通过对立窥见两者的许多细节。[24]

这套方法论不适合缺乏想象力的人学习，只会让他们更加困惑，同样也不适合胆小的人，可能会吓到他们。不过，如果克劳塞维茨想在这里扮演《神曲》中的维吉尔，带领读者穿过地狱来探寻世界的话，那么这套理论倒是适得其所。

4

《战争论》在克劳塞维茨的年代确实已俨然成为一幅地狱图，

其中呈现了许多"文明"国家早就不该做的事情。法国大革命和拿破仑掀起的战争浪潮杀死了上百万人，摧毁了大片领土，还把全欧洲的大批王室贵族都拉下了马。仅凭技术进步无法解释这些动荡，正如迈克尔·霍华德指出的，武器技术在那100年里没有什么进步，而交通技术更是在1 000年的时间里原地踏步，但是政治领域确实已经天翻地覆，正是这种颠覆导致了战争。

美国人也在无意中开始了这样的进程。他们以一种马基雅维利主义的精打细算接受且欢迎了路易十六在北美独立战争中提供给他们的帮助，但没有帮助解路易十六的燃眉之急，反而回馈他一个非常不马基雅维利式的普世人权主张。结果，路易十六丢了脑袋，而法国人也丢失了一切克制，反而通过他们的政治革命组织起大规模的军队，也就是霍华德所言那"可怕的凶器"。[25] 拿破仑正是掌握了这柄凶器才当上法国皇帝并征服欧洲的。

这促成了克劳塞维茨第一个也是最紧迫的发现：战争在这个意义上反映政治（policy），它必须从属于政治和政策，并且是政策的产物。[26] 否则，战争只会是无谓的暴力，将沦为一种不应该存在的康德式抽象概念。克劳塞维茨担心这种无谓暴力的出现，但它在当代似乎越来越接近了。[27] 因此，战争需要被重新定义为"一种真正的政治工具和政治交媾的延续，但以不同的方式进行……政治目的才是目标，而战争是达到它的手段，手段永远不能孤立其目的而存在"。[28]

拿破仑在渡过尼曼河时的确有政治目的，那就是确保亚历山大一世遵循大陆封锁，也就是法国在被英国海军封锁之后主导欧洲大陆进行的对英国的贸易禁运。他本可以通过迅速击败俄国人并仁慈地接受他们的投降达成这一政治目的，在秋天到来之前胜利返回尼曼河西岸。他本可以在有限的手段之内达成目标，也让手段与目标二者相称，但是他为什么没有这么做？况且拿破仑还是一位军事天才。[29]

事实是，与之前那些勇敢迎击拿破仑而最终被他击败的对手不一样，[30] 俄国人直接撤退了，并把回撤路上的领土全部焚烧一空。不像大多数欧洲人，俄国人并不缺领土。这就是托尔斯泰笔下那位克劳塞维茨所说的通过扩张战场削弱敌人：没有一支军队能在不断拉长补给线的同时增强自身实力。同时，俄国人的撤退还能延长战争的持续时间：法国人越是深入腹地，就需要越多的时间折返。战争打到这个程度，拿破仑本可以停下，承认自己判断失误，并且全身而退，但是，就像薛西斯一世一样，他拒绝了，宣称"（撤回法国）永远不能成事"，并且忘记了他开战时制定的策略："我的作战计划是一场战役，而我的所有政治手腕也都是成功的。"[31]

他在9月初发动了博罗季诺战役，但没有获胜。尽管损失惨重，但亚历山大一世拒绝和谈。当库图佐夫弃守莫斯科时，拿破仑便上来一口吃掉了这座后来被发现是诱饵的首都，只得到一座被焚毁的空城。[32] 到了这时，这位天才才开始怀疑自己，而他的军队却在很早之前就已经产生了这种怀疑，两军的心理平衡发生了转变。克劳塞维茨提醒我们，正是在这样的时刻，心理平衡变成了军事平衡。[33]战争的发生确实跨越空间、时间和规模等多个元素，但最后一个元素乃是每个法国士兵和俄国士兵心中的恐惧与希望，以及那位唯一的法国皇帝心中的恐惧与希望。"1812 年带领拿破仑远征莫斯科的信心，"克劳塞维茨总结道，"在此离开了他。"[34]

5

托尔斯泰在《战争与和平》的第 993 页从微观描写入手，展现了决战时刻。他描写了一个饥肠辘辘的哥萨克士兵在捕杀了一只野兔又追逐另一只受伤的野兔时冲进了一座森林，在那里他发现了一处巨大而毫无戒备的法国军营。并不期待有多少战果的库图佐夫下令进攻，他的部队获得了一场完全的胜利，这也是自拿破仑入侵以来库图佐夫取得的第一次胜利。"以最小的压力、最大的混乱，以及最微不足道的损失，"托尔斯泰写道，"整个战役取得了最伟大的战果。"当 10 月 18 日塔鲁季诺战役开始时，拿破仑的军队"只是呆呆地在那里等着……战役打响"。[35]

那么，是一只野兔决定了历史吗？大概并非如此，就像克劳塞维茨本人并没有像在小说里那样骑马奔驰一样。虽然这些戏剧性的转折点往往是历史学家不屑一顾的，但即使是想象出来的转折点，也仍然具有极其重要的意义。说到考据，又有什么文献可以向我们展示一支伟大的军队是怎样在一夜之间失去信心的呢？塔鲁季诺战役的血腥程度远不及博罗季诺战役，但战役打响时拿破仑手足无措。当他决定撤退时，他再也无法阻止部队的混乱，而混乱之后则是恐慌，再是史诗般的大溃败。[36]

"在我们独立战争中取得成功的费边战术①体系，可能要在这里受到最严酷的挑战。"约翰·昆西·亚当斯当时正在圣彼得堡担任第一任美国驻俄大使，他在给自己父亲的信件中写道："但这位现代亚历山大大帝可能会像他的先人那样注定要栽在斯基泰人手里。"亚当斯一家常常在家书中玩这种经典的纵横字谜游戏："拖延者"费边·马克西姆斯②曾在第二次布匿战争中诱使汉尼拔入侵意大利，从而消耗后者的实力。"现代亚历山大大帝"指拿破仑，而"斯基泰人"则代指俄国人，不同的是，古代的亚历山大大帝最终战胜了斯基泰人。很快，亚当斯就向他的母亲揭开了法俄战争的悬念。

> 6个月后，拿破仑带来入侵俄国的庞大军队就有九成沦为战俘或喂了蛆虫，从莫斯科到普鲁士800英里的公路上堆满了他军队的大炮、补给车、弹药箱、尸体和垂死的伤员。他不得不抛下这些伤员，让他们听天由命，因为他自己也被三支人数众多、气焰嚣张的常备军和几乎无穷无尽的农民军一路追击。这些农民的收成和房屋都为战争所毁，现在他们渴望为自己、为国家和宗教尽情复仇。

---

① 费边战术，一种拖延迂回的战术，不急于达到目的，用时间拖垮敌人，以避免陷入消耗战。——译者注
② 费边·马克西姆斯，古罗马将军和政治家。——译者注

两位"俄国大将"——饥荒和严寒,已经带来了彻底的毁灭。所以,无论从哪个方面看,拿破仑的征服大业都已经走到尽头。法国再也不能对欧洲大陆发号施令了……欧洲即将迎来一个新纪元。[37]

—— 6 ——

"天才,"克劳塞维茨写道,"并不仅仅具备一种优秀品质,比如勇气,尽管相比其他心灵或气质上的优秀品质,勇气已经是最适合战争的了。"相反,一个天才需要具备"一系列元素的和谐组合,其中一种能力可能占主导地位,但不会与其他能力相冲突"。简言之,天才要有一种对整体的敏感性。"负责总览全局的人必须带有一种在任何时候都能洞见真相的洞察力,否则不同想法就会一起混乱地涌上来,对一个人的判断力造成致命的妨碍。"[38]

那么,真的有人具备"在任何时候都能洞见真相的洞察力"吗?克劳塞维茨对此的回答是将战略与想象联系起来。[39]他观察到,艺术家接近真理的方式是通过"快速认知"那些"思维通常会直接忽视,只有经过长时间的研究和思考才能预见的东西"。他将之称为"洞见之眼"[40],这也就是马基雅维利所说的"速写"能力,这种能力可以有效传递复杂信息。[41]完整地描述复杂信息会花费太多时间并产生太多内容,因此妨害判断,而过于主观的复杂信息则只会重复印证人们已有的想法。因此,一个军事天才真正需要的是介于上述二者之间的东西。

这样，在部队中暴发瘟疫，马匹补给不足，或者沙皇不按照你的预料出牌时，你就能够速写出你所知道的信息，并通过速写想象出你不知道的信息，这能让你更快地从突发情况中回过神来并继续前进。从这个意义上来说，在克劳塞维茨眼中，战略家和艺术家是同一类人。

那么，事前计划将如何预知突发情况？克劳塞维茨用他一贯充满矛盾的风格解释说："战争中的每件事都很简单，但最简单的事也是难事。"他在一篇具有托尔斯泰神韵的文章中详述道：

> 想象一名旅行者想要在夜幕降临之前多赶些路，因为只要再走4~5个小时，他就能抵达一条备有驿马的康庄大道。这应该是一段轻松的旅程，然而在下一段路上他没能找到骏马，那里只有一些劣马，而前方也变得地形崎岖，路况恶劣，同时天也黑了。在遭遇一连串的困难之后，即使再简陋的落脚之所都能让他欢天喜地。在战争中，突发情况也大致如此。

从理论上来说，军纪可以克服这些困难，而事实上在一定时间内也确实如此。然而，后面出现的问题越来越大，逐渐削弱了军队所依赖的多个部分。"一旦条件变得困难——在情势危急时，条件自然就会变得困难，事情就不再像维护良好的机器那样顺利运转了。"

到那时，军队这台战争机器就会自发开始反抗，而指挥官则需要竭尽巨大的意志力来克服这种阻力。尽管个别士兵经常发生抗命和争执等问题，但这对军队整体而言并无大碍。真正的问题是意志力与身体状况的日益衰颓，以及身边死伤者让人胆战心惊的惨状。指挥官必须扛住这些消极因素的影响，首先自己坚持住，其次再让那些信任他的人也坚持下去，无论是动之以情、晓之以理、挟之以威还是励之以冀。等到每个人的力量都不再由他们的个体意志决定时，军队整体的惯性就又回到指挥官一人的意志上来。他的精神热诚必须重燃其他所有人的目标之火，而他心中之火必须重振他们的希望。只有在指挥官能做到这一点的情况下，他才能保持住对手下的控制和约束。

某些事情或某些人迟早会突变，但你无从知晓如何、何地或何时发生变化。你唯一知道的是，由于外力带来的摩擦损耗，"人们总是远远达不到预期目标"。[42]

7

从某种意义上来说，克劳塞维茨在这里没有阐述任何新内容。能力与愿景的不对称总是会限制战略，但这恰恰是需要制定战略的原因之一。他极具原创性地定义了士气损耗的原因，指出士气损耗可能在任何层面发生：战争的旷日持久和战场的扩张都会让士气更易损耗。[43] 也许他知道当拿破仑挺进莫斯科时，经常往疾驰马车的轮子上倒水以防止其过热。[44]

正如克劳塞维茨的"洞察力"概念将战略与想象联系起来一样，他的损耗概念也将理论和实践相互联结。导致损耗的诸多原因"绝不会相互削弱或排斥"。他写道："相反，它们会相互支持。"[45] 这将不确定性置于广义的范畴内，或者说，克劳塞维茨在一个多世纪前就发现了墨菲定律：凡事只要有可能出错，那就一定会出错。或者更直白地说，人生不如意事十之八九。[46]

从理论上来说，拿破仑知道这一点。这就是为什么他只为了实现有限的政治目标就率领规模庞大的军队入侵俄国。跨过达达尼昂海峡的薛西斯一世也做了一样的事。两人都试图一举吓垮敌人，从而避免损耗。然而，两人都没有看到，即使撤退的敌人也会是个麻烦，因为长时间追击敌人会带来飙升的军事成本。于是，两人都因此损耗了自己的战争机器，到后来军队的继续挺进只会损己利敌。温泉关战役和博罗季诺战役显示了希腊人和俄国人并没有被大军吓怕，而萨拉米斯海战和塔鲁季诺战役却显示出后来被吓怕的恰恰是波斯人和法国人。

那么，薛西斯一世和拿破仑到底哪里做错了呢？克劳塞维茨大概会说，他们的洞察力没能够达到"在任何时候都能洞见真相"，这些真相包括地形、后勤、气候、他们的士气和敌人的战略。他们没有重视士兵们的理解：希腊和俄国都是陷阱，正如英吉利海峡之于西班牙无敌舰队。"好的，将军，"克劳塞维茨总结道，"必须了解损耗的存在，而了解它不仅是为了尽可能地克服它，而且是为了在损耗导致军事行动变得困难时不要有不切实际的期望。"[47]

为什么拿破仑和薛西斯一世的目光会如此狭隘，简直像戴上了眼罩的驮马呢？克劳塞维茨告诉我们，类似的例子还有很多。

> 有许多人在担任下级军官时表现出极大的决心，但在升迁之后就会丢失这种决心。他们意识到杀伐决断的重要性，同时也注意到决策失误将带来的风险。由于对升迁后面对的新问题不熟悉，他们的思想也失去了之前的敏锐。当意识到自己会陷入犹豫不决所带来的危险之时，在从前的岗位上行动越果断的人，在新岗位上也越容易胆怯。[48]

到了这时，他们便只能直视前方，不听一言，不敢分心，一刻不敢懈怠地指挥，即使这种指挥会带来灾难性的后果。这就最终引发了高海拔缺氧式的理智缺失。一个疲惫的"天才"就恍如坠入仙境的小姑娘爱丽丝，会在那里迷失方向。于是一位马型人才就会变成刺猬型人才，然后变得像不知所措的狗，狂奔回家。

8

"如果我们再发问，"克劳塞维茨写道，"什么样的人最可能显示出军事天赋？经验和观察都将告诉我们，在战争中我们会倾向选择有条理而不是有创意的人、能力综合而不是专精的人、冷静而不是容易激动的人来托付我们同胞和子孙的身家性命。"[49] 克劳塞维茨在《战争论》中没有进一步说明，但托尔斯泰在《战争与和平》中则把拿破仑和库图佐夫拿出来做了对比。

拿破仑在小说中最令人难忘的出场是在一次真实发生的历史事件中：在7月1日，即法军渡过尼曼河一周后，他在维尔纽斯与沙皇的侍从官亚历山大·巴拉绍夫将军会面。拿破仑本期待对方提出和谈，但巴拉绍夫坚称只要俄国领土上还有一名法国士兵，亚历山大一世就绝不谈判。这时，拿破仑的脸开始扭曲，左小腿开始抽搐："他开始用比以前更高、更急迫的声音说话。"说得越多就越难控制自己，并且很快就到达"一个人没完没了地说，却只为向自己证明自己的正确性的那种恼怒状态"。

> 如果你敢挑动普鲁士一起反对我……我就把它整个从欧洲的地图上抹去……我会把你们全部赶出德维纳河，赶出第聂伯河，再重建屏障阻止你们进入欧洲……而全欧洲都要为撤除之前的屏障担责……对，这就是将要发生在你们身上的事，这就是你们胆敢疏远我而得到的报应。

这位法国皇帝在房间里愤怒地踱着步，不停地嗅鼻烟壶。突然他停了下来，看着巴拉绍夫的眼睛，充满威胁而又充满渴望地说："你的主子原本能够统治多好的一个王国啊！"

在那之后，拿破仑邀请他的客人参加了一场气氛友好的晚宴，在晚宴上他对稍早发生的事情只字未提。托尔斯泰指出，此时的拿破仑已经自认为不可能犯错了："在他心里，自己做的一切事情都是好的。这并非因为他做的事情真的符合任何人对好或者坏的定义，而只是因为他做了这件事。"所以，最后拿破仑在晚宴结束时"自我吹嘘并贬损了亚历山大一世一番……这大概是他在今天开始会见俄国人时最不想做的事情了"。[50]

托尔斯泰在一个虚构的场景中描写了库图佐夫将军到达他的指挥部，艰难地下马并气喘吁吁地爬上台阶去拥抱安德烈公爵——公爵的父亲刚刚去世。年迈的将军随后询问了他来此准备听到的报告，但他显然对安德烈的情妇在隔壁发出的声音更感兴趣。"他对手下告诉他的任何信息都不会感到惊讶，"托尔斯泰解释道，"因为他事前就早已洞知一切，而他之所以过来听这些报告，也只是因为他需要来，就像有时候人们需要在教堂听唱诗班歌曲那样。"

当库图佐夫得知法军（甚至也可能是撤退中的俄军）洗劫了安德烈的家产时，他愤怒地爆发了："看看他们都给我们带来了什么样的灾难！"但他又补充说，尽管"打赢这场仗很艰难"，并且"需要耐心和时间"，他还是承诺安德烈，要让法国人"吃不了兜着走"。此时他唯一的一只眼睛（另一只眼睛很早之前就在战斗中被弄瞎了）盈满了泪光。

安德烈带着"对未来形势的宽慰与对承诺他未来形式的人的宽慰"回到他的兵团驻地，因为他知道库图佐夫永远不会空口许诺任何东西。

但他会听到一切、记住一切，把每样东西都放在正确的位置，不会阻挡任何有用的东西或容忍任何有害的东西。他知道总有比自己的意志更强大、更显眼的东西，这无可避免，但他能够看到它们、了解它们，并且鉴于这些了解在必要时放弃自己的想法，换个角度想办法。另外，让他如此相信库图佐夫的最主要原因是，当老将军说出"看看他们都给我们带来了什么样的灾难"时他的声音在颤抖，而说出"要他们吃不了兜着走"时声音却停顿了一下。

相比拿破仑，库图佐夫用一种较低的姿态领导军队：他不只拘泥于身边发生的事。他有时可能会疏忽懈怠，但绝不会忘记自己的目标。因此，托尔斯泰写道，尽管沙皇还心存怀疑，但"人民选择库图佐夫担任总司令的决定得到了广泛赞同"。[51]

9

在维吉尔带领但丁穿越地狱之前，他曾辅导屋大维关于养蜂、养牛、轮作和葡萄栽培的基本原理。[52] 他似乎在说，领导者必须脚踏实地。克劳塞维茨也持有类似的观点，但是在他的著作中没有任何有逻辑的结论。他解释说："每当线索太单薄时，我宁愿直接放弃它。就像有些果树长太高就不结果实，所以理论的花草必须被加以修剪，并且靠近它们生长的土壤——实践经验就是土壤。"[53]

那么，又该如何"修剪"理论呢？克劳塞维茨回答道，从任何现实实践中推断出理论"确实有点儿太轻率了"，而"普遍规律应该适用于任何个例，无论有什么样的偶然因素"。那些永远无法走出"奇闻异例"，没完没了地重复各种无意义案例的人也同样没用，因为他们只会"从个例上构建历史，仅仅寻找适合他们理论的案例，而从来不会触及影响事物的普遍因素"。

> 理论的存在使人们不用每次都重新整理并深究现有的材料，而能直接让这些材料井井有条。理论的存在本是为了教育未来的指挥官，或者更准确地指导他进行自我教育，而不是陪他踏上战场，就像聪明的老师能指导和激发年轻人的智力发展，但注意不要在他的余生中牵着他亦步亦趋。

克劳塞维茨将理论视为训练，它能够"在巨大的挑战中磨砺身体，在极度危险的环境中强大内心，并且让判断力少受第一印象的影响"。它是减少摩擦损耗的"润滑剂"，"孕育着冷静这一无价的品质，这种品质会从轻骑兵传递到步枪兵，一直传回到将军本人，从而减轻指挥官的压力"。[54]

理论的初学者往往不会遇到什么问题，但如果他们渐渐升迁却仍紧抱住理论不放，这种"有悖常识"的教条主义就会成为麻烦。此时的理论就变成了一个"局限和无知的头脑用来为它们先天的无能辩护的借口"。[55] 克劳塞维茨特别鄙视"行话、术语和隐喻",当指挥官身居高位时,这些概念就会"蜂拥而至",像一群"无法无天的乌合之众"。这些胡诌出来的概念还会被奉为原则,而"只要被放在明面上,它们就会被发现只是一堆垃圾",它们让理论"站在了实践的对立面,并且沦为那些军事能力无可争辩的人才的笑柄"。[56]

一个例子是克劳塞维茨之前在普鲁士军事学校的导师卡尔·路德维希·冯·普菲尔将军,他于1812年成为沙皇亚历山大一世的最高军事顾问。克劳塞维茨在当时悄悄写道,普菲尔是个"对实践一无所知"的人,尤其是在如何最好地部署俄国军队以对抗拿破仑这件事情上。[57] 托尔斯泰不太可能看过这条评论,但他在《战争与和平》中清楚地传达了克劳塞维茨所想的。

> 普菲尔是那种理论家中的一位,这种人因为太热爱自己的理论,而恰恰会忘记理论的目的——它在实践中的应用。在他对理论的热爱中,他讨厌一切实用的东西,根本不想去了解它们。他甚至为失败而感到高兴,因为失败的原因恰是偏离了理论而开始实践,这刚好证明了他的理论正确性。

托尔斯泰在结束这一场景时让恭敬但持怀疑态度的安德烈(我们可以把他看作现实中克劳塞维茨的一个古怪替身)表达了他

对"一个事先知道一切都会变得糟糕,甚至不会对此感到不满的人"的鄙夷,并得到了普菲尔的承认。[58]

这是托尔斯泰似乎正在完成的克劳塞维茨书中的众多观点之一——这两人就像那些可以帮对方说完下半句话的亲密夫妻一样。[59]没有谁能比他们彼此更清晰地指明机会在战争和生活中的作用了。

10

"没有任何其他人类活动会像战争一样如此持续或普遍地受制于机会。"他在《战争论》中写道。战争是个"矛盾的三角",由促使士兵们甘冒生命危险参战的热诚、指挥官的技巧和引发战争那一系列政治目的的连贯性这三者构成,但三者中只有最后一者是完全由理性驱动的,另两者则出现在感性的模糊地带,在那里"常见的衡量标准似乎都不适用"。[60]因此,真正被需要的是一种"能够调和此三者之间平衡的理论,就像悬浮在三个磁极之间的物体"。[61]

但是,任何做过磁铁实验的人(克劳塞维茨本人一定也做过)都会知道两个磁极和三个磁极的区别。一个钟摆可以自由地在两个磁极之间来回摇摆,就如同在秩序和混乱之间来回摇摆一样,而第三个磁极的加入却会让这种本来很规律的摇摆变得充满随机性。用数学的语言来说,就是把线性变成了非线性。[62]克劳塞维茨的磁极理论迫使我们发问:理论到底怎样才能调和彼此之间都不平衡的行为,让它们变得平衡呢?

克劳塞维茨没有给明确的答复。他将理论置于可以存在例外的规则范畴内,而非没有例外的法律范畴内。他将理论视作矫正特殊情况的手段:理论是对过去经验的浓缩,但尽可能不要用它来解释未来。他依靠理论进行训练,而不用它来指导未知情况下的行动。他相信洞察力胜过量化归因:任何对战争的量化,"在现实的挑战面前都不堪一击"。他不信任新手指挥官,因为他们没有经过理论训练,所以会缺乏判断力。他们必须"像航船的指南针一样工作",而"无论实际的海上状况多么模糊未知",指南针都需要通过预先调设好的参数才能反映"哪怕最微小的变化"。[63]

模糊未知则是源于情报的具体情况(如果有的话),只有"在场目击的人知道"。[64] 就像在三个磁极之间钟摆的移动方向难以预测那样,凯南在第一次探索偏远西伯利亚的时候也无从预测那里的极光、暴雪和地震。[65] 对克劳塞维茨来说,战争的"3/4 被迷雾笼罩着",需要有"敏感而富有辨别力的判断和训练有素的智慧才能嗅出真相"。这真相不可能用理论家生搬硬套出的理论来解释,因为这些理论家往往为他们自己的视野所限制。

托尔斯泰再次完成了克劳塞维茨的论证。他补充说:这种简化的表述就像要去给教堂的墙壁糊上石膏的瓦匠,"他们在工头不在的时间里过于热情地把窗户、圣像画和脚手架都糊满了石膏",还为此颇为自得,因为"在这些瓦匠看来,教堂里的一切都变得又平又滑了"。[66] 托尔斯泰是小说家里最不像瓦匠的那一位,同样地,克劳塞维茨是军事理论家中最不像瓦匠的那一位:他们不关心自己面对的问题是不是又平又滑,而是在混乱的边缘寻找不平滑的部分。[67] 其实,这才是(或者至少看起来是)最有机会的领域。

11

到了这里,克劳塞维茨已经心满意足地完成了论证,但斗志旺盛的托尔斯泰还没有满足。他在《战争与和平》即将结束前的几页里就草草抛弃了他笔下的人物,而把最后的章节变成了一段关于决定论和自由意志二者不可共存的冗长讨论。他的结论如下。

历史学正在应用它应当吸收的新思想方式,同时旧历史学在走向自我毁灭的进程中不断把产生现象的原因一再剖析。

全人类的科学都走这条路子。数学这门最精密的学科在发现无限小数之后便放弃了解析的过程,开始总和未知的无限小数的新过程。数学放弃原因的概念而寻求法则,也就是寻求一切未知的无限小的元素的共同性质。

其他学科也沿着同样的思路进行思考,尽管其形式不同。当牛顿宣布万有引力法则时,他并没有说太阳或地球有特殊的吸引力,而是说从最大到最小的所有物体都具有互相吸引的性质……历史学也走在相同的道路上。假如历史的研究对象是全人类各个民族的运动,而不是记载人们生活中的若干片段,那么,它也应该抛弃原因的概念来寻求那些各个相等的、紧密联系的、无限小的自由意志的因素所共有的法则。[68]

我认为托尔斯泰在这里的意思有以下几点。第一，因为一切事物都与其他事物联系在一起，有一种无可避免的相关性普遍存在于时间、空间和规模中，所以要从相互联系的变量中区分独立的变量是不可能的。第二，因此，总会有一些事情是不可知的，把它们细分解构出来也没有用，因为总是可以无限细分下去。第三，由于这些不可知性的存在，我们总会有一种对自身能动性的幻想，无论这种幻想多么微小。第四，虽然一般规律也作用于这些微小的幻想，但它们对我们来说没有任何影响，因为反正我们也无法感受到它们的作用。第五，因此，我们对自由的设想，在实践中便是自由本身。

如果我的理解是正确的，那么托尔斯泰已经用推理解决了一个古老的问题：如果上帝是无所不能的，人类可以拥有自由意志吗？然而，托尔斯泰的回答并没有令他自己满意，因此他很快就恢复了对上帝的信仰——之前他还嘲笑这种信仰是原始人的习性，他甚至还不甚成功地试着自己也去做一个原始人。[69]如果考虑菲茨杰拉德关于如何在保留做一件事的能力的同时牢记做相反事情的对立思想，并且把克劳塞维茨的理论用作注释，那么托尔斯泰的推理在最大的意义上都对战略有重要影响。

12

克劳塞维茨和托尔斯泰对理论与实践二者都保持尊敬,并没有陷入其中任何一者。似乎在他们的思考中,抽象概念和特殊实例是相互促进的,但也从没有为二者预设过孰轻孰重的比例。每种情况都需要进行平衡,而这种平衡由判断力推导,由经验中产生。技能通过过去学习,并为未来而训练。

理论将历史的复杂性简化到能够教学的水平。这种简化不是托尔斯泰提到的那种"瓦匠式简化"——这种方法论在寻求可预测性的同时把每个特例都像糊墙一般一以概之了。理论相对于过去的作用,正如克劳塞维茨所言"洞察力"相对于现在的作用一样:它从无穷无尽的变量中吸取经验。它根据你已知的信息简略而快速地告诉你下一步的决策——无论在教室里还是在战场上,你都没有无限的时间来分析。理论服务于实践,并且在实践修正理论的同时(也就是实践好好教训了闭耳塞听的理论家之后),理论也将回馈实践,防止人们跌下悬崖、陷入沼泽,或者向莫斯科进军。

艺术家在素描时会先看看景物,再看手底下的素描板,不断重复这个过程,直到图像渐渐被绘制出来。这整个过程是再创造,而不是简单地复制被素描的景物。景物和素描板引领着艺术家的双手,但没有两个艺术家会画出一模一样的景物来。复制和再创造构成了一种相互依赖又相互区别的互惠关系,若失去了这种互惠关系,那么在现实的忠实性和艺术的表现力之间就没有平衡可言了。[70]

第七章 最伟大的战略家

这种战略速写有个现代术语的名字叫作"净评估"[71],意思是重现环境中各个可能决定结果的元素,但绝不只是罗列它们。一份优秀的净评估将包括三类元素。首先是"已知":地理、地形、气候、我方能力、我方追寻的目标。其次是"可能":对手的目标、盟友是否可靠、文化约束、己方国家忍受逆境的能力。最后则是潜藏在前两个元素交集中的"未知"元素。

正如克劳塞维茨的磁极理论一样,净评估的结构也是三角形的,虽然有两种理解方式:当你努力去平衡"已知""可能""未知"时,你也在时间、空间和规模三者之间试图寻找平衡。"在战争和生活中,"克劳塞维茨解释说,"构成一个整体的所有部分之间都互相连接,并依靠连接来产生影响,因而无论这种影响多么微小,都会影响到每个部分……并且在某种意义上操纵和更改最终的结果。"[72] 这种说法也预言了托尔斯泰之后的微积分思想。

这种预言并非是克劳塞维茨真的能预知未来,而是因为他和托尔斯泰都曾在过去直面过战场。[73] 他们在战场上知道了目标可能是无限的,但目标绝不可能变成手段,后者恰恰是有限的。这就是为什么战争必须服务于政策——克劳塞维茨明确地指出了这一点,而托尔斯泰则暗示了这一点。当政策开始服务于战争时,就反映出一位身居高位的刺猬型人才(就像薛西斯一世和拿破仑)已经爱上了战争,将战争本身变成了战争的目的。他们只有在自己流干最后一滴血时才会停下来,因此他们攻势的最高潮,即是自己打败自己。

过分扩张战场是一种对己方的削弱,其目标和手段都很令人困惑，并且它还会让敌人得到发挥杠杆效应的机会：用小规模行动撬动大的战果。如果不曲解德尔斐神谕，塞米斯托克利斯不可能打赢萨拉米斯海战。伊丽莎白一世对她手下海军将领判断的天气情况给予了充分的信任，而库图佐夫在博罗季诺战役后也就可以高枕无忧了，因为他确信即使俄国人什么都不做，拿破仑视而不见的那些"已知"元素（比如地理、地形和气候）就足以把法国人赶出去了，国界就会成为敌人迫不及待想要折返而回的"金桥"。[74]

库图佐夫所言的"金桥"可以被看作大战略的黄金标准。因为如果目标需要与手头可用的手段相称，那么偿付能力和道德（也即实用性和原则）就将要求实现目标时尽可能减少物资和人员耗损。汉密尔顿在《联邦党人文集》中写道："投入的手段必须与它所带来的损失相称。"[75] 无论克劳塞维茨和托尔斯泰花费在著书上的时间成本多么惊人，他们都认为自己著作带来的回报是与之相称的。《战争论》和《战争与和平》这两部作品在史诗般的长度里不断与对方对垒，这也构成了一种充满了共鸣的对矛盾[76]的理解。

理论对实践，训练对即兴创作，事先计划对摩擦损耗，武力手段对政策目标，细查对速写，专业化对泛化，行动对不作为，胜利对失败，爱对恨，生对死，高高在上地指挥对脚踏实地地观察，但艺术与科学之间是不存在"对抗"的。综上所述，考虑到他们在看待战略时所表现出来的思想广度、想象力与坦诚程度，把克劳塞维茨和托尔斯泰一并放入最伟大的战略家之列并不为过。

第八章 最伟大的总统

约翰·昆西·亚当斯在亚历山大一世时期的俄国待的时间远超克劳塞维茨和拿破仑的总和，尽管如此，他并没有出现在《战争与和平》中。[1]在1824年美国总统竞选逼近之时，莎士比亚作品中的三位人物却萦绕在亚当斯心头。第一位是麦克白，他"不怀好意的野心"让他得到了王冠却丢失了灵魂。第二位是哈姆雷特，对他来说，在阴暗时刻的死亡正是"求之不得的结局"。第三位是来自《理查二世》的博林布鲁克："谁能抵挡火焰的炙热，仅凭脑中幻想着高加索的寒冰？"亚当斯竭尽全力，但他开始畏惧自己的希望。"对于那些对我们最好的事情，我们却知之甚少，"他在日记中写道，"竞选中最大的不确定性便是我是否希冀成功。"然而，"我所面临的风险远高于联邦中的其他人"。[2]

亚当斯想表达的是他对自己父母的亏欠。不到9岁的小亚当斯目睹了邦克山战役中的杀戮，母亲在战争期间悉心照料着他，父亲要求10多岁的他阅读希腊文和拉丁文经典，还要能流利地讲法语。后来他自己又掌握了西班牙语、德语和荷兰语（但是一直没有选择俄语）。年仅26岁的亚当斯担任美国驻荷兰公使，30岁时就任美国驻普鲁士公使，36岁时成为美国议员，而且在担任议员期间他还兼任哈佛大学的修辞和演讲教授。离开俄国后,亚当斯参与了终结 1812 年英美战争的《根特条约》的谈判,担任美国驻英公使,并于 1817 年成为国务卿。他堪称截至当时最富影响力的国务卿。[3] 此时,麦迪逊和门罗已经迈向就任总统之路,而在家人殷切期许下的亚当斯,从童年开始就在为当总统做准备了。

不过,到 1824 年时,弗吉尼亚王朝[4]和约翰·亚当斯时代的崇敬已经让位于喧嚣的玩世不恭。面对竞争残酷的报纸媒体、刚拿到选举权的选民和不断扩张的疆域,精英们显得力不从心。亚当斯认为绅士不应争夺,但倘若在总统选举中失败,"我过往的工作也将遭受国家的斥责"。[5] 此外,他那曾经担任过一届总统的父亲也在马萨诸塞州密切关注着他。18 世纪 80 年代,华盛顿盛行的做法是寻求平衡低调行事,但在 19 世纪 20 年代,这种做法并不适用于亚当斯。

当美国后来的战争英雄安德鲁·杰克逊[6]获得普选多数票而非选举团的多数票时,亚当斯火力全开。按照美国宪法要求,众议院需要判定选举结果。众议院中亨利·克莱(总统竞选时票数紧跟在亚当斯之后)的支持者加入了亚当斯的阵营,让亚当斯顺利当上总统。亚当斯后来任命克莱担任国务卿。选举中是否真的存在交易并不重要:交易的影子萦绕于选举的每个角落,让杰克逊和他的追随者猛烈斥责其为"腐败的交易"。之后,亚当斯和克莱两人开始了历史学家肖恩·威伦兹所说的"毫无政治才智和想象力"的任期。[7]

第八章 最伟大的总统

亚当斯的补救方法就是把军队开到莫斯科去。这当然只是个比喻，不是真的。1825年12月，亚当斯不顾内阁反对，向国会提交了他的第一份年度咨文。这份咨文所描述的抱负和实现抱负的能力之差别是拿破仑级别的。尽管能够运作的力量小到只有他自己一人能察觉，但亚当斯想要的极多：一所国立大学、联邦投资修建公路和运河、统一度量衡、更为强大的海军和一所海军学院、推进全球商业，以及推进门罗主义的积极外交。因为自己痴迷天文学，他甚至要求建立一座国家天文台——美国版的欧洲"天空灯塔"。时人评论道，这位新任总统的想法不仅飘在云里，而且飞向群星了。

亚当斯坚持认为，忽视这些急迫的事项等同于"把我们所具有之天赋全部藏入泥土中"。因为"自由即力量"，并且"享有大量自由的国家就理应成为世界上最强大的国家"。"被选民意志麻痹的"慵懒只能给国家"招来""无尽的劣势"。[8] 亚当斯的言论也麻痹了他为数不多的支持者，执政一年未满，连任就已确定无望。

或许亚当斯希望通过放弃总统职位换回那些为了竞选而抛弃的原则。或许他一直在自我怀疑：自己的双亲将雄心壮志视为责任却鲜有令人安心的保证。或许他已落后于时代：在不远的将来，美国政治是杰克逊式的放权而非亚历山大·汉密尔顿式的集权。或许他走在时代之前：在更遥远的未来，美国内战需要复兴联邦制来取胜。或许他看到奴隶制将会导致内战，希望那邪恶的一天能够推迟到来：亚当斯明白《密苏里妥协案》的脆弱性，他和同时代的大部分人一样不敢直呼"奴隶制"这几个字。[9]不论如何解释,亚当斯最终如同拿破仑1812年离开俄国那样于1829年卸任总统:他精疲力竭,失去了同盟的支持,因自己的错误判断而出局。

但亚当斯以拿破仑想象不到的方式重整旗鼓:他选择自降身份。亚当斯同意在马萨诸塞州众议院任职,这位前总统只想在那里为公众服务。1831年,亚当斯轻而易举地成为众议员,并在以后的10年零6个月中专注于一件事:成千上万次地和同僚进行反对奴隶制的辩论。虽然在挑战众议院对此话题的禁言令时经常形单影只,但他取得了最后的胜利。亚当斯说,尽管美国宪法保护奴隶制,但是第一修正案也保证他的言论自由和"请愿权"。坚持不懈,逻辑缜密,目标坚定,亚当斯击败了对手。

接着,在1841年3月,74岁的亚当斯将美国最高法院确定为新的目标。亚当斯为"阿米斯塔德号"的囚犯辩护("阿米斯塔德号"上的非洲人因奴隶制而被卖到西班牙控制的古巴,被美国海军扣押,当时有同情心的律师申请将这些囚犯遣返)。在长达8个半小时的发言中,他提醒在场的法官:《独立宣言》的副本就在墙上挂着,他们怎么能够不产生释放囚犯的想法?在道德、立法本意和《独立宣言》的感召之下,法庭出乎意料地同意释放囚犯。即使付出惨痛的代价,这个国家也迟早会这么做。

纵观林肯之前的美国先驱,正是亚当斯将宪法置于《独立宣言》"人人生而平等"的框架之下。当然,亚当斯知道,当时的美国宪法还无法做到这一点。

1

1848年2月21日,众议院在讨论如何犒劳最近参与了墨西哥战争的军官,即如何订立《瓜达卢佩-伊达尔戈条约》时,发现该问题已在当天一早转至参议院。条约将美国的领土从1845年战争开始前就已吞并的得克萨斯扩张至太平洋。尽管亚当斯早期有志于让美国国土横跨大洲,但如果他有机会的话,肯定会反对这一提议。亚当斯认为当时的总统詹姆斯·诺克斯·波尔克将存有奴隶制的新领土纳入联邦会激起矛盾,但是众议院并没有就条约投票,亚当斯则于当天下午在众议院中风发作,两天后去世。伊利诺伊州首任国会议员、内战批评者亚伯拉罕·林肯可能在当时目睹了这次突发事件。[10]

这正是患病的亚当斯所谓的自己"世界的完结",但也是见识过开国元勋的最后一代的终结。1809年,林肯出生于肯塔基州的农舍,同年麦迪逊派亚当斯前往俄国。林肯母亲的去世和父亲的漠视让这个9岁的男孩和他12岁的姐姐忍饥挨饿、衣衫褴褛、发间生虱,而此时担任门罗国务卿的亚当斯则正在争取西班牙控制下的佛罗里达。虽然得到继母的救助,但面对认为接受一年学校教育便足够的父亲,林肯还是觉得需要远离,于是,从未听说过哈克·芬恩的少年林肯和朋友搭起一条小船,沿着密西西比河南下。当时是1828年,亚当斯还在总统任上。很多年后当被问起自己的教育经历时,林肯只写了一个词:"缺失"。[11]

林肯的回答是对当时大部分美国人的真实写照，那么是什么使他与众不同呢？首先是相貌，林肯自己也说过，他相貌平平。身高1.93米的他几乎总是高人一头。他的双手很大，胳膊很长，裤子总是太短。他认为自己面相丑陋，发型桀骜不驯，动作笨拙，就像会随时撞翻什么东西似的，但是林肯似乎很少对自己的长相表示不满，而是以自我贬低的方式寻求庇护，小心保存着那骇人而又不常爆发出来的力量。林肯发现自己不能避开他人的关注，因此很早就觉得自己可能会备受欢迎。[12]

所以，他打磨精进自己的表现力：没有人能像他那样对幽默信手拈来，纯熟且不重复。他的逸事尽管粗俗，但总是能如同那些摇摇欲坠的银行发行的纸币一样四处流转，而这些故事从来不乏目的：据说林肯能够"让猫也发笑"。[13] 然而，在这个面具之下却是对宿命论的坚信，似乎总有某件东西或者某个人在指引着他（或许并非上帝）[14]。这可能是绝望童年的阴影，可能是安·拉特利奇的死（他曾希望娶她为妻），也可能是他与玛丽·托德婚后生活中的烦恼，或者是失去了4个孩子中的两个——谁知道呢？也许是莎士比亚笔下那些复杂的人物角色，在他身上不仅能够看到麦克白、哈姆雷特、博林布鲁克，还有法斯塔夫、亨利五世、李尔王、波顿、普洛斯彼罗的影子，当然还能看以后来他的对手恺撒的影子。[15]

林肯午轻时喜欢懒洋洋地躺在河边背诵莎士比亚的作品。这条叫作桑加蒙河的河流在伊利诺伊州的新塞勒姆镇附近，林肯最初就住在这个小镇上。河流西岸是一片充满无限可能的空地，东岸有房屋、道路和桥梁，还有法治、进取精神，以及无论起源的一切权利。林肯在这一片游走于两岸之间，却没有选择其中任何一岸：他试过造船、航运、测量、参军、铁轨分道、合作经营杂货店，甚至还当过一段时间的乡村邮政局局长，但是他从未务农。最终，他进入法律行业，接着投身政治。[16]

林肯自学法律和政治。他贪婪地阅读，记忆大量实用内容，并极为灵巧地学以致用。尽管没有得到很多帮助，但是他的演说技巧让他毫无阻碍地从法律界步入政坛。林肯在1832年州立法机构选举中落败，后来他又再次竞选，并于两年后获胜。之后，他便再无败绩。[17]在杰克逊的第二任期间，政党已开始在全美组织起来。[18]出于对克莱的尊重，林肯选择了辉格党而非民主党，因为克莱巧妙地将亚当斯"内部改进"的提议进行了包装。不过，这位年轻的立法人员的当务之急是把自己定居的斯普林菲尔德市定为伊利诺伊州的首府，以改进当地的面貌。1839年，这一目的达成，辉格党在1840年的总统大选中获胜，[19]林肯也得以寻求更大的机会。

林肯很明智的是，他没有一蹴而就。选举成功需要建立联邦，在伊利诺伊州，这意味着需要等待机会：这也是为什么林肯直到1846年才去寻求众议院中辉格党的提名。这也是林肯在当选众议员后承诺只停留一个任期的原因。他于1847年12月到达华盛顿，迫切想出人头地。所以，他要求波尔克详细说明一年半之前墨西哥人让美国人流血的"点"在哪里。假若如总统所声称的，战争始于自卫，那么到底是谁在保护自己？但是波尔克忽视了他，林肯也只收获了别名"点点"。这和林肯的秉性不符，他操之过急了，这个在过去曾经避免过的错误，在将来不会再犯。[20]

1849年，林肯返回斯普林菲尔德市，因为在华盛顿他连土地办公室负责人这个职位也没捞到，所以只能离开。在国会时，除了在"点"上的询问外，他在其他方面乏善可陈。林肯回去后看到自己的法律办公室脏乱不堪。他不在的时候，合伙人威廉·赫恩登尽管还在那里办公，但是他给选民送的种子早已撒在地上生根发芽。林肯40岁了，看起来离发芽的日子也不远了。[21]

2

在之后的5年时间里，林肯找到了人生目标，获得了方向指引，然后开启了新航程：如同在众议院的那位终老者一样，他的任务是提醒美国人，为了组成联邦，他们必须谨遵开国元勋的教诲，在艰难的位子上做出艰难的决定。他们允许奴隶制存在的唯一理由是认为这是"必需的"，林肯在1854年时坚称："而只要这个理由成立，他们就不会放手。"从英国人那里继承了此项制度的他们，一方面知道国家与此共生，另一方面又希望它在某天能自行消失。所以，他们将奴隶制写进了美国宪法却又不明文提及，"就像病人把瘤或癌藏了起来，不敢一次切除，以免流血过多致死……这是我们的先辈所不能行更少却也没有做更多的事情"。[22]

然而，奴隶制并没有显示出要消失的迹象。在获得合法地位之后，奴隶制带来了更多利益。3/5 的国会代表权和选票保证了奴隶制在国家政治中的地位。那些从墨西哥赢来并成为美国新州的疆土，以或主动或被动的方式接受了奴隶制：只是将奴隶制带入这些地区的"1850 年妥协案"已经远不及 1820 年的妥协案稳固，当然后者也从来不是坚如磐石的。[23] 即便在奴隶制不合法的地区，联邦法律也允许奴隶主抓回那些逃亡的奴隶。"7 月 4 日还未完全被忘记，"林肯在 1855 年悲痛地写道，"起码这还是一个放烟花的好日子！！！"[24]

在奴隶制问题上，那名试图浇灭怒火的人，反倒因为机关算尽，变成了最大的煽风点火者。伊利诺伊州的资深议员斯蒂芬·A. 道格拉斯是斯普林菲尔德市的一名律师，经常和林肯展开辩论。他虽然是民主党成员，但对经济发展有着和这名辉格党成员一样的热情。两者都希望自己所在的地方能享受东部的创新和西部的机遇。作为第一步，两者都支持以伊利诺伊州为基地修建横贯美洲大陆的铁路，并且都深知这一举措需要联邦资助、土地授予和军队保护。两者都希望那些期盼有自己道路的南方人获得补偿，但是这位林肯口中的"道格拉斯法官"认为只有他自己知道应该做什么。

广袤的堪萨斯-内布拉斯加一带西接落基山脉，北临加拿大边界，为什么不在这里废除国会对奴隶制的所有限制，让居民自己决定这里的未来呢？"自决"一词可是被庄严地写入《独立宣言》之中的，只不过地形和气候注定奴隶制根本无法在这个新地区发展起来。道格拉斯想出了一个一石二鸟的妙招，那就是由他提议并于1854年得到国会通过的《堪萨斯-内布拉斯加法案》。[25]

然而，正如斯托夫人后来写道的，这一法案却引爆群情，将"红热的钉子"射向了"各个方向"。[26] 1820年和1850年的妥协案平衡了已知利益，而在一个政治焦虑到达极致的时刻，道格拉斯却在定居模式、选举结果和在不熟悉地区进行不确定移民等各个方面暗箱操作。正如林肯指出的，这其实还不是最糟糕的，因为最糟糕的是道格拉斯所谓"人民主权"的信条挑战了开国元勋的遗产。

开国者将奴隶制视为必要之恶，因此需要在其消失前容忍其于有限范围内的存在。道格拉斯却宣称中立：假如新地区的居民想要奴隶制，那就给予他们，甚至可以不加期限。1854年10月，两人在斯普林菲尔德市的一次同台期间，性情一向温和的林肯已然控制不住自己的怒火。

> 这公开宣布的中立，不过是把对扩展奴隶制的真实狂热隐匿其中，我不得不说自己对其厌恶至极。我厌恶它是因为奴隶制自身的丑陋不公。我厌恶它是因为奴隶制让我们不再是共和制的世界典范，这让自由制度的敌人可以名正言顺地嘲讽我们是伪君子，也让真正的自由挚友怀疑我们的真诚。

我尤其厌恶它是因为奴隶制使我们身边的众多好人公开与自由的最基本原则开战，他们批判《独立宣言》，坚称除了自我利益，再无正确的行动原则。[27]

为什么道格拉斯或者其他人会关心林肯厌恶的事呢？自从国会任期结束后，林肯就消失在大众视野中，现在又傻大个一般吊着嗓子出现在大众面前对抗一名位高权重的议员。当时的道格拉斯，个子不高，但衣衫阔气，声音浑厚，桀骜不驯，人称"小巨人"，而他自己也喜欢被别人这么称呼。当时的林肯即便不算完全默默无闻，也确实还没有成为响当当的人物。

3

伊利诺伊州的政治风气消除了这种实力上的不均。政客们光在报纸上发表言论是不够的：印刷的内容冗长，字太小，并且并不是所有人都识字。但是，任何一个人都能够参与公开宣讲，而且小城里的确没有其他事可做。于是，派律师和法官在全州审判案件的巡回法庭，变成了一场口才表演。[28]当然，现在的户外政治集会也没有比当时进步多少，毕竟它们都需要观众呆站几个小时。正是因为这些辩论，道格拉斯大法官聪明反被聪明误，林肯一举成名。

林肯开始发言的时候慢条斯理，仿佛还在搜索想法和措辞，甚或是在寻找自己身体某个遥远的部分，但在热身完毕之后，他的姿态就变得自如，声音也开始到位，其论点更是给对手布下致命的陷阱。林肯的发言让记者痴迷不已，全然忘记了记录。[29] 和亚当斯一样，林肯也研究过欧几里得，尽管前者是在哈佛大学学习，后者全凭自学，[30] 但他们都从这位数学家那里获取了无尽的几何逻辑。下面这段内容就出自林肯之手，它可能是为斯普林菲尔德演讲准备的笔记。

假如甲能够最终证明他将乙作为奴隶是正确的，那么为什么乙不以同样的论据证明他同样也能将甲作为奴隶？你说甲是白人，乙是黑人。如果是和肤色相关，那就是说肤色浅的人能奴役肤色深的人。请注意，按照这个规则，你会被肤色比你更浅的人奴役。如果你说和肤色无关，那就是说白人在智力上比黑人优越，因此有权力奴役他们？再次注意，按照这个规则，那些智商比你高的人就会奴役你。如你所说，这是一个和利益相关的问题，那么，如果你把有权蓄奴视为自己的利益，很好，假如他也将有权蓄奴看作自己的利益，那么他也有权将你奴役。[31]

后来，林肯又在这场演讲中引用了《独立宣言》："人人生而平等。"道格拉斯法官是否将奴隶看作人？如果不是的话，他们是什么？肯定不是猪，因为猪在国会中可没有3/5的代表权。如果奴隶是人的话，"人民主权"是不是保证他们也有自决的权利？那么，一个人怎么会自己选择去做奴隶呢？我们只见到有人逃离奴隶制寻求自由，却从未看到相反的情况。林肯温和地总结，道格拉斯的观点"即便按照他自己的想法都不怎么站得住脚"。[32]

但逻辑在手也得分清楚哪些仗可以打，哪些仗必须推迟。林肯克制自己，没有向美国宪法中奴隶制的部分开火，也没有将矛头指向"五分之三"条款或《逃奴追缉法案》，但他确实提到了杰斐逊。[33]杰斐逊是奴隶主，是《独立宣言》的起草人，是道格拉斯所在的民主党的创始人，同时也制定了禁止在后来的俄亥俄州、印第安纳州、伊利诺伊州和威斯康星州蓄奴的《西北法令》。林肯以杰斐逊为例询问：为什么不解除在堪萨斯-内布拉斯加地区的禁令？即便这样的发问也没有让林肯瞬时变成一个废奴主义者，因为如果在这时候这样自我标榜，是"非常愚蠢"的。

> 与正确的人为伍……与错误的人分道扬镳。和愿意恢复《密苏里妥协案》的废奴主义者站在一起，但如果他们试图废除《逃奴追缉法案》，我们就要提出反对……只要这样你就是正确的……无论在何种情况下，你都要避免陷入危险的极端之中。

这一观点否认了奴隶制的道德中立性，将其拉回到开国元勋不情愿给予的合法性问题上，因此，和开国元勋一样，问题又回到了维系联邦这个问题上。因为这会让"全世界成千上万自由幸福的后继者站出来给予我们祝福"。[34]

4

林肯将实用主义和原则、理性和热情、尊重国家历史和展望世界未来合二为一，这让道格拉斯倍感不安。这位参议员只愿区分差异，不愿探索两极。林肯恰恰相反，他从对立中获取力量，而这可能也是因为他自己就是许多矛盾的结合体。这些对立让他变得更强，[35]不论是从体力上、智力上还是道德上，而这些都是他的对手所没有的。在与林肯的辩论中，道格拉斯不可避免地丧失了政治信誉，而他们的每次对阵无不终于这个瘦高个的声名远扬和小巨人的衰落。到1858年，作为新的反奴隶制的共和党候选人，林肯开始向道格拉斯的议员位置发起冲击，而小巨人的再次失算为林肯铺平了道路。

林肯提醒6月提名他的州代表大会，《堪萨斯-内布拉斯加法案》的"公开目标"和"自信承诺"一直在于终结"奴隶制混乱"。然而，在过去的4年里，事情的走向截然相反。[36]支持奴隶制的居民涌向堪萨斯，于几个自由州之间建立起了非常"不人民"（unpopular）的主权。这把全美的民主党和辉格党分为南北两部分，为共和党创造了机遇。1857年美国最高法院通过的裁决则进一步扩大了分歧：在斯科特诉桑福德案中，法院判决国会无权对任何新疆域的奴隶制实施监管。美国最高法院还画蛇添足地补充说，《独立宣言》在宣称"人人生而平等"时，并未将不论是奴隶还是自由人的"非洲人"包含在内。[37] 道格拉斯的计划失败了，他对此中的任何部分都未曾预见。

在 1858 年，林肯对伊利诺伊州的共和党人说："如果我们首先明确了自己在哪里，要去哪里，我们就能更好地判定该做什么以及如何做。"[38] 做到这一点需要指南针，但道格拉斯一意孤行。[39] 他回望太多，以至无法看清自己的踪迹，并因此频繁掉入前方的陷阱，深陷泥潭。林肯也有自己的谋划，毕竟他是一名政客，但是他的指南针符合亘古不变的原则，例如"不和之家难以长存"。[40]

随后，"这个政府无法长久存在于半奴隶半自由的状态下"变成林肯的新指南针。开国元勋允许暂时的对立，尽管这个对立长于所期，但是奴隶制终归需要走向没落。道格拉斯则希望奴隶制处于支配地位，就如伯克所指，他争论到最后时早已遗忘了这个国家的初衷。不同的道路之间没有妥协。"我不希望联邦解散，"林肯强调，"我不希望房屋倒塌，但是我真心希望它结束分裂。"

> 绝不可有骑墙的结果。要么是奴隶制的反对者制止其继续扩张，最终将其完全消灭，要么是奴隶制的拥护者将其推广到更远的地方，直至其在所有州都转为合法——不论新旧，无论南北。[41]

1858年林肯和道格拉斯之间的7次辩论以其长度、内容和雄辩的技巧让人难以忘怀，[42]但也有些如履薄冰：联邦非此即彼的瓦解可能性毕竟过于敏感，因此谁都不愿语焉甚详。

于是，林肯将重心放在了展现美国最高法院的"人民主权"之虚弱上：现在，所谓的人民主权，不过是用"一只饿死的鸽子的影子"熬成的汤。他问道格拉斯，一个地区的居民到底有没有合法拒绝奴隶制的方法？陷入绝境的法官则不得不承认，他们只能通过保护奴隶主及其财产做到这一点，因为这是《逃奴追缉法案》所授予的神圣不可侵犯的权利。佯装惊讶的大个子此时猛然反扑：他的对手难道也成了废奴主义者了吗？[43]

道格拉斯的回答没让任何人满意，包括他自己，但是伊利诺伊州立法机构的民主党大部分席位为道格拉斯投了票，保住了他议员的位子。[44]外界则认为林肯获得了辩论胜利，这也让他声名远扬。尽管尚未取得领先位置，但林肯已经开始在1860年共和党总统的提名中崭露头角。

林肯所展示出来的是一种道德标准的政治实用性。我所指的是一个能够塑造利益和行动的外部参照标准，而非如道格拉斯那样的只能反映利益和行动的内部参考系。林肯的道德不是来自信仰，也不是来自形式伦理学，更不是来自法律——尽管法律必须以务实的态度追求正义。相反，它来自经验，为自我教育所拓宽，受益于雄辩中所展现的逻辑。道格拉斯法官的非道德则不仅仅是错的，还违背了常识的最基本要求。

5

尽管支持者给林肯冠名"轨道分离器",但是他现在不得不成为一名政治"合成器"。党派分裂的事情留给了道格拉斯。[45]共和党在1856年首次参加总统竞选时落败,但不像分裂的民主党和快要灭绝的辉格党,共和党一致同意反对奴隶制的扩张。[46]他们在1860年的问题反倒是太有希望了:《哈泼斯周刊》指出该党共有11位候选人,其中排第一的是来自纽约的老议员威廉·苏厄德。[47]林肯需要在不破坏党内团结的前提下获取他们的支持。"在这个领域我还是新人,"林肯在3月写道,"我并不是众多候选人中的第一选项。因此,我们的策略是不要冒犯他人,这样若他们被迫放弃心中的首选,就会来支持我们。"[48]

所以,他把自己变成了共和党的重心。他远赴威斯康星州、俄亥俄州、纽约和新英格兰等地演讲,并且取得了意想不到的成功。[49]然后,他在芝加哥召开了提名会议,这样的话竞争对手就不得不以他为中心,而不是反过来。他在斯普林菲尔德市默默观察,细心绕过了所有不必要的露面。[50]等到确信自己已在第三次投票中获得提名,他才从办公室走到前院展开竞选活动,这当然少不了免费赠送授权传记、摆拍照片,以及通过信件和电报与各州的党内组织者保持联系:在他那个时代,林肯算得上一个精通技巧的人。[51]由于其他政党的分裂,他在11月赢得了选举团的多数票,毫无疑问也获得了普选多数票。[52]

当选总统后,林肯招募了一群"失意的初恋情人"来组建内阁,或者按照历史学家多莉丝·基恩斯·古德温的说法,他组建了"一个由对手组成的团队"。这其中包括林肯在芝加哥的主要对手:愤怒而失望的苏厄德担任国务卿;来自俄亥俄州的野心昭然的萨蒙·蔡斯担任财政部部长;来自宾夕法尼亚州的西蒙·卡梅伦虽然腐败,但在政治上又不可或缺,因此担任战争部部长一职;来自密苏里州的值得信赖的爱德华·贝茨成为司法部部长;坚定的非竞争者、来自康涅狄格州的吉迪恩·韦尔斯担任海军司令。林肯对他的助理说,虽然这群人可能会相互吞噬对方,但他们是他能找到的最佳人选。所以,他愿意"为了克服叛乱之忧而冒派系斗争的风险"。[53]

即将卸任的詹姆斯·布坎南总统不愿冒任何风险,因此,当林肯当选、7个蓄奴州脱离联邦时,这位总统被吓坏了,消极状态也在整个联邦机构中蔓延。焦虑的议员们,包括苏厄德、道格拉斯和肯塔基州的约翰·克里滕登都试着制订妥协方案,但是稍做考虑之后,林肯还是回归到基本原则。

> 我不赞同任何帮助或允许奴隶制在这片国土上继续扩张的妥协行径。任何通过阴谋获取国土,然后允许某些当地政府推行奴隶制的做法都极度可憎。[54]

林肯似乎低估了南方的决心:"我看只需要两三个兵团就能让

叛乱各州都执行上美利坚合众国的法律。"1861年1月，他如此向一名狐疑的访问者保证："然不论实际需要多少兵力，我都会一往无前。"[55]

不过，就当时的情况而言，林肯还要再一次诉诸逻辑。在3月4日的就职演讲中，林肯提到口口声声要捍卫美国宪法的分裂主义者时说道：到底哪些权利被剥夺了？奴隶制合法地区的奴隶所有权没有被剥夺，奴隶逃离后的引渡权利也没有被剥夺。美国最高法院依然得到尊重，其裁决永远不要求屈从于"那个高于一切的法院"。每个合法当选的总统依然有责任让联邦法律在每个州得到忠实履行。此问题唯一真正的关键在于"我们国家的一些人认为奴隶制正确，并且需要进一步推行；另一些人认为奴隶制是个错误，并且不应推行"。

但是，考虑到国土的不可分离，考虑到联邦为自我毁灭立法的不合理性，考虑到一项前所未有的事业中肯定会出现的其他不可知因素，分裂真的值得吗？

> 在讨论这件严重到损害国家结构的事情之前……先确认为什么要这样，是否这才是明智之举。若很多你想要摆脱的病症可能根本就不存在，你是否还会不顾一切迈出这一步？如果你要奔赴的方向可能有比现在更为严重的病症，你还会迈出这一步吗？

林肯坚称"只要有耐心",就不会失去任何有价值的东西。[56]但是,任何分裂主义者都不应怀疑他的立场:"你们自己不是侵略者,冲突就可以避免。如果你们没有在天堂立下毁灭这个政府的誓言,那我也将庄严宣誓,去'保存、保护和保卫'这个政府。"同时,他将等待"联邦团队"(那些失意的初恋情人)再次被"我们人性中更善良天使"触动,"肯定如此"。[57]

6

天使并不关注逻辑,分裂主义者亦然。1861年4月21日,当林肯宣称只提供补给而不予以兵力增援之时,南方邦联向查尔斯顿港的萨姆特堡发起了进攻。从那一刻开始,战争打响,南方背上了开战的恶名。[58]在接下来的4年中,林肯一直秉承着以恢复联邦为目标,怀揣着未来卓越于全球的愿景,但是他也相信,不除去奴隶制的原罪,这个愿景就无法实现。[59]据我所知,林肯从未读过奥古斯丁或马基雅维利有关灵魂和国家之间存在需求竞争的作品。而且在他们之后,也很少有人能够纯熟地平衡此两极。

11个州组成了南方邦联,萨姆特堡战役发生后,又有4个州宣布退出合众国联邦。南方邦联拥有内线的优势,但是以奴隶为基础的农业经济无法适应现代战争。地理因素加上先天不足,让机动性、精巧设计和出其不意皆成为军事天才罗伯特·爱德华·李的必备战略。[60]联邦有着优越的人力、工业和后勤力量,但是将领们被外线迷惑,行动迟缓,不敢冒险。亨利·哈勒克将军在 1862 年 1 月警告林肯,从这些位置发起进攻的失败率为"99%"。它们是"我读过的每一本兵书中的反面案例"。[61]

林肯知道仗不可以照着教科书打。尽管还不敢贸然下令,但他提出了一个击破南方邦联战术的军力部署"总体构想",其内容如下。

> 我们的人数更多,但敌人更善于在交战点集结兵力。除非能够找到方法让我们的优势胜过对方,否则必定失败。只有以更多力量同时在不同地点威胁对方,我们才能占据优势。若敌方部署未做任何变化,我们就能安全进攻一个或多个点;若敌方削弱一个地方的力量而加强另一个地方的力量,我们就要避开强点,攻打并占领其弱点,以此取胜。[62]

联邦能否以同时多点进攻来制衡南方邦联在单独时刻和单独地点上的集中火力?能否在"更多的人数"和"更多的装备"之间取得平衡?能否在有限的时间、空间和规模内协调想法与行动?[63]

幸运的是,林肯从未在西点军校上过学,因为上述这些问题足以让他被开除。林肯提出的问题与专业的军队传统相悖,后者仍以占领、建造防御工事和守卫固定位置为重心。尽管对拿破仑的战争谋略展现了关注,但是内战前的美国军事更关注工程而非战斗,他们缺乏一个国家武装的经验。当时的军事权威观点仍来自瑞士战略家安托万·亨利·约米尼，后者以将战争视作几何学而闻名。克劳塞维茨的观点直到1873年才传到英语世界。[64]

然而，林肯在不太讨人喜欢的尤里西斯·格兰特将军身上隐约看到了克劳塞维茨的身影，当然这一直觉的准确性需要在三年后才能得到证实。[65]总统的策略就是不论敌军在哪里，只要机会出现，就必须摧毁敌军。简而言之，言而总之，就是一个词：战斗。[66]联邦的人力、领土和技术储备迟早会反超南方邦联，伤亡则会迫使敌人投降，叛乱州也将因此覆灭。对当时的林肯来说，战争就是"以暴力的形式迫使敌人按我们的意愿行事"——当然，他可能从未听说过这句话。[67]

7

这句话源自《战争论》的第1页，之后的内容则越发复杂。军队指挥林肯面临的境况亦是如此，就算不读克劳塞维茨的大作也知道战争不论多惨烈，都必须服务于而非消耗战争的发动方。战争从不是目的，但可以是一个岌岌可危的国家自救的方法。林肯也看到，他被迫应对的内战能够让受奴隶制荼毒的美国得到灵魂的救赎。

救赎灵魂是先知的工作，政客的优先职责是拯救国家。林肯必须将残破的联邦团结起来，即便牺牲也在所不惜。这意味着必须保证密苏里州、肯塔基州、马里兰州和特拉华州这4个合法蓄奴州忠于联邦。总统承认，失去这4个州意味着"我们同意了即时的分裂，也意味着国会宣布了投降"。或者如他又补充的，他"想让上帝站在自己这边，但坚决不能失去肯塔基州"。[68]

所以，林肯命令指挥官不得擅自释放他们所捕获的奴隶：只有总统有权做此决定，不过他现在还没为此做好准备。他签署了国会的《充公法案》，授权联邦可没收包括奴隶在内的反叛者的财产，但是他又禁止执行这一法律。他想等日后再相时而动，但是当北方的奴隶制支持者阻挠征兵并妨碍军队上前线时，林肯毫不留情地逮捕了闹事者，并且拒绝给予其人身保护权，即便美国最高法院对此提出驳回，林肯也拒不撤回命令。[69]

所有的例证都说明，林肯的目标是要平衡法律和军事需求，他期望以时间的流逝和军队的胜利来赢取稳定的均势。"如果奴隶制是正确的，世间一切皆对，"他在1864年写道，"我无时无刻不这么想、这么感，然而我却从未觉得总统之位给了我无上的权力，能让我按照这样的判断和感觉行事。"但这个职位确实赋予了他保护联邦的职责，哪怕是以一种孤注一掷的形式。

> 按照一般的法则，生命和肢体都必须得到保障，但为了保护生命，肢体经常需要被截掉，我们从不会为了保护肢体而放弃生命。我认为，除非和宪法相悖，否则任何对保护国家来说必不可少的措施都应该成为法律。不论对错，我都对这一观点予以认可并公开宣扬。[70]

在这里，林肯比克劳塞维茨更为清晰地表达了克劳塞维茨的一个基本观点：在全盘皆输时，拯救部分毫无意义。因此，仅凭常识，我们就能判断出："政治目的即目标，战争即实现目标的手段，而手段绝不可脱离目标。"[71]

8

在对《黑人解放宣言》的历史描述中，艾伦·C. 圭尔佐指出，是"纵观全局的天赋"让林肯"迅速看清全局，并几乎马上就知道该如何行事"。圭尔佐没有引用克劳塞维茨的术语，但他确实以托尔斯泰可能都会嫉妒的精确方式展现出对语言的精通。

> 这是一种讽刺而非悲剧性的态度，于其中，对成本的计算非常重要，但不是决定性的，也非随意为之。它更喜欢循序渐进而非一步到位的解决方案……然而，不同于单纯的中庸，它是一种有目的的运动，并拒绝被专注过程的思维麻痹，当然它也明白并不存在可以轻易实现的目标……也不会忘记将整个过程合理化。

林肯在成本上精打细算，他不像拿破仑在俄国那样放手任之，也不像格兰特将军的前任那样恐惧到无所作为。他凭借积累的经验而非专业教学中的教条行事。他尊重过程（用法律术语来说，就是讲求程序正当性），但是也知晓在事态紧急时拘泥于程序的风险。从战争开始到奴隶解放，他始终全身心投入联邦事务，但也不乏对时机的精准掌握：在灵活表态与巧妙坚持原则方面，没有人能出林肯之右。林肯完全抓住了克劳塞维茨的悖论："战争中的每件事都很简单，但最简单的事也是难事。"[72]

在战争前半部分，待在林肯身边最久的指挥官是乔治·麦克莱伦将军。这位将军只看到了悖论的后半部分，并将其奉为圭臬。这位自诩"青年拿破仑"的将军（即使拍照也会摆出拿破仑的姿势）建立了一支强大的军队，却没对其加以充分利用。历史学家詹姆斯·麦克弗森写道："他永远是差不多，但从未真正做好行动的准备。"[73]这让林肯同时多点进攻的战略受到阻挠。总统一度怒火中烧，说"如果麦克莱伦将军不想指挥军队的话"，他"可以借来用用"，[74]但林肯知道自己不能以此手法治理国家，所以一边试用各类头脑僵化的将领，一边开始寻求赢得战争的其他方法。方法之一就是他最终成了一名废奴主义者。[75]

过早如此可能会导致战争失败，但是林肯看到，战争对抗正在改变目标，而这意味着实现目标的政策也要改变。总统禁止指挥官释放奴隶囚犯，但不反对让他们从事为军队提供补给的劳动。既然之前就有武装黑奴的做法，加上很多黑奴也很想参军，那么将他们招入军队也说得过去。这一举措让北方人手得以扩充，却让南方坐立不安，令其总在担心黑奴的反叛。一旦曾经的黑奴为联邦而战，北方人也就没有支持蓄奴的理由：尽管总统还未发出政令，但现实正在让黑奴获得解放。[76]

林肯对此了然于胸，也没有试图阻止，他只是谨慎地保持距离，直到1862年8月才公开向激进的废奴主义者格瑞莱保证。

> 在此斗争中我的首要目标是拯救联邦，而不是解除或摧毁奴隶制。如果能拯救联邦而无法解放任何奴隶，我会去做；如果通过解放所有奴隶就能拯救联邦，我会去做；如果解放一部分奴隶而保留另一部分才能拯救联邦，我也会去做……当我认为自己所做的事情阻碍了这一目标时，我会少做；当我认为多做一些事能够帮助实现这一目标时，我会多做。我会修正那些明显出现的错误，而一旦新观点得以证实，我也会及时接纳之。

林肯说，对所有选项留有选择余地是他的"官方"职责所在，但他"不想改变自己一直表达的个人期望，即所有人，不论在哪里都是自由人"。那林肯真正说的是什么？"他在为重要的一步做准备，"林肯的传记作者理查德·卡瓦丁说，"但他自己并没有意识到。"[77]

但是，林肯已经找到让他的愿望成为职责的方法：他宣称废除奴隶制是军事的必然要求。他在7月时对苏厄德和韦尔斯平静地说，这是"拯救国家的绝对必需"。他提议，不以国会的《充公法案》行事，而是以宪法赋予他作为"总指挥官"的"战争权力"

行事。没人知道这些权力是什么，但是亚当斯20年前在众议院已宣称这些权力包含"命令奴隶全部得到解放"。内战爆发不久，亚当斯的想法就如幽灵般在林肯脑海中萦绕，但是这位有着纵观全局天赋的总统不同于亚当斯。所以，他一直在等待合适的时机。[78]

9月17日，当麦克莱伦将军在安提塔姆取得一场具有象征性意义的军事胜利之时，林肯等待的时机到来了。实际上，这场大战和博罗季诺战役一样，是一场血腥的平局，但事实上麦克莱伦的主动出击和李将军的撤退（令林肯气恼的是，对方竟然毫发无伤）让这场战役的结局变成一场心理上的胜利。5天后，不再绝望而是充满力量的总统宣布：

> 从1863年1月1日起，任何一州或州内指定地区的人仍把他人作为奴隶，将被视为背叛联邦政府，所有被当作奴隶的人从即日起将会获得永久自由。[79]

林肯绝口未提那些忠于联邦的蓄奴州中的奴隶：若未与他们开战，林肯就不会向他们宣示战争的权力。[80]当然，他也知道他无须如此：联邦的流血牺牲越多，黑奴的解放就会越发正义和合法。在这层含义下，宣言就是林肯的塔鲁季诺：大笔一挥，便使北方抓住了先机，而南方即便没有像拿破仑那样撤逃俄国，也从此刻起陷入被动。

9

1862年12月1日，林肯在第37届国会的第三次会议上发布他任内第二年度国情咨文讲话。和大部分类似的讲话一样，这次的发言内容也多是琐碎信息：提议对非法扣押在查尔斯顿港的挪威船只给予补偿，欢迎和土耳其、苏丹签署新的商贸合约，称赞邮政局财务状况的改善。但是，在讲话中他也号召以宪法修正案的方式将战争期间的废奴主张永久合法化。在该讲话结尾处，林肯的全局观天赋再次显露无遗。

> 我们说自己是为了联邦，世人不会忘记我们的话。我们知道如何拯救联邦，世人明白我们确实知道如何拯救联邦……以解放奴隶的形式，我们将自由归还于自由人，这与我们的付出和保护一样无比高尚。我们要么将崇高地保存，要么将卑贱地舍弃这世上最后的美好希望。[81]

对林肯而言，这并不是新的启示。"世上最好的希望依赖不断延续的美利坚合众国。"他在1852年纪念亨利·克莱的悼词中说。[82]在伊利诺伊州和道格拉斯辩论时，他也经常心怀天下。[83]1861年，在得到克莱和道格拉斯觊觎已久却从未得到的职位之后，林肯对国家的责任做了如下定义。

于世间维持政府的形与实,并以改善人民的境遇为主要目标——卸下所有人肩膀上不必要的重担,为共同伟大事业的追求扫除路障,让所有人在人生赛跑中享有无拘束的起点和公平的机遇。[84]

如此便可以证明"人民的政府不是无稽之谈",他当时私下补充道。[85]

在1862年的讲话中,他所认定的荒诞之事便是一个分裂的联邦,因为"我们充足的空间、宽广的家园是我们丰富的资源"。它的港口保证所有美国人都能乘风远航,而这些港口的数量将在1925年远超欧洲。黑奴解放缩短了战争时间,为国家发展提供了保障,也相应地增加了"国家的财富"。分裂一旦成功,就只能带来更多分裂,而结果将"严重而充满伤害"。[86]我们不知道林肯是否记得或者知晓亚当斯在1825年的国会讲话,他们两人的讲话有一个共同的核心——"自由即力量",并且"有着最大自由的国家就应相应地成为世界上最强大的国家"。[87]

为此,当国民经济发展的南方反对者被清除出华盛顿之时,林肯抓住了机会。在成为共和党人之前,林肯是辉格党成员。如果他早些出生的话,他可能会成为汉密尔顿式的联邦主义者。同时,林肯寻求并得到了亚当斯和克莱可能会嫉妒的东西:包括通往太平洋的铁路在内的国内交通改进、用于定居的西部廉价公共土地、受资助的州立大学、保护性的关税、中央银行系统,甚至还有在战争时期也照常征收的联邦税收。只有银行和税收有当下的军事效用,而剩下的措施则为未来打下了基础,如果没有这些举措,20世纪的"新世界"就不可能数次从"旧世界"中拯救自由。[88]

10

林肯是否读过马克思的作品这件事并不明确。他可能读过:直到1861年,《共产党宣言》的作者一直是格里利在全美发行的《纽约论坛报》的驻伦敦记者。历史学家凯文·佩拉伊诺曾经想象,林肯在自己位于斯普林菲尔德市的布满灰尘的办公室沙发上展开身躯,拿起一份报纸,用上面的革命性话语来骚扰自己的合伙人威廉·赫恩登。所以,他应该读过马克思的判断:北方拥有物质资产优势,而战争可能会引燃南方黑奴的反叛,因此尽管未必容易,但北方势必会取得内战胜利。[89]

然而,物质利益可能会阻止这种结果的出现。开国元勋设法阻止任何强大的欧洲势力返回北美,但是现在棉花的全球资本主义带来了风险:工业革命是否允许其主要的棉花供应商,即那个自诩的邦联被联邦封锁切断?这种对分裂主义者的压制方式是否会为他们赢得国际舞台上的合法性?[90] "我对外交一无所知,"林肯承认,"我很有可能会犯大错。"[91]

实际上他几无错处。就在萨姆特堡战役前,不顾一切想要阻止联邦分裂的国务卿苏厄德甚至建议,为了转移注意力,应当对西班牙、法国、英国和俄国发起挑衅,而假如总统无法胜任这项任务,包括他自己在内的内阁其他人可以承担此项任务。[92] 对于这项不可能的计划,林肯从未发表自己的想法,但是他让苏厄德明白,若是有任何必须做的事情,"我自己肯定会去做"。[93] 这让苏厄德偃旗息鼓,远离了危险的边缘。自此两人和谐共处。

最重要的是1861年11月,美国海军战舰"圣哈辛托号"的船长查尔斯·威尔克斯自作主张,在公海以"违禁"之名抓捕并扣押了一艘英国船只上的两名南方邦联外交官詹姆斯·梅森和约翰·斯莱德尔:这两人的任务是寻求伦敦和巴黎的外交认可。林肯起初很高兴,但是在意识到此事件将为英美未来关系蒙上战争阴影之后,他做出了让步。苏厄德用"强行征用"的法律名义解释了威尔克斯的做法,林肯的颜面也因此得以保全。1812年,美国人以战争的方式抗议过英国的"强行征用"行为。既然双方都抗议了,林肯也顺理成章地说道,那么这次就没有必要再像上一次那样打一仗了。或者如他对自己的内阁所解释的,"一次只打一场仗"。[94]

与此同时,法国皇帝拿破仑三世(那个伟大叔叔的自负侄儿)趁美国之虚侵占了墨西哥,然后在一个尚不存在的宝座上安置了奥地利大公马克西米利安这样一个更为弱势的君主。尽管包括很多支持者在内的人士要求林肯和苏厄德平定内战,彰显门罗主义,并派遣南北联军驶往里奥格兰德河以南,但他们最终只是抗议了事。他们明白,只有联邦战胜了邦联,坚持打一场值得打的战役,才能更快地挫败法国和奥地利的自命不凡。随着1863年7月维克斯堡战役和葛底斯堡战役的打响，胜利开始到来。[95]

林肯主要出于战争原因才宣布解放黑奴，但随着这一行动的道德含义日益清晰，美国的外交策略也因此变得更为简单。道德含义使联邦处在了良知的制高点。[96] 既然北方人不会将参过军的黑奴抓回去奴役，到1864年中期，没有哪个国家敢于认可南方的奴隶制，更不用说插手干涉了。[97] 有了这一护盾之后，世界上最大的棉花种植群体发动了历史学家斯文·贝克特所称的速度和规模皆无与伦比的"农业起义"。这加速了联邦的胜利，也保住了一个统一的经济体，给世界带去了所需的希望，甚至也让相信无产阶级革命终会到来的马克思看到了希望。[98]

11

林肯坚称战争权力能够让违宪的行为合乎美国宪法：黑奴解放是美国历史上最大的个人财产无补偿没收。[99] 但是，林肯似乎从未考虑过取消或者推迟美国宪法规定的选举，在选举中他可能会被替换掉，曾被他撤销职务的民主党候选人麦克莱伦将军可能会上台。在1864年8月，林肯对内阁说："我有责任配合参选总统，以在选举和就职期间保护联邦"。对林肯来说，"他将以此后不可能留任的理由来确保选举"。[100]

军事失败的危险已不存在，但是僵局还在。林肯的将领们，包括弗吉尼亚州的格兰特将军、田纳西州和佐治亚州北部的威廉·特库姆塞·谢尔曼将军、谢南多厄河谷的菲利普·谢里登将军,都在让南方邦联筋疲力尽。战争看不到尽头,但人力、物资和政治代价无法持续。这一前景支持着麦克莱伦将军的总统竞选,而林肯却担心协商得来的和平会在保留奴隶制的同时牺牲联邦。[101]

然后,9月2日,谢尔曼将军占领了亚特兰大。这不是塔鲁季诺战役或博罗季诺战役,而是点燃了伊丽莎白的火船,让火焰蔓延至整个邦联且直向大海。林肯的信心与狼烟一同高燃,在两个月后的总统大选中,他高票连任,在22个州的投票中仅失3州。"这次选举悄无声息地结束了,"格兰特将军写道,"这是一次比赢得战争更为重要的胜利。反叛分子和欧洲日后会明白的。"[102] 马克思断言:"对你连任的胜利呼声对奴隶制宣判了死刑。"他在伦敦写道:"欧洲的工人……认为这是一件预示着新纪元的大事,林肯,这位率真的工人阶级之子,将肩负带领自己国家的使命,以无可匹敌的斗争来解救被束缚的种族,重建一个新的人类世界。"[103]

在林肯还是个孩子的时候,亚当斯就已经看到一次内战将把奴隶制"从整片大陆"拔除,尽管要承受"灾难性和凄凉的"代价,但结局"如此辉煌",以至他也"不敢说这不是我们所希望的"。[104] 我们永远不会知道对亚当斯来说何种代价不可承受,但是对林肯所承受的代价一清二楚:南北双方共300多万人参战,至少75万人死亡。[105]他在1861年曾估计只需要两三个兵团就能平定分裂,但这显然是过分天真,因为实际上共有3 000多个军团参与了此次战争。当然,林肯确实曾以"然不论实际需要多少兵力,我都会一往无前"来表达自己的决心。[106]

因此,林肯的选项既可以是直接地恐吓敌人,也可以是实施他那个时代所能达到的破坏。他让一切都保持于物质、心理和道德允许的范围内,而这使战争的目标不断扩展并纳入废除奴隶制,当然,前提是他自己确定这样有助于战争的进行。林肯对环境演变的敏感(他甚至有能力推进致命事物的发展)让这场战争渗透着克劳塞维茨主义色彩:尽管他不断扩展斗争的手段,但是让国家延续是他始终不渝的方针。[107]在下个世纪,美国将在合适的时机裁军,但也会在必要时期扩充军队。在林肯的时代,没人知道该如何顺应外界情势而变,但是林肯告诉我们的是,他做到了能做的一切。[108]

林肯并没怎么把自己看成工人阶级的孩子,他更觉得自己是开国元勋的继承者:"87年前我们的先辈……"奇怪的是,除了约翰·亚当斯,这些先辈竟然都没有自己的子嗣。这样说起来也似乎没错,因为约翰·昆西·亚当斯出现在公众面前的最后一天林肯也在场,而正是这位亚当斯引导林肯走向了奴隶解放的美国宪法基本原理。美国宪法基本原理引领着大众走向"一个自由的新生",让"民有、民治、民享的政府永世长存"。[109]

12

最深入研究林肯的现代传记作者总结道,"不知为什么,他在意志坚定的同时不任性妄为,在公平正直的同时不自以为是,充满道德感而不说教",林肯具有"美国公众生活史上无可比拟的心理成熟度"。[110] 简而言之,就是他能够驾驭对立,而不是被对立驾驭。在"缺失"教育的情况下,他是如何获得如此卓越的成就的?在我看来,答案在于林肯能够对规模、空间和时间进行不同寻常的掌控,并从中获取常识。[111]

规模设定了经验累积的范围。假如在进化中混乱的边缘会增强适应性,假如在历史中适应性会加强韧性,假如在个体中韧性比僵化更能容纳未知,那么边缘的逐步扩张自然能够更好地让领导者应对意外情况,让他们优于无适应能力的休克者与权力及傲慢的世袭者。

对比林肯和约翰·昆西·亚当斯的人生,我们便能看到这种差别。远大的前程激励、催促并困扰着亚当斯,让他在关键时刻失去常识。被他人过分高估,自己又进一步自我加压,让目标总是遥不可及,最终只有靠自退一步获得晚年的满足。林肯则不同,除了自己设定的目标,没有任何的远大前程可以诱惑他。他从底层做起,慢慢向上,直到准备好时才冲击顶峰。雄心壮志与机遇一同扩展,但他又同时将两者控制在自己手中。他寻求的是被低估。

空间是愿景和现实的交汇之地。林肯和亚当斯都看到西进运动中的自由力量，但是他们又惧怕这种力量所蕴含的危险。麦迪逊在《联邦党人文集》的第十篇中说，一个能实现利益均衡的共和国可以成为帝国。当然，他所说的利益是多重的、地域性的，甚至是褊狭的。开国元勋的后代们不得不平衡的一项利益就是是否将奴隶制扩张到新的疆域，到最后国家的团结与否也仰仗于此。韧性一旦变得僵化，对某些人来说，任何选择都有不可承受的代价。[112] 降职和死亡让亚当斯免于做出选择，而林肯却似乎对选择摆出了欢迎的姿态。

因此，林肯在战争中使用空间来恢复联邦。他无视正统理论，钻研地图，计算各种生产量。这些同那些新技术一起体现出北方在外线作战的能力。电报、铁路和工业制造的军火可以与新思想结合，让军队更具机动性，更具集中打击能力。林肯唯一需要的是能够打仗的将军和消灭南方邦联的最佳时机。之后，这个国家就能按照开国元勋的构思控制整个大陆。

最后是时间。林肯让时间站在自己一边，他知道如何等待、何时行动，以及向何处寻求保证。在承担责任前他趋向于不可知论，但随着责任越来越大，他的信念也在以非常规的方式不断增强。[113] 用林肯的话说，这是一个人和他的"创造者"之间的对话。林肯曾经询问一些信仰坚定的牧师，如果上帝已经将自己的意愿展露给他们，为什么"不直接展露给我"呢？[114]

林肯越发相信上帝按照事件的进程而非通过神圣的启示行事。

林肯对内阁说，麦克莱伦将军在安提塔姆战役中的胜利是奴隶解放的信号。[115]但是，他仍在担心战争的拖延。他在日记中写道，双方都"宣称按照上帝的意愿行事"，但是"一方肯定有错，也可能双方都是错的。上帝不可能同时支持并反对同一件事"。很快，他意识到了自己的不敬，因为上帝比其天使更远高于世俗的逻辑。"可能上帝的目的不同于任何一方的目的"，或许"上帝安排了这次战争，并命令其暂不可结束"。[116]

1865年3月4日，林肯在第二次就职演讲中对全世界说，如果上帝希望战争持续，"直至250年来利用奴隶的无偿劳动所积聚的财富全部散尽，直至奴隶在皮鞭下流淌的每一滴血都用刀剑下的血来偿还，那么，如同3 000年前《圣经》中所说的，'我们仍要称颂上帝的判决是公允合理的'"。[117]他深知这不是上帝的意愿：多亏上帝，多亏林肯，多亏那些骁勇善战的将军，战争将在5周内结束。[118]那么，到底是谁掌控着一切？我敢肯定，林肯可能会回答我们不必知道。

托尔斯泰在《战争与和平》的最后几页写道，时间、空间和规模的相互依存同时反映着选择和必要性：即使无情的法律宣称不可能，代理制的假象仍让我们相信自由意志。林肯从未读过这本书，也从未读过《战争论》等其他众多书籍，但是，正如他凭直觉感受到了克劳塞维茨一样，他也有可能预见到托尔斯泰的思想。因为林肯发现或者他觉得自己发现了上帝的旨意于历史进程中的呈现。这很接近托尔斯泰了，在后者最伟大的小说中，历史反映着我们人类无法发现的法则。托尔斯泰在小说完成后不久就出现了信仰危机,并将世俗现象归因于神的疏忽。在这一方面,他远远超越了林肯。[119]

林肯在1864年写给朋友的一封信中说:"我没有控制住事件,我要坦白承认,是事件控制了我。"[120] 这段话可能会让写《战争与和平》的托尔斯泰得到满足。或许我们也应当如此。

第九章　最后的美好希望

内战期间的一个晚上，醒来的乔治娜·塞西尔发现她的丈夫正站在二楼打开的窗前，一脸焦虑地睡着了。他似乎在等待敌人的到来，"可能是联邦士兵或者革命反叛头目"。奇怪的是，这里是英国，而这位梦游者是罗伯特·塔尔博特·加斯科因-塞西尔勋爵，女王伊丽莎白一世宠信顾问伯利勋爵的后代。作为第三位索尔兹伯里侯爵，这个塞西尔将三次担任首相，继续为他的女王维多利亚服务。他的妻子回忆说，侯爵从未遭受"如此极端的抑郁和紧张的痛苦"。

索尔兹伯里的传记作者安德鲁·罗伯茨解释道，是美国让他感到恐惧。他从未到过美国，也不支持奴隶制，但是他深深地蔑视民主，并因此同情分裂分子，倾向于南方邦联，将林肯的暗杀看作反抗的最终合法之举。最重要的是，他担心联邦采用大量军事手段寻求意识形态目的的做法会让拿破仑式的野心在欧洲复苏。1903年这位侯爵去世，尽管当时还没有阴云密布，但他还是预料到了1914—1918年第一次世界大战的战壕、坦克、杀戮之地和大轰炸。"如果我们干涉的话，"他在自己生命的最后一年谈及美国内战，"将美国的力量削弱到可控地步是有可能的，但是这样的机会失不再来。"[1]

美国人在侯爵在世的大部分时间内都采取拿破仑式的行动。即使黑奴解放运动受到削弱，这个急于愈合战争创伤的国家还是将林肯上收的权力返还给了各州，解散了世界一流的军队，开始专注于人口增长、发展和开拓一个横跨大陆的共和国，等到1867年苏厄德从俄国购买了后来的阿拉斯加州，这个国家更是变得膨胀起来。[2] 国家安全已经无须疑虑，历史学家罗伯特·卡根写道，美国现在"太大、太富有，人口太多，即便是世界上最强大的国家也不敢动侵略的念头"。[3]

梦游的索尔兹伯里侯爵也因此感到震惊，这将把与美国有着漫长边界线且设防不足的英属加拿大置于何地？他不能无限期地指望美国能够自我约束。作为战略家的侯爵知悉掠夺和引诱的差别，前者是强国对弱国的作为，后者是少年对父母的伎俩。忍受后者则可预防前者。1888年时任外交大臣的他总结说："若华盛顿有一个完全反对英国的政府，则是我们最应谦卑之时。"[4]

1895年，格罗弗·克利夫兰的国务卿理查德·奥尔尼在介入委内瑞拉和英属圭亚那之间一场持久的边界纠纷时大肆援引门罗主义，这让作为首相的侯爵也觉得过分。"整个欧洲都是君主制，"侯爵多余地宣布，"但美国在走另一条道路——每个人都有不可剥夺的自治权……今天的美国实际上享有这片大陆的主权。"[5] 尽管目标飘忽（南方邦联的权利？委内瑞拉的地理位置？），但奥尔尼的"20英寸[①]10口径大炮"（克利夫兰为之沾沾自喜）让侯爵遇到了麻烦。

5年前，德国年轻的皇帝威廉二世遣走了传奇般的宰相俾斯麦。这位宰相通过发动战争统一了国家，又通过平衡各方怒气维持了和平局面。[6]威廉二世缺乏这样的手腕。在委内瑞拉危机升级时，侯爵警告称："他正在完全失去理智。"[7]当时侯爵在尽力安抚美国人，而这位皇帝在庆贺南非布尔人挫败了一次可能是（也可能不是）由英国授意的突袭。一时间，整个世界好像有一把带着拿破仑式浮夸和美国内战后就已失去军事工业潜质的手枪在近处随机开火。[8]

两头被咬之时，侯爵选择在一方投降。"不存在所谓的固定政策，"他说，"因为政策和所有其他有机物一样一直处于变化中。"[9]所以，他和他的继任者开始有条不紊地单方面清除所有可能导致和美国发生摩擦的风险源。他们在委内瑞拉事件上让步（美国便立马失去兴趣并同意仲裁结果），随后放弃了更为重要的美西战争（英国保持中立），并且在菲律宾问题（侯爵支持美国而非德国的吞并）、将来的巴拿马运河问题（英国放弃了在这一区域的长期持有权）和阿拉斯加边界问题（加拿大被牺牲）上持续退让。[10]这并不是绥靖[11]，而更像是润滑：正如一个多世纪后的戈尔巴乔夫一样，侯爵只是在清除敌人的敌人。[12]

---

① 1英寸=2.54厘米。——编者注

作为一名认真学习历史的学生[13]，他应该知道乔治·坎宁在1826年的言论，当时他称已经"召唤新世界来矫正旧世界的平衡"。[14] 自吹自擂不是侯爵的风格，但他确实应给予自己更多的赞赏，而他的祖先想必也会同意这一观点：在1897年庆祝女王登基60年的贺词中，侯爵机智地说出了下面的话。

> 我们所处的时代已经感受到肇始于其他土地的另一个国家的民主脉动。在不受任何阻挠和干扰的情况下，这个国家会繁荣发展，而在不知不觉之中，权力的中心已经斗转星移，其肩负的责任也在发生变化。[15]

南方邦联的败北以及后续北美各方力量的失衡，仍让这位梦游者悔恨不已。这位战略家从未忘记"我们只是鱼"并且"无法单独修复内陆的暴政"。[16] 所以，大不列颠开始学着和一个独拥一片大陆的民主体制和平相处。侯爵不论内心多么矛盾，都必须感谢林肯。

— 1 —

1904年2月25日晚，也就是在侯爵去世5个月之后，刚被任命为伦敦政治经济学院院长的哈尔福德·麦金德在英国皇家地理学会宣读了他的一篇题为《历史上的地理枢纽》的论文。他说，

第九章 最后的美好希望

未来的历史学家应该将过去的 4 个世纪称为"哥伦布时代",而这个时代将在"1900 年之后很快"结束。海洋探索的时代已经结束,等待发现的所剩无几,但是大陆的发展才刚刚开始。科技推动力不再是船只而是铁路,后者速度更快,效率更高。林肯批准修建的太平洋铁路在 1869 年竣工,加拿大在 1885 年完成了类似的铁路修建,从莫斯科到海参崴(今符拉迪沃斯托克)的绵延 6 000 英里的跨西伯利亚铁路则在麦金德发言那年竣工。麦金德预测,亚欧大陆将很快被"铁路覆盖",而宽广的空间及其所具备的"不可估量的巨大"可能性将使亚洲回到游牧部落时代,重新成为"世界政治的枢纽区域"。[17]

自都铎王朝时期以来,英国之所以能够保持海上优势,皆因各大洲的竞争限制了权力在沿海之外的投射。但是,麦金德现在认为,洲际的整合若应用于军事,例如建立一支舰队,那么建立一个"世界的帝国"就不再只是梦想。或许俄国能够成为这支舰队的拥有者,也可能是得到俄国支持的德国,甚至是受日本侵略的中国,也可"为这片广袤大陆带去海洋的临界,给枢纽区域的俄国租客增添一项他们至今仍不愿承认的优势"。[18]

伴随着向种族主义和领土资源的突转,麦金德结束了他的演讲,然而,含糊的言辞却进一步加深了由此引起的焦虑。过去的游牧民族并没有造成任何超越马背的枢纽转移。战略家艾尔弗雷德·塞耶·马汉以更为系统的方式展现了海上霸权于历史的重要性。一个月前,莱特兄弟在北卡罗来纳州进行了第一次危险的试飞，但麦金德全然忽略了空中霸权的影响力。此外，麦金德还认定有着普鲁士般坚毅的俄国正在滑向对日军事斗争的失败，并最终会导致一场危险而无结果的革命：圣彼得堡的"血腥星期日"就发生在一年之后。但这些其实都不重要。

麦金德的论文是一尊专业型的奥尔尼式"20英寸口径大炮"，尽管炮口失准，论证无逻辑，但以惊悚的方式揭露了人们不怎么关注的地方：在过去的半个世纪里，铁路将亚欧大陆连接起来；英国可能在未来的半个世纪失去对海洋的控制；在各种模式的兴起与衰亡之中，不同的政府形式和不相容的生活方式间将展开一场新的斗争。[19]

2

那么，斗争将如何展开，原因何在？1907年，外交大臣艾尔·克罗向国王爱德华七世提交的一份报告拨去了麦金德的晦涩阴暗。报告很快在最高层流传并讨论开来。如同乔治·凯南在冷战开始时从莫斯科发来的"长电报"一样，克罗备忘录尚未公开就已名满天下。两者都动摇了官方的观点。[20]

克罗从麦金德停下的地方继续。英国是一个不与欧洲大陆接壤的岛国，但是有"大量的海外殖民地和附属地"[21]，它的生存需要长期以来所具有的"绝对海洋力量优势"。这让英国成为"每个临海国家的邻国"，但如果英国无法"协调"本身利益与"全人类共有的欲望和理想"之间的关系，此种地位也可能招致"嫉妒和恐惧"。这就是克罗心中的修昔底德陷阱。

> 现在所有国家的首要利益都是保证国家独立。相比其他非岛国国家，英国在维系各国独立方面有直接和正面的利益，因此凡是威胁其他国家独立的国家都是英国的敌人，英国是弱小国家的自然保护者。

海洋霸权不仅需要平衡麦金德所强调的大陆权力，而且要让临海国家确信，一个海洋霸权国家在关注自己利益的同时也会尊重它们的利益。

克罗说，通过推动"世界市场的自由交流和贸易权利"，英国已实现了这一点。尽管与工业化相伴而生的重商主义遭到了抵制，但贸易和交流符合各国利益。与此同时，通过让其他国家"减少担心"自己优越的海军力量，英国也强化了和"其他国家的利益性友谊"。如果这些国家自己无法统治海洋，那么它们更想要一个"自由贸易的英国"而不是"奉行保护主义的绝对强权"。但克罗和伯里克利一样，认定在保护和赢取海外友谊之间并无矛盾。[22]

然而，为何一个在海上投射力量的大陆国家不会培养这样的友谊呢？克罗继续解释说，这是因为唯有能够整合大陆力量的国家才能获得此种能力，而这正是让侯爵彻夜难眠，让麦金德乱开火的原因所在。只有通过恐吓甚至吞并邻国才能做到这一点。[23] 那些本身无法控制一片大陆的国家，也不会愿意让他人以流血、武装和恐吓做到这一点。

这也曾是青年俾斯麦令人难以忘怀的许诺。[24] 克罗出生于普鲁士，通晓德语，并看到了现代日耳曼帝国在欧洲的兴起。这种兴起用的是一种"以刀剑进行系统性领土扩张"的模式，借用一种后来出现的说法，德国从未"和平崛起"。俾斯麦深谙这一点，于是在获取霸权后，他向那些尚存的邻国保证，新的霸权将调和自己与他人的利益。但是，谁在胃口大开后还能轻易管好自己的嘴巴呢？[25]

俾斯麦的方式是占领其他大国不想要的殖民地：一个帝国是否和秃鹫一般仅满足于残羹剩饭？现在俾斯麦已然退去，而接任者仍旧饥肠辘辘。克罗说出了这些人的想法。

> 我们必须有真正的殖民地，让德国移民可以定居并传播祖国的民族理念；我们必须有舰队和煤站，这样我们才能维系与各殖民地的紧密联系……繁荣强大的德国有6 000万居民，它必须扩张而不能停滞不前，它需要在不更改国籍的情况下将多余的人口疏散至国外的殖民地上。

威廉二世领导下的德国不确定应在何处收手（或许他们就不想收手），但威廉二世似乎很欢迎一个"建立于挑衅之上的世界"，因为"一个结合了最强陆军力量和最强海军力量的国家才能迫使世界联合起来，脱离沉重的梦魇"。[26]

3

克罗思想中的理论也大致如此。历史既不是他也不是任何当权者可以预测的。俾斯麦的保证如同在构建一张网，一个由他在中心支配的政治同盟。在他死后，这些保证却促成了两个彼此竞争的军事联盟，而那些令人不安的军事调遣与运送一旦被启动，战争也就不再需要实际的理由了。[27] 1914年6月28日，两名皇室成员在萨拉热窝的丧命开启了屠戮，而到1918年11月11日时，共有800万~1 000万名士兵和700万~800万名平民丧生。[28]克罗联合起来反抗"梦魇"的世界变成了一个分裂的、毁灭性的、和自己对抗的欧洲。

第一次世界大战见证了各种能力之外的动机投射，而这也是以往军事灾难最常见的成因。但这一次也有能力超越动机的情况存在，例如基辛格就说，指挥者严重低估了其行动的致命性。

> 他们似乎忘记了美国内战所带来的巨大伤亡，妄想冲突能果断迅速结束，但他们没有认识到，无法让同盟达成理智的政治目标将导致文明的如期毁灭。相反，强权者丝毫没有意识到他们的所作所为已经制造了一台通向末日的外交机器。[29]

美国人至少知道内战为何而战，而这场新战争的参战国却不得不寻找必须做出牺牲的缘由。

从索尔兹伯里侯爵的"我们是鱼"到麦金德的"欧亚游牧部落",再到克罗的"建立于挑衅之上的世界",英国人的理论进化解释了这背后的原因。按克劳塞维茨的说法,战争必须反映政策,那么英国加入战争的政策缘由是什么?继续保持海上霸权?平衡欧洲大陆的力量?清除各处的梦魇? 1907年和德国、法国签订的三国协约并未明确规定英国必须同德国开战,[30]但志在对抗法国的德国完全无视各国对比利时长期中立的担保,并于8月4日侵入了该国。这不仅让英国宣布参战,而且让它抛弃了几个世纪以来不在欧洲大陆作战的传统。在接下来的4年中,英国损失的人数远超1861—1865年美国内战阵亡总人数。[31]

正如大英帝国之前所说,这次对"大陆的承诺"几乎是在"理智间歇性丧失下"做出的决定。[32]但是如果我们把克罗、麦金德和索尔兹伯里侯爵的观点联系在一起思考,就能够看到一个更大的逻辑。克罗一方面认为海上霸权和国家自决密切关联,另一方面又强调陆地霸权和权威主义间的联系,而这意味着麦金德所警告的大陆联合将比仅控制海权更具危险性:这将置自由本身的未来于危险之中。[33]当侯爵称英国不能单独"修复内陆的暴政"时,他也表达了类似的观点。

或许英国必须结束对同盟长期以来的不信任:勋爵最后的外交成果(1902年的《英日同盟条约》)就是对这个传统的首次背离。[34]类似的欧洲同盟,例如日后的三国协约,或许也变成了必要之举。英国已经无法继续背负1895—1896年委内瑞拉危机中的"光荣孤立"之名。[35] 显然，在一个相互联系的世界中，大陆上的专制需要得到遏制。对很多人来说，这又绕回到了坎宁的观点。

假如索尔兹伯里侯爵能够以北美的民主统治来对抗可能在欧洲蔓延的独裁，那么他实际上是依赖"新世界"平衡"旧世界"的力量的。如果麦金德能够用游牧者马匹换火车的图像提出警示，却未在美国看到同样的风险，那么他不过是在以不同的方式做同样的事情。如果克罗能够预见众多知足国家会联合起来抵抗一个贪婪国家（一位美国总统很快会为我们呈现这一景象），那么这个联合体必定立于麦金德、索尔兹伯里侯爵和坎宁等人所建立的基础之上。尽管未来尚不明确，但所有人都已经下了赌注。

4

从某种角度来说，他们都认为美国将发挥重要作用。到1914年，美国的制造产出已经超过英国和德国的总和。其钢产量几乎是德国的两倍，而德国又是英国、法国、俄国三国总和的两倍。美国的技术创新无可匹敌，食物盈余养活了欧洲的大部分人口，贸易顺差让它赢得了世界上1/3的黄金储备。虽然海军规模仍无法和英国、德国比拟，但是在欧洲开战的当月，美国人开通了巴拿马运河，大大缩减了所有人于世界两大洋之间的通行时间。正如保罗·肯尼迪所言，美国已经成为一个强权，但仍旧不是强权体系的一部分。[36]

美国于19世纪40年代获取并在60年代后继续得到维系的大陆霸权，让美国人无须在新世纪伊始承担更多的责任。外部威胁既不清晰也不紧迫，菲律宾殖民地带来的麻烦也多于价值。外交政策也只是做做样子没有实质，1899—1900年在中国的"门户开放"政策便是如此。尽管军队规模还不及保加利亚或塞尔维亚，但美国照样可以缔造和平：在西奥多·罗斯福的调停下，《朴茨茅斯条约》（新罕布什尔州）结束了1905年的日俄战争。[37] 所有这一切让美国人远离了1914年于欧洲爆发的第一次世界大战。

然而，美国与战争的关联要比他们预期的更多。1815—1914年的100年里欧洲并无大战，而《门罗宣言》和坎宁的父权主张提出后的90年恰好处于其间。美国则卷入了此前的七年战争、法国大革命战争和拿破仑发起的战争，其具体名称分别为1754—1763年的法国印第安人战争、1798—1800年的美法准战争和1812—1915年与英国的战争。1917—1918年、1941—1945年，美国再次参与海外战争。冷战从未演变为热战，但仍是美国历时最长的海外干预事件。这可能也是冷战不同于第一次世界大战，从未被重命名的原因。

如同无法注意海洋变化的鱼一样，1823—1914年的美国人虽然并无觉察，但也并未过分置身于强权系统之外——没有林肯和苏厄德那样资质的人很难看到这一点。[38] 这个系统是这样的：从伊丽莎白时期开始，英国就将其文化远播至欧洲以外的世界。[39] 这样一来，对抗带有潜在敌意的欧洲人，担心克罗所称的以刀剑为基础的"系统""地域扩张",便成为一种必需。当这种系统性的扩张真切发生时,这些越洋的英国后裔也不禁警醒:假如失去了世界上最强大海军的庇护,他们将身在何处?不论美国人如何嘲讽自己年老的父母,他们也无法拒绝自己所继承的语言、制度、宗教、事业和安全,无法切断深入DNA(脱氧核糖核酸)的关联。所以,当英国做出自己的"大陆承诺"时,不论结果好坏,这也是对他们这些海外后裔做出的承诺。

5

伍德罗·威尔逊的第一反应是不厌其烦地呼吁"事实与名义上的"中立、"思想与行动上的"公正,并"克制我们的情绪"。[40] 但是,他警告自己的心腹爱德华·豪斯"上校",如果德国获胜,"我们文明的进程将因此改变,美国也将变为一个军事国家"。毕竟是德国人(而非英国人或法国人)侵犯了中立的比利时,他们洗劫城市、大学,甚至连无可取代的古老图书馆都不放过。普林斯顿大学前校长充满担忧地说,这种残忍恐怕会"让世界倒退三四个世纪"。[41]

不过,作为美国总统,威尔逊认为没有必要立马站队。国家也未对此达成共识。对英国和法国的食物与军用物资进口欣欣向荣,以至当进口商无法付款时,威尔逊取消了先前对发放贷款的禁令。英国海军不希望给德国同样的机会,于是他在公开场合表示中立，私下里却偏袒前者。[42]延迟参战也能让威尔逊选择时机：豪斯向他保证，若能够谨慎行事，他就能够成为决定战争结果的那个人。这并不仅仅是依靠军事部署，而是要精心设计一个新国际体系来替换之前导致战争的旧体系。[43]

在豪斯的辅佐下，威尔逊以交战国必须参战为前提，提出诸多假设。第一个假设是，如果美国要参战，就必须果断行事：内战的规模暗示美国能够部署足够的军事力量。第二个假设是美国参战可能会使战争延长，因为战场上的僵局可能会带来更多的挑衅性海上封锁。第三个假设是潜艇对陈旧的海战方式所带来的巨大冲击不亚于此前铁路对各种阻吓大陆团结势力的破坏。[44]

德国认为潜艇是对英国的海面霸权的一种合理反击，但问题是潜艇很难识别船只、获取战利品或者判定船员的国籍，它们无法以传统封锁战那样的标准行事。因此，它们威胁到了中立国和参战国的贸易，而这正是在此前战争中被坚定捍卫的权利（甚至得到过林肯迟来的支持）。它们威胁到美国对英国、法国的战时出口利益，以及战后贷款的偿还。最糟糕的是，潜艇还让非作战人员死于非命：1915年5月，英国"卢西塔尼亚号"轮船被鱼雷击沉，导致128名美国人丧生，威尔逊差一点儿因此宣战。[45]

1917年4月2日，威尔逊最终宣战。卢西塔尼亚危机后，德国一度在美国的压力下取消无限制潜艇战，但后来又恢复了这种战术，这正是美国宣战的主因。德国人原先打的算盘是，无限制潜艇战会迫使英国、法国在美国派军到欧洲前就同德国媾和。不过当时威尔逊还是拿不准公众是否会"不管到底有多少美国人在海上丧命"而全力支持参战。[46] 开战还需要更多必备条件，碰巧的是，就在总统宣布开战的前几周，德国人自己送上门了。

在恢复全部潜艇参与战事的同时，德国人向墨西哥发出一项秘密提议：如果美国如期派军至欧洲战场，墨西哥可以在德国（或许还有日本）的帮助下抓住机会重新夺回得克萨斯州、新墨西哥州和亚利桑那州。英国情报破译人员截获了电报，并将其透露给华盛顿，威尔逊则将其公之于众。德国的行径已不仅是在破坏美国的中立权利，而且是在危害美国的领土完整，而这更能扰动美国的敏感神经。[47]

接着在3月，三国协议中的俄国突然发生革命，罗曼诺夫王朝被推翻。看上去俄国将结束专制，未来将成为美国的盟友。威尔逊在其战争咨文中说，正是俄国的变化让他得以空出手来去拥抱让世界"民主不受威胁"这一更为崇高的使命。威尔逊没有说美国仅凭一己之力就能够完成这项任务，[48] 但是他的确是在向世人宣示，美国这个在战争爆发时尚无强权欲望的国家，正成为这场战争的进程、结果和未来的决定性影响力量。正如他在自己第二次就职演讲中所说："我们不再是乡下人。"[49]

—— 6 ——

到目前为止，威尔逊表现得还不错。为了避免反战派阻止他在1916年的连任,他表面上摆出避免战争的姿态,却在暗地里筹划军队。他等待德国再次发动入侵比利时这种与政治利益相悖的军事行动。果不其然,德国取消了对潜艇的限制,并且不明智地向墨西哥示好。他把俄国的革命变为美国的战争目标,没有给同盟任何反对的机会。威尔逊及时派军至法国,挫败了德国在1918年春天的进攻,并在秋天取得了最终的胜利。11月停战后,威尔逊成为首位在职期间穿越大西洋的总统,在巴黎、伦敦和罗马接受古罗马人式的胜利。[50]

豪斯曾警告威尔逊,他的影响将在战争接近尾声时达到顶峰。摆在眼前的和平磋商需要更多的外交经验而非执政技巧,而这正是威尔逊所缺乏的。美国长期缺席国际体系,外交政策专家凤毛麟角,威尔逊没有俾斯麦,没有索尔兹伯里侯爵,甚至没有克罗那样的人才。他只有豪斯,这位仅在得克萨斯州的政坛获得历练的年轻人。此时的豪斯发现,自己正在和总统威尔逊一起"得其所愿,重绘世界的版图"。[51]

他们的确获得了调查小组的帮助。该小组成员是他们招募的学术顾问,主要职责就是为战后安排提供原则指导。威尔逊将这些原则中的精华放到他于1918年1月8日提交给国会的"十四点原则"中。尽管这"十四点原则"善意满满,但不论是他还是整个小组都未能充分考量实际的历史、文化和先例。一位法国外交官回忆说,"不了解欧洲政治"的威尔逊全然投身"和当下紧迫事情毫无关联的理论追逐之中"。[52]

第九章　最后的美好希望

例如，何为"总是坦率地在公众视野间"施展外交手段？何为在"可能因国际行动而全部或部分封闭"的海域保障"完全的航海自由"？何为将军备减少至"足够保障国内安全的最低水平"？何为在殖民纠纷中给予"民众利益"和"待定合法政府利益"以"同等考量"？威尔逊的目标过于自由地凌驾于策略之上，而其最突出的表现莫过于宣称解决巴尔干冲突仅需要"参照国家与各自效忠的历史，进行友好的协商"——大概第一次世界大战就是由这种论调引发的。他断定只要"改邪归正"，"我们就能成为那些联合起来对抗帝国主义的政府和人民的亲密伙伴……我们携手共进，直到永久"。[53]

和英国首相劳合·乔治不久前的发言一样，这些话并非只是威尔逊的权宜之言。因为就在威尔逊发表该演讲的两个月之前，俄国爆发了另一场出人意料的革命：1917年11月的布尔什维克革命。他们威胁退出英国、美国、法国的"帝国主义"战争，同时敦促全世界的无产阶级推翻他们的资产阶级主子。[54] 威尔逊的回应极为模糊，他号召道：

> 从俄国领土撤离以及所有俄国相关问题的解决，将确保其与世界上其他国家最为良好和自由的合作，使其得到无碍且舒适的机会，独立决定政治发展和国家政策，确保其能够在自由选择社会制度的前提之下得到自由国家的真诚欢迎，并给予其一切所需及自我所期的帮助。

有人可能会迷惑，威尔逊所认为的"帝国主义者"到底是谁？最起码，列宁和托洛茨基说出了他们的真实想法。

后来威尔逊进一步把人搞晕：他派美军到西伯利亚和俄国北部，表面上是和多国一同让俄国陷入战争，实际上是要废黜布尔什维克政权。[55] 之后他又通过战胜法国境内的德军保护了布尔什维克，抵消了德军在东线的胜利以及《布列斯特和约》所强加的迦太基式和平。[56] 然而，当俄国退出战争时，威尔逊将美国引入战争的那套手段却完全失效。这预示着一个更为严重的问题：他以为自己的和平原则是永恒的，但结果证明，这些原则不仅受时间的限制，而且还为快速变化的时代所击败。威尔逊想的是维系民主在全世界的安全，但民主招致战争危害着世界。[57]

7

当克劳塞维茨认为战争反映着政策时，他是在设定一项标准，即三十年战争或拿破仑战争这种无明确目的的例外事件不应再次出现。《战争论》出版后的 80 年间确实没有出现这样的战争：国家间的战争时有发生，但有着明确的目标，发生在有限的范围。拿破仑之后最为血腥的冲突是美国内战和中国的太平天国运动。[58] 而第一次世界大战是一次前克劳塞维茨式的倒退：如果那些最初的参战国知道后来所付出的代价，它们还会参战吗？[59]

尽管如此，1914 年 8 月，带着雅典集会民主自发性的整个欧洲的民众却都在欢迎战争：当伯里克利在葬礼演说中重新点燃那种精神时，可不是为了寻求和平。我们不可能知道伯里克利准备接受何种损失——瘟疫带走了他的生命，使他永远无法想到林肯在1865年所知之事，但我们知道的是，雅典这个后世所有民主体制的楷模最终也没有摆脱失败的命运，因为它虽不惧怕战争的伤亡，但没有质疑战争目的的能力。[60]

美国参战前三个月，威尔逊在国会发表了题为"没有胜利的和平"的演讲，[61]提出了一些类似的问题。战争难道不是应该保护而非消耗和毁灭国家的吗？妥协能否实现战争的应有作用？杀戮能带来什么成果？他自己和其他人的调解努力都失败了，因为没有领导者敢对他的"民主政治"[62]说出实情：战争向来不会起到什么作用。于是，每个人都盼望着更多的新武器、更多的进攻、更多"过头"的战壕冲锋能够为显然没有意义的事情带来意义。

美国参战后，威尔逊放弃了调解。他确信一个国家参战的目标只有一个，那就是取得完胜，但这也不会让非正义的和平变得名正言顺。因此，尽管多数时候胜利和正义都互相矛盾，但威尔逊还是试着把它们一同写入"十四点原则"中。此外，威尔逊还在"十四点原则"的最后一条中提出一项裁决手段：基于"使大小各国同样获得政治独立和领土完整的相互保证的具体盟约"，成立一个"各国的联合协会"。[63]

这个想法有多重来源，[64]其中之一就是克罗在1907年所提出的要为联合反抗"梦魇"而建立一个新"世界"。在克罗备忘录首次出炉之际，时任英国外交大臣爱德华·格雷爵士就表达了支持。1915年，仍然在职的他通过豪斯向威尔逊提议，应当成立一个战后国际联邦来替代调解：他坚持认为，只有今日的参战才能阻止未来的战争。[65] 基辛格曾说，"格雷了解他的人民"。"自年轻时代起，威尔逊就坚信美国的联邦制度应成为一个终极'人类议会'的典范。"[66]

假若如此，威尔逊实则忽视了美国民主的一对矛盾。这对矛盾的起源可以追溯至英国的辉格党：这些制度的目的是行使权力还是防范权力不被滥用？[67] 在1918年4月，美国人欣然说服自己，只有战争才能恢复他们的安全，恢复他们的荣耀和自尊。当然，这不是说在战争胜利之后他们将承诺确保其他所有人的安全。美国的民主寻求权力，也极度不信任权力。

英法民主有其自身的矛盾。它放不下为战争所做的牺牲，坚持要求德国人承认"罪行"并且支付赔偿——即便在非民主的情况下，1815年的维也纳会议也以和解缔造了和平，而这次却没有。无论从哪个方面看，自觉原则都和威尔逊在"十四点原则"中提到的边界"修正"相矛盾，也无法与英法殖民帝国的"永续"原则协调。[68] 尽管威尔逊试图依靠国际联盟来修正《凡尔赛和约》中的不公平，但包括他在内的所有人都没有打算把德国或苏维埃俄国作为这个新联盟的创始成员。[69]

威尔逊再次引发了大家的期待，但这次陷入实现无门的境地。或许跟伯里克利之后的雅典人一般，他混淆了力量和希望。[70] 或许他过于拖延自己无力解决的事情。或许他没能领会让民主反对其民选代表的讽刺意味。或许他日益虚弱的身体让他的政治敏感度越发迟钝：1919年秋，他在为国际联盟寻求支持的全国巡回演讲中染病，之后再也没有好转。或许多年在普林斯顿大学学习和教授民主课程的他从一开始就不懂民主为何物。或许他在位高权重后脱离了常识的引力束缚。

无论如何，参议院对《凡尔赛和约》及美国成为国际联盟成员的拒绝不仅击溃了威尔逊，而且浇灭了希望的扩张——从坎宁到林肯、索尔兹伯里侯爵、麦金德、克罗、格雷、豪斯及威尔逊自己，他们无不渴望"新世界"会在将来的某一天纠正"旧世界"的失衡。和雅典人对米洛斯人说的不同，[71]这一次，"强者"未能做他们该做的，结果，他们让"弱者"获得了任意妄为的能力，更有甚者，他们让俄国和德国照着理论改造了现实，并以此建立起专制暴政。

8

1917年3月俄国革命开始之时，列宁已经流亡到苏黎世，因此未能参与其中，但这是革命的错，不是他的错。因为列宁的专长是把出乎意料之事变为预先确定之情。[72]他对事物的确定性来自马克思。马克思称资本主义生来就带着自我毁灭的种子：资本家发起、参与并且一定会获胜的第一次世界大战就是对这一结论的证明。意外来自俄国,因为马克思和后来的大多数马克思主义者都认为革命不会在这里发生。只有列宁在这种反常中看到了机遇。他后来解释说:

> 只要我们还未赢得整个世界,只要我们在经济和军事上弱于资本主义世界的其他国家,我们就必须知道如何利用帝国主义者之间的矛盾和对立。如果不是因为我们一直在谨守这个规则,我们早就被吊死在灯柱上了。[73]

列宁没被吊死在灯柱上,他在德国人的护送下乘坐自己的火车回到了刚改名为彼得格勒的圣彼得堡。他从那里出发,如愿推翻了临时政府,并让俄国退出了战争。他在路上也早已预测,"对德国帝国主义和资本主义来说,布尔什维克领导下的革命,比克伦斯基和米留科夫领导下的临时政府更加危险"。[74]

列宁比马克思更为清楚的是,资本家对眼前利益的痴迷会让他们无法关注更为遥远的目标。正如林肯可能说过的那样(至少在斯皮尔伯格的电影中[75]),资本家把注意力都放在了罗盘上,结果陷入沼泽、掉落悬崖。同样,英国、美国、法国对俄国不得退出战争的强迫,不仅让俄国的新领导人声名扫地,也为列宁开辟了他的革命之路。资本家也不会从错误中吸取教训,不然的话,为什么美国会在布列斯特 立托大斯克阻挠德国消灭新的苏维埃国家,拯救布尔什维克党人呢?

第九章 最后的美好希望

1921—1922年苏联陷入饥荒之时,同样的事情再次上演:美国的大资本家赫伯特·胡佛承认他主导的国际赈灾工作强化了布尔什维克的统治。列宁新经济政策的本意是稳固苏联的革命,但当美国企业家看到吊人胃口的优惠时,他们就迫不及待地蜂拥而入。"世界上没有哪个国家更适合帮助苏联,"1924年斯大林在列宁过世后总结道,"假如美国人愿意合作,美国无与伦比的技术和苏联的需求及巨量人口,将为美国人带来丰厚的利润。"[76]

双方在很大规模上延续着合作。在斯大林的第一个五年计划期间,苏联从美国引进了整座整座的厂房以及相应的批量生产技术——福特本人就是这方面的带头者。截至20世纪20年代末,美国对苏联的出口量远超其他国家,苏联人即将成为美国农业和工业装备最大的海外买家。[77]让斯大林不解的是,哈定和柯立芝政府坚持威尔逊的政策,不予苏联外交承认,除此之外,他们还一本正经地警示国际共产主义的颠覆危险。物质利益并不总是决定资本家的行为。

从某种意义上来说,此时的美国已经比以往任何时候都更为强大,它的工业产出超过了英国、德国、法国、苏联、意大利、日本的总和,但是美国宪法所明文规定的对权力的不信任,让领导人根本无法运用这些权力——至少在和平时期是如此。列宁可能会把此看作另一种民主的失败,因为没有独裁就没有无产阶级或其他人的先锋队。如同在肯定这一点一样,大部分美国人在当时觉得并不需要任何种类的外交政策。[78]

然而，世界不会无限期地允许他们享受这种奢侈。美国潜在的力量已经在以不可预期的方式塑造各种事件。[79]其中之一便是德国人古老野心与新生怨恨于某一陌生之地的杂交。不同于列宁，阿道夫·希特勒在战壕中经历过第一次世界大战。他确信英国海军和美国陆军的结合是犹太人的阴谋，并更加确信这个结合给德国带来了失败。希特勒确信美国会再次从北美出发，排挤所有的对手，他将美国在后威尔逊时代的欧洲退出看作德国获取未来竞争、生存和胜利所需空间与资源的最后机会。历史学家亚当·图泽说希特勒相信"战争是不可避免的"，"问题不是会否发生战争，而是何时发生"。[80]

1923年，慕尼黑啤酒馆里的希特勒还是个业余暴徒，如果他能持续如此，这一切都无关紧要。在简短的关押后，希特勒在魏玛共和国日益紧张的民主统治下稳固崛起。1929年10月纽约股市崩盘，美国和其他工业资本主义国家的经济陷入灾难性的萧条，德国的问题也变得更为尖锐。此时胡佛执政还不到一年，和其他众多民主国家的领导者一样，他也毫无头绪，不知所措。[81]

"资本主义经济体系已经破产，极不稳定。"1933年1月7日，在报告第一个五年计划成就时，斯大林向苏联共产党发出如上判断。资本主义"已成明日黄花，且注定要让位于另一个更高级别的苏维埃社会主义经济体系"，后者"不仅无惧危机，而且能够克服资本主义无法解决的难题"。[82]三周后，希特勒以合乎德国宪法的手段成为德国总理，随后便开始着手解除这部宪法。五周后，罗斯福在1932年竞选中击溃胡佛，宣誓就任美国总统。林肯高大身影投下的影子笼罩着他们，因为他们现在将前所未有地检验他最为伟大的自由和强权可以共存的假设。

9

"任何生活在20世纪30年代民主国家的年轻人，"以赛亚·伯林在后来回忆，"只要他还心怀一丝人类情感，心怀社会理想主义最微弱的火花，心怀对生活或者其他事物的热爱，他肯定会觉得……一切黑暗而寂静、大规模的复辟之下，一切死气沉沉、毫无波澜，而除了罗斯福新政这唯一的光，人们眼前的选择只有幽暗的极端，共产主义或法西斯主义——红或黑。"虽然罗斯福新政带有"漠然对待外界的孤立主义"色彩，但这也没什么大不了，因为这是美国的传统，可能也是其优势所在。关键在于他"有着独裁者所有的品性、精力和手段，而且他站在我们这一边"。[83]

但罗斯福并不是一个真正的孤立者。作为西奥多·罗斯福的远房表弟和侄女婿、威尔逊的海军部副部长、支持国际联盟的1920年民主党副总统候选人，他不可能是一个孤立者。尽管如此，在1933年成为总统的罗斯福坚持将美国放在第一位。在银行倒闭、1/4的人口失业、国家自信严重动摇的情势之下，复苏重于一切。尽管希特勒让德国陷入独裁，日本两年前占领了中国东北，意大利两年后占领了埃塞俄比亚，罗斯福第一个任期内的美国却比胡佛时期更不愿意承担国际责任。[84]

除了一件事：1933年11月，罗斯福对已经成立10余年的苏联予以外交承认。罗斯福指出，不承认政策并没有成功推翻或孤立布尔什维克。美国对苏联的投资和出口发展迅速，斯大林也保证限制美国共产党原本就毫无成效的行动。在公开的言论之外，这位新总统还有另一个更为隐秘的目标：与苏联关系的正常化可能会让美苏在未来结盟，共同抵抗纳粹德国和日本的入侵。[85]

对罗斯福来说，意识形态的纯净性没有地理、权力平衡和海军发展来得重要。他曾为威尔逊效力，但他的楷模一向是西奥多·罗斯福。两位罗斯福都读过马汉的著作，年轻一些的那个罗斯福还经常去巴拿马运河视察。[86]通过战时与英国的接触，他或许已经对麦金德和克罗关于亚欧大陆合体的预言了然于胸（尽管未必是直接的）。罗斯福当选后的首批行动之一就是扩建美国海军，但是，他更精明地将其称为一项创造就业机会的公共工程。[87]罗斯福也怀疑美国是否愿意再次介入海外事务。他知道这是威尔逊无意之中留下的遗产，既然美国暂时没有能力，那么在可预见的未来，欧洲的民主国家只能靠他们自己了。

如果德国和日本重新崛起（这看起来很有可能，因为两国在1933年退出了国际联盟[88]），那么它们将很快控制欧洲的绝大部分地区和中国的大部分地区，甚至挑战美国在西半球的海上霸权。[89]相反，由于苏联与旧俄罗斯帝国一样缺少便捷的海洋通道，因此罗斯福并不太担心苏联对欧亚形成控制：他甚至批准了斯大林在

1936年的一项请求，用美国的船坞建造了一艘苏维埃战舰——后来该舰艇被美国海军的鱼雷击沉。[90]在资源饥渴的德国和日本间嵌入一个极权主义盟友未必是件坏事。假如它们向外扩张，苏联红军可以从后方击溃它们。如果它们向内扩张，那红军就会像库图佐夫一样直接击溃它们。不论哪种情况，大西洋两侧的民主国家均可受益。

罗斯福从未解释过这些，他掩盖意图的能力比林肯还要老练。林肯总统仅有1832年黑鹰战争的有限军事经验，但在制定内战战略方面，他远胜西点军校的将军。[91]既然如此，第一次世界大战期间主管美国海军的罗斯福，也未必不可以有旗鼓相当的手段。[92]我确定列宁也会这么做。因为罗斯福一经察觉便开始利用起专制主义者之间的"对立与矛盾"。毫无疑问，专制者仍将扮演"先锋"的角色，但是罗斯福也看到他们之间的协定将会既不寻常也注定短暂。

10

他不是一个独裁者，因此他不会像过去的斯大林和当时的希特勒那样把自己的国家套进自己的意识形态。鉴于他的经济学家对大萧条的原因知之甚少，就算他跟他们要一份五年计划，他们也无法给出一个明确一致的答案。[93]相反，他随机应变，既尽力向前又在必要时后退，既不停止准备行动也绝不屈从于绝望，而且无论做什么，他都会谨记威尔逊的教训——没有公众广泛而持续的支持，任何事情都不可能成功。"你打算带领大家前进，回头却发现身后空无一人，"罗斯福曾经承认，"这是一件很可怕的事。"[94]

他的谨慎也体现在对外政策中。尽管担心德国和日本两国，但他没有阻挠国会将威尔逊所奉行的中立政策升级为法律：他知道自己赢不了。他可以在前一天信誓旦旦地称必须"隔离"侵略者，但第二天就收回自己的话。灵活变通让他在伦敦和巴黎的信誉扫地，也让他无力反对英国和法国对希特勒的绥靖政策。1937年，他派自己的竞选捐款人、一位早餐食品公司女继承人的花瓶夫婿约瑟夫·戴维斯去莫斯科做他的第二任驻苏联大使，差点儿造成第一任大使威廉·布利特手下外交官的叛变。这些外交官之前就已开始细心记录斯大林对他所谓内部敌人进行的清洗运动。[95]

罗斯福是不是绥靖主义者？他当然觉得自己很弱小，他不可能比自己的国家更强大，而这个国家的权力似乎也没有超出他的聪明才智。或许在某些时刻，能力会给利益带来损失，但除非美国再次意识到危险，恢复了经济，重获自信，否则这种情况不会发生。同时，他也尽自己最大的可能定位地缘政治。这正是他任命戴维斯的原因。

与其说罗斯福不信任专家，不如说他是慨叹专家视野的局限。令他恼火的是，他的自己人，包括在莫斯科使馆的外交官和军官、读着他们报告的华盛顿官员，甚至是他最爱的海军，都认为斯大林比希特勒更糟糕：他们无法以更广阔的视野看到更大的可能性。假如苏维埃能通过帮助美国降低双方的危险，

第九章 最后的美好希望

那他需要的是像戴维斯这种重视视野广度甚于知识深度的交易推手，而不是那些眼高手低的专家。[96]

然而，就算是戴维斯也无法使斯大林偏离他的地缘政治路线。在发现民主国家无可用之处后，他在1939年8月23日单方面和希特勒做了交易，而第二次世界大战也自此迅速开始。纳粹和苏联之间的"互不侵犯"条约没有惊到罗斯福：戴维斯在离开莫斯科之前就已对此有所预见，而在他离开后，大使馆则通过精心安插的间谍追踪到相关的情报。[97]罗斯福在1940年年初承认，现在已经很难不把苏联当作"一个和世界其他专制国家一样的完全专制国家"。[98]

在那一年春天，希特勒用闪电战于三个月内实现了德国皇帝花费4年都无法完成的任务——占领丹麦、挪威、荷兰、比利时和法国。麦金德和克罗的终极噩梦，一个控制着超级大陆的"梦魇"似乎已经到来。一名心神烦躁的助手警告罗斯福，希特勒和斯大林现在统治着"从中国东北到莱茵河"的地域，"可能除了喜马拉雅山外，没有谁能在任何情况下阻止苏联和德国的联合军事力量"。[99]

但罗斯福仍旧保持冷静。他知道斯大林长久以来都将希特勒视作资本主义者和帝国主义者，而希特勒一直视斯大林为全球犹太人阴谋的代理人。罗斯福推测，德国在西线的军事胜利已经震惊了苏联的专制者，后者很容易想到德国下一步的动向。显然，独裁者对彼此的尊重不够深刻，又过于短暂：他们迟早会将对方吞噬。所以，罗斯福给斯大林留了一扇门，只待他准备好时便可开启进入。[100] 40年前，索尔兹伯里侯爵对美国也大概如此。

11

在我看来，罗斯福对一个专制盟友的预期，有助于解释为什么在欧洲民主国家于1940年春相继陷落之时，他却越发自信。在战争爆发时，他承诺会让美国远离战争，但他实际上并未寻求威尔逊的行动中立、认知的公允和情感的克制。他已经与英国和陷落后的法国建立了秘密军事联系。他也早就开始了一项创造工作岗位的军备改良计划。他让民主党在那个夏天"征召"他参与史无前例的第三个任期的竞选——当然这只是走个无关紧要的过场。他欢迎共和党提名的黑马、国际主义者温德尔·威尔基，并与之在秋天展开激烈竞选。1941年1月，就在他第三次宣誓就职的前一天，罗斯福在白宫接见了这位昔日对手，并派他到伦敦执行一项特殊任务。

凭借记忆，罗斯福亲手写下亨利·沃兹沃思·朗费罗于1849年出版的诗歌《航船的建造》中的一个段落。

> 前进吧，国家之船！
> 前进吧，联邦，坚固而伟大！
> 带着所有的恐惧，
> 伴着对未来时日的所有希望，

第九章　最后的美好希望

> 人类正屏着呼吸紧抓着你的命运！

林肯在内战之初读到这些诗句时说，这首诗是一件"美好的礼物"，"能够鼓动人心"。[101] 现在这些诗句是罗斯福借威尔基之手送给丘吉尔的礼物。[102]

丘吉尔于8个月前成为英国首相，此时法国即将沦陷，英国即将迎来轰炸，而英语也即将通过业已完善的短波无线电技术获得莎士比亚级别的丰富。在美国人的聆听之下，丘吉尔大声读完这首诗并问自己的国家："我应该以你之名，向这位伟人，这位拥有1.3亿人口国家的三度民选领袖，交出怎样的答案？"随后，他用一种缓慢、咆哮、令人毛骨悚然的最高声喊道："给我们工具，我们会完成工作！"[103]

他和罗斯福一致认为，最重要的工具就是美国国会于1941年3月通过的《租借法案》。该项立法授权美国总统认定的在国防上对美国至关重要的任何国家获得军事援助。英国是该法案的主要受益国，但是罗斯福坚持不明确指明受益方。评论家抱怨说，这甚至可能让苏联成为援助对象：这似乎不太可能，而反对声也未成气候。罗斯福确实已经从驻柏林使馆得到报告：希特勒将在春天入侵苏联。和丘吉尔确认后，罗斯福给斯大林驻华盛顿的大使发去警告，而至于斯大林是否表达了感激，我们就不得而知了。此时仍满怀希望的斯大林又签署了一项互不侵犯条约，而这一次的签约对象是日本。

1941年6月22日德国对苏联的入侵震惊了斯大林，并让他付出了高昂且完全可以避免的代价。早有预期的罗斯福和丘吉尔此时却开始思索终极的意识形态分歧：一场与魔鬼的交易。回想起来，威尔逊和劳合·乔治一定会后悔为什么没有在1917年3月之后拿下尼古拉斯二世，毕竟后者还没有那么邪恶。起初被震蒙的斯大林很快清醒过来，并开始按照自己思想的指引寻求他应得的东西：纳粹-苏维埃协议被抛到九霄云外，他现在要接受来自他眼中的魔鬼——资本主义民主国家的帮助。

　　罗斯福搁置了对外交和军事的担忧，派遣两名交易高手前往莫斯科，他们是：哈里·霍普金斯——罗斯福未来的"豪斯上校"；W. 埃夫里尔·哈里曼——在20世纪20年代高加索地区经营锰矿的铁路大亨。与此同时，戴维斯在总统的要求下匆匆付印了《出使莫斯科》一书。这是一本描述1937—1938年他担任大使时的情况的书籍，书中的内容虽然经过了处理，但阅读者甚众。在通过多个渠道确认斯大林并不打算投降之后，放下心来的罗斯福于1941年11月7日这一天宣布，苏联社会主义共和国的安全于美国安全有着至关重要之意义——这一天正是十月革命的24周年纪念日，而就在一个月后，日本偷袭了珍珠港。截至此时，发生的事情如此之多，却几乎没有引起多少人的注意。[104]

12

　　"所以我们还是赢了！"丘吉尔还记得从夏威夷得到这个消息

时的欣喜。"美国参战了,彻彻底底、至死不渝地参战了。"只有"愚蠢的人"才会认为美国人太软弱、太话痨、太无能,以为他们的政治不过是"让敌人和朋友都无法看清的混沌之物"。

但是我研究了美国内战,他们拼尽全力战斗到最后一刻。美国人的血液流淌在我的身体里。我想起格雷30年前对我说的话,美国就像"一个巨大的锅炉,只要下面点着了火,它就会产生无限的能量"。

所以,"带着情绪和情感的满足,我爬上床,怀着被拯救者的感恩之情安然睡去"。[105]

在说格雷时代那把燃起的火时,世故的丘吉尔并没有提到这把火在战争胜利后就出乎意料被熄灭这件事。在等待了25年之后,一场比1917年更为严重的危机让这把火重燃,但这场新危机所需的手段与目标的协调远超威尔逊所及。所以,罗斯福要慢慢来,而丘吉尔只能等——英国要参与68个月的战争,而他要等待27个月。

罗斯福在等三件事。第一,军备重整至恢复鼎盛时的实力,以允许有选择性地支持精选的盟友;绝不承诺不参战,同时仍保留不参战的希望。第二,保证苏联的存在,将其作为大陆盟友,共同抵抗德国和日本两个更小外围国家所带来的更大威胁。斯大林因此前错误的选择而变得没有选择的余地,他将尽全力参与战争,保护美国和英国的民主体制。第三,罗斯福想要的是他自己的萨姆特堡,一个遭到袭击并能立刻让所有国内和平呼声偃旗息鼓的道德高地。最后他得到了两样东西:日本偷袭珍珠港和希特勒4天后宣战。

在后面的4年里,是罗斯福,而不是其他任何人,拯救了民主和资本主义。这种拯救不是每个地方和每个层面上的,但它足以保持两者稳定,如此那些在20世纪上半叶所遭受的挫折都在下半叶出现了逆转。罗斯福为世界两边的两次大战带去了几乎同时的胜利,而美国人的伤亡还不到这些战争总伤亡人数的2%。[106]凭借占世界1/2的制造能力、2/3的黄金储备、3/4的投资资本、最大的空军和海军,以及第一颗原子弹,他的国家于众国间脱颖而出。[107]可以确定的是,与魔鬼的契约无处不在,而战略和政治一样,从来不是纯洁的,但是,正如历史学家哈尔·布兰德和派翠克·波特所指出的,"如果这都不算是成功的大战略",那么"就没有什么算是了"。[108]

13

以赛亚·伯林在富兰克林·罗斯福去世10年后写道,这位总统是"一个英俊、迷人、快乐、非常聪明、非常讨喜、非常无畏的人"。他的批评家则说他有很多弱点。他们说他"无知、寡廉鲜耻、不负责任",并且"背叛了他的阶级"。他的身边围绕着"冒险家、狡猾的投机分子和阴谋家",他"以无情的方式对待生活和事业"。他做出了"相互矛盾的允诺,谋取私利,厚颜无耻"。他利用自己"令人无法抵抗的十足公众魅力"弥补自己的不负责任。"所有的这些都有人提及,且其中有些不乏客观公允",但是罗斯福有"罕见而鼓舞人心的补偿性特质"。

> 他慷慨正直,有宽阔的政治视野和丰富的想象力,他对所生活的时代以及20世纪各种强大新生力量的发展方向有着深刻的理解——从科技到种族,从帝国主义到反帝国主义;他热爱生命和运动,支持以最大可能实现人类最多的需求,却不喜欢小心翼翼、紧缩开支和无所作为。最重要的是,他是真正的无所畏惧。

正因如此,他有着自己国家或其他国家领导人都不常见的"对未来的毫无畏惧"。

威尔逊在巴黎、伦敦和罗马迎接自己战后胜利之时,也曾短暂地传递过这样的信息:"它消失得太快,只留下一种可怕的幻灭感。"他是那种拥有"明亮且连贯梦想"的领袖,因为"既不懂人也不懂事",所以能够"忽略大量发生在他以外的事情"。柔弱和优柔寡断的人可以因追随这样的人而获得"解脱、和平和力量",因为"对他们来说,所有的问题都很清晰,他们的世界完全由原色构成,大部分非黑即白;他们只盯住自己的目标,从不左顾右盼"。当然,"希特勒这种可怕的邪恶分子"也属于此类。

与之形成鲜明对比的是,罗斯福则配备了"最为细致的知觉,能够传递给他们……事物、情感以及人类活动不断变化的轮廓"。这一类政治家天生具有"吸收细微印象"的能力,他们和艺术家一般,从众多"稍纵即逝、不可捕捉的微小细节"中汲取他们想要的东西。

这类政治家知道需要为达成目标去做什么以及何时做,他们通常不是生于某个内在思想或内敛情感的私人世界,他们是一种高强度与清晰度的结晶和升华。大量追随他们的民众则以模糊、不可言说而持久的方式思考和感受着这一切。

这让领袖们可以向民众传达一种感受,即"他们理解民众的内心需求,他们能回应最深层次的冲动,而最为重要的是,他们能遵循本能探究的路线,单枪匹马地组织起这个世界"。伯林总结道,罗斯福以这种方式让美国人"比以前更加骄傲地做一个美国人。他提升了美国人在自己及世界其他人心目中的地位"。

因为他表明,"权力和秩序不是一种束缚……它们能够将个人自由这种松散的社会结构同不可或缺的最低限度的组织和权威相调和"。而对立的共存,正是"罗斯福的最伟大前任曾说过的'世间最后的美好希望'"。[109]

14

时间是 1940 年 5 月 26 日,地点是科罗拉多州特立尼达以外

第九章 最后的美好希望

位于古老圣菲贸易通道之上的一处地方。此时正是黄昏，太阳已经沉到山后。一辆车停在路边，里面有两个人在调收音机，一个人39岁，另一个人22岁，他们正在横穿美国。[110] 一些本地人走过来问他们能不能一起听：尽管他们的祖先曾经拥有眼前的一切，但在车里人的眼中，他们现在是"墨西哥人"。所有人都点着烟，熟悉的声音则划破寂静，"我的朋友们……"

这两个人中，一个是哈佛大学的英语讲师伯纳德·德沃托，他因走私而发家，后来尽管没能成为小说家，但很快就成为一名成功的历史学家。和他一起的是他的助手兼司机亚瑟·小施莱辛格。德沃托在犹他州长大，现在他正在重新认识美国西部，之后他将在1943年完成他的史诗《决定性的一年：1846》。在这个傍晚，和"墨西哥人"一样，他们在想着其他事情。

法国即将陷落，英国可能是下一个，正如小施莱辛格在几天后写的家书中所说，"我一直准备去生活的那个世界已经不在了"。第一次世界大战时在法国服役的德沃托则早已见识过这一切，"我们是战争的一代人，后来有人叫我们迷失的一代，我们是大萧条的一代，现在我们退回到了最初的状态"。两人都读过并讨论过发行在《哈泼斯杂志》6月刊上的一篇题为《进入原子力量》的文章（德沃托为这本杂志写专栏）。[111] 尽管这篇文章没有提到原子的军事应用，车里的人都不禁在想："一杯子的这个……能不能用来开坦克？"

然而，在他们横穿美国时，这个国家却十分让人安心。这里有2 000英里坚固的房子、保养得当的草坪、明艳的花朵，"防风林能阻挡时代的侵蚀,每一处都深深扎根于土地"。学校看起来比以前好多了。"习惯了和平"的人们非常友善。德沃托发誓,"我再也不会看不起广播了"。因为突然间,"除了燕麦和剃须膏广告,你得到了广播这种民主的工具"。这次不会再有人说"美国人不知道他们的目标是什么,或者为何而战"了。

罗斯福的这次谈话不是他最好的一个。到目前为止,关于重整军备的成绩数据太多了,而这些数据在美国参战后会出现指数级的增长。总统最想让美国人知道的是他们的安全不能仅仅来自海洋的隔离。新的"船只"技术(那种在水上和水下都能行驶的船只)已然让孤立变为不可能,但是在过境以内,国家会采取一切措施保证安全。

> 三个多世纪以来,我们美国人已经在这片大陆上建立了一个自由的社会,一个人类精神的希望会得到实现的社会……我们已经很好地实现了它。[112]

当他结束谈话时,车里烟雾缭绕,一片静谧。之后一个"墨西哥人"说:"我觉得或许美国现在宣战有些太早了。""我觉得有可能。"德沃托说。然后"我们挥挥手说再见,继续驶向特立尼达"。

第十章 以赛亚

"我讨厌任何类型的中断,"以赛亚·伯林在1936年致信他的朋友、小说家和诗人斯蒂芬·斯彭德,"这只是用另一种方式委婉表达:我做事启动缓慢,不喜欢被改弦易辙……因此,我热情地捍卫所有的小型社会和固定的学科等,这只会合理化我对自己期望中的子宫(一个有观点的子宫、一个属于自己的子宫等)的热爱。"[1]三年后战争爆发时,连伯林所在的牛津大学校园对他来说都显出幽闭恐惧。因出生时胳膊受伤而无法服兵役,又因拉脱维亚和俄罗斯血统而被排除在情报工作之外,他在法国沦陷后承认"私人世界在许多地方已经破裂,我非常希望以某种方式助力这一伟大的历史进程"。[2]

这封信到了玛丽昂·法兰克福特手中,她的丈夫费利克斯曾经是哈佛法学院教授,如今则是富兰克林·D. 罗斯福的亲密顾问,罗斯福最近任命他为美国最高法院法官:伯林因法兰克福特夫妇曾经在牛津待过一年而得以与其相识。[3]伯林习惯于扎根在一个地方(也许是碍于他的财务状况),所以截至当时一直没有见识过美国。当32岁的他在1940年夏天最终到达那里时,就像哥伦布一样,经历了险恶的航程和错误的登陆。

然而，另一位熟人、外交部的盖伊·伯吉斯声称已经帮伯林谋得一份英国驻莫斯科大使馆的工作。伯林精通俄语，急于找到用武之地，便抓住了这次机会，到7月中旬时，两人坐上了一艘船，在大西洋上曲折前行，以避开前往魁北克的德国潜艇：在纽约短暂停留后，他们计划通过日本和西伯利亚前行。但伯吉斯并不可靠（当时就被称为酒鬼，后来则被曝光为苏联间谍[4]），并未就伯林的职位获得英国驻苏联大使斯塔福德·克里普斯爵士的首肯。当被告知他们正在路上时，他拒绝接见他们。伯吉斯的上级命令他返回伦敦，让"不是国王陛下政府雇员"的伯林滞留在美国，随性去做"他认为最好的事情"。[5]

"我显然需要给自己创造一份工作，"他写信给一位朋友说，"不得不说，在这方面我太糟糕了。"[6] 所以，他开始诉诸关系网，这是他非常擅长的事情。他从法兰克福特一家开始，在那里他以三寸不烂之舌让一位客人——神学家莱因霍尔德·尼布尔写信给克里普斯，请他改变主意。伯林随后通过牛津大学的朋友的关系在华盛顿找到了落脚之地，并很快通过语言的力量得以和苏联大使共进午餐。他问东道主：为什么斯大林最近要吞并拉脱维亚？那是对波罗的海诸国的"新政"，这位高官嘟哝着，并给伯林签发了签证。[7] 结果证明他不需要这签证，因为克里普斯没有让步，更因为伯林此前没有考虑过的一份工作找上门来。

"我们未曾谋面，甚至从未耳闻以赛亚的名字，"英国大使馆的工作人员约翰·惠勒-本内特后来承认，"但是当我们坐在花园

第十章 以赛亚

露台上喝着手中的酒水时,我立即为他的聪明才智和个人魅力所倾倒。"尽管只在美国待了几天,但伯林展现出的是一种"对这个国家相知一生"的感觉。

> 他似乎永远不会停止说话,但从未让我们感到厌烦,即使我们有时要理解他有些费力……他才华横溢,但我们没有一个人听他说话会感觉受到压迫或者被冷落。以赛亚身上最宝贵的特征之一,是他能够唤起别人身上的天赋……给他们的印象是,他们真的比自己所认为的更加睿智和诙谐。

在敦刻尔克之后,新首相已复活了一个旧预言——"在上帝的美好时光里,新世界充满力量和威势",并将寻求"拯救和解放旧世界",[8] 得知这一切后,惠勒-本内特和他的同事商议决定让伯林与他们一起留在大洋的这一边:对他们来说,他是他们"祈祷的回应"。[9]

他们决定,他的工作是向"旧世界"解释"新世界"。珍珠港被偷袭时,伯林正在准备"每周政治摘要",每一条长数百字,重点是但又不限于发生在华盛顿的事情。这些机密报告以外交邮包的形式或(若有必要)通过电报发回伦敦,填补了绝密通信和公开新闻之间的空白。[10] 他们提供了急需的背景,同时充分发挥了伯林的社交才能。他现在可以凭良心且以为胜利做贡献的名义去参加他喜欢的无数社交聚会。

1

"我们必须……始终基于这样的假设,即美国人对我们而言是外国人,我们对他们而言也是如此。"伯林在1942年早些时候的第一份报告中写道。尽管英国政治当时已经停滞(在1935—1945年没有举行大选),而美国"在很大程度上仍然一如既往"。罗斯福仍然指派多人从事类似的工作。国会像往常一样忙着互投赞成票。地方事务和对机器的忠诚度对选举的影响,至少与外面的世界接近:即使在珍珠港事件之后,曾经身为孤立主义者也谈不上耻辱,因为"半数的选民都是如此,甚至更糟,而另一半甚至对孤立主义闻所未闻"。[11]

同时,"这块大陆上富有成效的努力,仍然在聚集力量,速度和效果可以从美国人民自身的力量感觉到"。一些人现在认为,"卷入一场战争可能是运气不好,卷入两场则看起来像是制度出了问题"。但是,如何修复制度则尚不清楚。美国人是否会追随他们那位"乡村养育的自由主义改革者",比如他们的副总统亨利·A.华莱士那样的人,朝向一个全球化的新政,不受国界、国籍、种族、阶层等限制?或者他们会接受出版商亨利·卢斯的"经济帝国主义",宣称这个世纪"属于美国"?无论哪种方式,罗斯福都将"以比威尔逊先生更强大的政治技巧和没那么引人注目的道德力量"引领美国。[12]

尤其是因为他不像威尔逊那样还得对付苏联。"斯大林很可能成为即将到来的和平时代的魔鬼，"伯林报道，"但美国认为自己与苏联打交道足够应付裕如。"当然，它会试图避免极端状况的发生：苏联人"抢先在欧洲所向披靡，并在各地建立共产主义政权"，或者"止步于自己的边界，与德国人和平相处"。无论上述任一结果，或者他们达成妥协，都难以避免"一众小国被苏联人的予取予求压得喘不过气来"。[13]

因此，胜利的代价就是正义不彰，因为彰显正义的代价就是无法获得胜利。伯林以令人不寒而栗的小道消息证实了这一点。

> 据传，希腊大使表示，他在接受总统的上一次会见时，总统告知他，美国政府不会对苏联吞并波罗的海国家大惊小怪……希腊大使随后询问了如何对待波兰。据我们的线人说，总统做了一个故作绝望的姿态，说他对波兰问题已经彻底厌倦了，并且非常明确地告诉波兰大使，亲自警告他波兰持续不稳会带来何种后果。
>
> 公众的情绪，在媒体上，以及在年轻的"强硬派"华盛顿官员或其他官员的言谈中，都得到了清晰可辨的呈现……作为一个正在崛起的大陆强国，苏联所做的事乃是唯一明智的事情，美国的资源使它能够采取同样的行动，并且在艰难和不感情用事的前提下，两国将能够在经过一些艰苦的博弈之后达成共识，而无须以英国或任何其他"老"牌强国作为中间人，这些"老"牌强国的好日子早就一去不返了。他们

并不否认……威尔逊的理想主义已经是明日黄花，但既然苏联人希望如此，这可能是世界不可避免的走向，继续以理想的名义在苏联人面前挥舞着警告标志，无异于一种愚蠢和多余的行为。美国人深知，要贯彻这种理想主义，没有武力支撑是不可能的。

据说州长艾尔弗·兰登（1936年竞选失利的共和党总统候选人）最近打电话给（国务卿）科德尔·赫尔，询问为什么在（1943年10月的）莫斯科会议上没有促成对波兰的保障。据传赫尔曾建议（兰登）自己前往莫斯科，并以伟大的中西部的名义向斯大林大元帅为波兰人的事业做出辩护。兰登问赫尔是否真的认为这样能拯救波兰人。赫尔恳求他万勿忘记取得共和党的具体承诺，如果苏联人被证明冥顽不灵，将立即为正派的波兰人向苏联开战，同时也要争取到美国陆军和海军在开战时向他们提供援助的明确承诺。兰登一开始把赫尔的话当了真，后来据说被这一番嘲讽伤得不轻，只能在堪萨斯生闷气。[14]

为了避免他的报道太令人沮丧，伯林尽其所能地描述得轻松一些。

有人听到一位离开华盛顿（生日）晚宴的民主党人说，在林肯生日那天，他（罗斯福）视自己为林肯。今天他认为自己是华盛顿。圣诞节那天他会把自己当成谁？

罗伯特·麦考密克（孤立主义者、《芝加哥论坛报》出版人）上校……打算（敦促）澳大利亚、新西兰、加拿大、苏格兰、威尔士等国加入美国。此活动的娱乐价值应该相当可观，因为我们确信上校毫无说笑的意思。

（华莱士）想要连任副总统（1944年）的愿望如此强烈，在美国历史上也是独一无二的：根据观察者的想法不同，对这种奇怪的景象或感到苦恼，或感到愉悦。

（加利福尼亚州）参议员海勒姆·约翰逊在一些较为温和的议题上得到了（佐治亚州）参议员沃尔特·乔治拐弯抹角的支持，后者操着一口佐治亚州英语。

（罗斯福）举重若轻的做法，往往是一种摆脱困境的途径，有时似乎对他自己追随者的热诚施加了太大的压力。[15]

对伯林的伦敦读者来说，他的举重若轻让人感到轻松，即便只是暂时的，也可以让他们摆脱那些由拯救与解放构成的阴暗现实。

一位读者出于感激而引发了这场战争中最著名的混淆身份的案例。1944年2月9日，丘吉尔邀请每周政治摘要"I. Berlin"（以赛亚·伯林）的作者去唐宁街10号吃午餐。首相发现自己坐在那里，倍感困惑，旁边是一位同样困惑的客人——《白色圣诞节》的作曲者①。故事传播开来，他的传记作者迈克尔·伊格纳季耶夫说，这让以赛亚·伯林"误打误撞地成了一个小名人"。[16]

2

伯林的总括式文字使他从牛津大学的狭隘谈话中崛起，闯入了一个宽广的空间——正进行一场全面战争的广阔的共和国，他如猎鹰般的视野和口若悬河的口才促成了这一飞跃。"谁会想得到，"他在给父母的信中写道，"我会热衷于美国政治？"也许美国就是更大规模的牛津大学：在两者中，制度的含义都要轻于个人关系，"其模式……当然，总是令我着迷"。无论如何解释，伯林记忆中在华盛顿的岁月都是"最后的绿洲……在那之后，青年时代就此逝去，平凡的生活揭开幕布"。[17]

"他终于在1945年9月到达莫斯科，这次行程获得了外交部的批准：外交部希望，如伯林告诉朋友们的，他发回"确凿无疑"的报告。这将"长久指导英国的政策"。[18]但他发现自己无法像在美国那样发挥作用。秘密警察到处对他盯梢，限制他的行动，监视他和谁谈了话，有时甚至突然现身，刺探他的想法。他熟练掌握俄语这一事实，只是强化了他们的疑虑。[19]

当时的伯林有生以来第一次三缄其口。他能理解人们在说什

---

① 《白色圣诞节》的作曲者和伯林的姓名缩写均为"I. Berlin"。——译者注

第十章 以赛亚

么,但不敢和他们说话,因为害怕让他们陷入困境。亲戚们也只能偷偷告诉他在过去10年的清洗和战争中承受过什么。本应作为当代俄罗斯文化化身的诗人、剧作家、艺术家、电影制作人和小说家,就像刚从鲸肚子里爬出来的约拿:面色苍白、神情疲惫,如同行尸走肉一般。[20]原本无罪的耳语,已成一种致命的武器。活着本身就已经赚到了。

沉默在斯大林时代的苏联(可以预见的是,对一个很少沉默的人来说)对伯林的影响至少和在美国感受到的嘈杂一样强烈。许久没有听到关于安娜·阿赫玛托娃的消息了,于是在11月的一个下午,他信步来到列宁格勒的一家书店,捧起一本她的诗集,然后随意地问她是否还健在。有人告诉他,她不仅活着,而且就住在附近:想和她见面吗?他当然想,所以打了一个电话,受到了她的邀请,他们彻夜长谈,直到第二天早上。[21]他将记住这段他生命中最重要的经历。[22]

阿赫玛托娃在西方被看作革命前的诗人,自1925年以来一直未被允许出版过重要著作。她的第一任丈夫在列宁时代被处决,她的第二任丈夫和他们的儿子在古拉格度过许多年月,她能在列宁格勒被围攻时幸存下来,只是因为斯大林不想让她饿死。现在则由于斯大林下令进行疏散,她得以独自一人住在一间没有楼梯的公寓的单人房间里,认为她还有机会崭露头角,简直是毫无理性的判断。

伯林发现她蔑视一切,外表和行动都"像一个悲剧女王"。她承认，自第一次世界大战之后，她除了伯林外只见过一个外国人。伯林比她年轻20岁，勉力地满足她的好奇心，并设法避免透露他并未读过她的诗。在彼此眼中，对方都来自一个遥不可及的世界：他来自欧洲，而她与欧洲的联系已被切断；她来自苏联，而他小时候不得不离开苏联。多年后回忆，他认为自己当时的听闻"超越了任何人用口语对我所描述的任何事情"。[23] 她在一首诗中写下了关于他的诗句，流传到未来。

> 他不会成为我心爱的丈夫，
> 但我们所取得的成就，我和他，
> 将会在20世纪留下印迹。[24]

关于那个晚上，马基雅维利可能会说，他们正在描绘草图：对于那些他们无暇获知的事情，至少探寻到它们的轮廓。克劳塞维茨可能会从中注意到"瞥视"——用"心灵的眼睛"来获取通常需要长时间反思才可触及的真理。只有托尔斯泰才能描写出诸多生命围绕一个点运转的情境：就像在塔鲁季诺发现的真实而非想象出来的野兔。

对阿赫玛托娃来说，那一晚确定了另一个遭到孤立的命运，房间里那个谁也看不见的角色就是斯大林本人，他的耳目令其无所不知。对伯林来说，那晚的经历颠覆了他以前看待即将到来的冷战的道德平等视角：两个大国在做大国们一直在做的事情。美国和苏联不同,他现在已经能看清了,这种分歧不仅在于地理位置、历史、文化和实力,而且若批判性地看待,两者的社会生态都是不同的:一个在嘈杂声中茁壮成长,另一个消除一切杂音。

3

1946年11月,伯林写信给一位朋友:"(在苏联)发生的丑恶与令人厌恶的一切……令人唏嘘,诗人和音乐家受到日复一日的羞辱,在某种程度上比直接刺伤他们更可怕。"[25]苏联艺术家是不是从未摆脱过专制主义的折磨?是的,他后来承认,但是在试图压制创造力的过程中,沙皇让这种创造力得以聚焦:在他们的统治下,苏联变成了一个思想的温室,这些思想"受到了更为认真的对待,并且在那里发挥了比在其他任何地方更大也更奇特的作用"。[26]他所知道的历史与他所看到的当下之间的对比在他的脑中萦绕不去,伯林开始将19世纪的俄国"与现代世界相勾连,并与整个人类的一般状况联系起来"。[27]

这种联系就是20世纪的马克思主义,也是俄国革命者和马克思自己的遗产。批判性判断的传统方法,无论是否有洞见,至少在一些情况下,是根据其优点而不是先入之见来评估的:"即便是有事实根据的发现,也无法改变现状。"伯林不久就将自己论点的涵盖范围扩充,将法西斯主义包括在内,这种"神秘爱国主义"的"高潮和破产"激起了欧洲19世纪民族主义者的怒火。这导致了他所在时代的两次大破坏（第二次世界大战和冷战），这是"极权主义"决心采取"思想和论证之外的方法"消灭矛盾所造成的后果。[28]

理性主义者长期以来一直认为矛盾自身就内含着它们自己的解决途径。保守派则在时间的流逝中寻找答案——时间通过将它们嵌入新的环境削弱陈旧的争议：俾斯麦和索尔兹伯里体现了这一传统。自由主义者在对立双方共识的制度结构中寻找解决方法：威尔逊的"十四点原则"和平建议就是这一方向上的尝试。两者都有这样的信念（太明显以至无法清楚地意识到）：这些问题可以通过"有意识地运用所有具有足够智力的人所能理解的真理解决"。[29]

但是，如果时间流逝得太慢怎么办呢？如果"真理"并不存在怎么办呢？如果上述问题都存在，却根本无法察觉怎么办呢？19世纪俄国的激进分子就是利用上述颠覆式的观点令20世纪受累不堪："只要是革命所需要"，那么"一切（民主、自由、个人的权利）都必须为其牺牲"。

因此，正如伯林在1953年关于马基雅维利的讲座中所说，"极大的恶""凝固了普通人的血液"。这样的"能力"来自哪里？来自马克思全心全意贡献出来的东西——一种历史理论，这种理论给那些了解这种理论的人以自信，永远不会害怕未来。[30]

4

不过，这也是伯林在1955年会评点富兰克林·罗斯福的话——没有丝毫暗示，这位已故总统甚至可能瞥了一眼斯大林的《苏联共产党（布尔什维克）历史简明教程》（1938年出版）中关于"辩证唯物史观"的章节。罗斯福不是俾斯麦式保守派，也不是威尔逊那样的自由主义者，更不是马克思列宁主义者或纳粹分子。然而，他对自己是什么样非常确定。

> 一个沮丧的世界似乎被两类人占据：邪恶和致命高效的狂热分子，正在肆无忌惮地摧毁一切；迷茫中横冲直撞的人群，在自己不明就里的事业中热情不足的殉道者，这种人相信自己的能力，只要他掌控局势，就能遏制住这种可怕的潮流。

在伯林看来，这使罗斯福成为"民主制度最伟大的领导者、20世纪社会进步最伟大的支持者"。[31] 那么，他的自信源自何处呢？

并不是说我确信无疑，以任何类似波洛涅斯的方式寻找流动云彩的恒定形状，但也不是通过调和或消除矛盾：罗斯福既过于愤世嫉俗又过于人性化，所以无法追寻任何一种可能性。然而，或许他是那些"学会生存"的领袖之一，正如伯林所说，有着马基雅维利的风格,"在公开场合和私人生活中保有互不相容的多种选择"。[32] "我是一个玩杂耍的人,"罗斯福在1942年亲口承认,"从不让我的右手知道左手要做什么。"[33]

总统顾问们认为这种说法令人沮丧,甚至有些轻浮,自那以后一些历史学家也表达了相同的看法。[34] 但要更近地考察这个比喻:如果没有脑袋指挥两者,如何让一只手不知道另一只在做什么?"我可以言不由衷,"罗斯福继续解释说,"只要这样做能帮助赢得战争。"[35] 那么,大战略的一致性不是逻辑问题而是权衡问题:对下属来说没有任何意义的事情,对他来说可能意义重大。与任何人相比,他都更能看清两件事之间的联系——与此同时不会与任何人分享这一卓见。相反,尽管他在美国历史上在总统职位上停留最久,并且在他生命最后1/3的时光,他已经无法独立控制自己的四肢,但在周围人眼中仍然显得游刃有余。[36]

1933年3月8日的下午晚些时候,一辆豪华轿车停在乔治城的居所前面。最近就职的美国总统被左右抬出车,坐在轮椅上推了进去,并乘电梯到图书馆。近期退休的美国最高法院法官奥利弗·温德尔·霍姆斯正在他的卧室里小憩,因那天早些时候庆祝他的92岁生日聚会而劳累。但费利克斯·法兰克福特(此时尚未与以赛亚·伯林结识)为他安排了一个惊喜。"不要犯傻了,小伙子,"霍姆斯对这位吵醒自己的职员嗤之以鼻,"他不会召见我的。"然而,总统在图书馆里耐心等待。因此,这位于南北战争时期在林肯麾下三次挂彩的老兵,打起精神前往拜见林肯的这位最新继任者。接下来的谈话虽然友好，但是无甚可取之处。然而，在罗斯福离开后，霍姆斯的一句评论则被人记住了："智力不过二等，却有一流的气质！"[37]

5

"任何复杂的活动，"克劳塞维茨写道，"要以任何程度的精湛水准继续下去，就需要具备智力和气质的适当天赋。如果这两方面出类拔萃，并通过卓越的成就展现出来，则它们的拥有者就被称为'天才'。"[38]我对此的理解是，这意味着要不断调整"智力"（设定路径，以适应"气质"），这决定着探索的手段。正如没有政治是纯洁的一样，同样没有什么"大战略"不会受到不可预见的影响。

你何曾看到过不拿长杆的走钢丝者？这是因为它们是稳定器，它们的存在和往前移动的脚步，对到达目的地来说同样至关重要。然而，长杆起作用是通过感觉而非思考：专注于它们会带来跌落的风险。我认为，气质在战略中的作用也是相似的。它不是指南针——智力承担这一功能，但它是一个陀螺仪：一个内心的听觉器官，一如克劳塞维茨所说的"内心的视力"。就像走钢丝时用的长杆一样，气质决定了是跌落还是会安全地走到对面。

当阿尔达班无法克服他的恐惧时，薛西斯一世无法控制他的野心：两者以不同的方式屈服于不节制。伯里克利只是通过一次演说就从宽容转向压迫，雅典人很快就跟上了他的脚步。屋大维通过学会自我控制崛起，安东尼因忘记它而覆灭。奥古斯丁和马基雅维利为后世留下了软的一手和硬的一手，腓力二世和伊丽莎白一世借鉴之，从而塑造了不同的新世界。拿破仑因未能将愿望和能力匹配而失去了他的帝国；林肯则相反，他拯救了他的国家。建设者威尔逊让他那一代人失望，罗斯福变着戏法超越了他那一代人的期望。借用里根关于寻找小马驹的故事，[39]可以说，这里的某个地方肯定藏着一个模式。

也许它就藏身于菲利普·泰洛克的建议中，即通过结合伯林笔下动物的习惯，我们才作为一个物种幸存下来：狐狸更容易适应快速的变迁，但刺猬在稳定的时代里能茁壮成长。[40]这使菲茨杰拉德的"一流智慧"延伸到在行为和思想上都保有对立观念。这又回到泰洛克视"良好判断"为"平衡行为"的观点，需要"重新思考核心假定"，同时"保留我们既有的世界观"。[41]或者，简单来说，将常识应用于所有的高度上。

6

然而，这就要设想存在一条道德上高度均等的钢丝，从任何一端坠下的后果都同样不幸。到20世纪50年代初，伯林已意识到政治具有对立性，其两端对自由概念的阐释并不对等。[42]

一端可提供一种自由，无须通过让自己屈服于一个更高的权威，无论是集体、政党、国家、意识形态还是一种理论，就可以

第十章 以赛亚

自由地做出选择；另一端保留了做出这种选择的自由。伯林称第一端为"积极自由"，但这并非一味的溢美之词：这种自由若达到极端状态，将导向暴政——通过迫使其沉默消除矛盾。另一端是"消极自由"，它哺育矛盾，甚至是喧嚣：它不提供指针，可能促生游离、狭隘主义，最终导向无政府状态。

在本书中，积极自由所指便是试图驱策狐狸的刺猬：晚年的伯里克利、尤利乌斯·恺撒、奥古斯丁、腓力二世、乔治三世、拿破仑、威尔逊和20世纪的其他极权主义者，他们都一清二楚地知道世界如何运转，所以更倾向于改变时势而不是顺应时势。变易时势，则其间的人民所被授予的自由介于（从最好处着眼）理想幻灭或财产被剥夺和（从最坏处着眼）受奴役或被灭绝之间。

消极自由一直以来就是接受指南针引领的狐狸：年轻时的伯里克利、屋大维·恺撒、马基雅维利、伊丽莎白一世、美国国父们、林肯、索尔兹伯里，尤其是罗斯福。他们都谦逊有加，知道未来的不确定性，从而有做出相应调整的灵活性，以及接受甚至让矛盾为我所用的聪明才智。他们尊重时势，精心做出抉择，并在做出决定后对其细加斟酌。

两种自由都需要穿越，如同走钢丝或船穿过桥下一样——穿越便必然有风险。积极自由声称已经降低了风险或者至少推迟了风险：不管用哪种方式，穿越之后到达的新世界就是福地。消极自由没有提出这样的主张：它承认局限，降低期望，并且在寻求可实现的目标方面倾向于采用经验证的手段。积极自由不需要超越理论所提供的证据,因为如果目标是相容的,手段自会与其水乳交融。消极自由既不要求相容也不要求融合,而是看重经验,接纳对理论的修正。

这呼唤着伯林所谓的"多元主义"[43]:确定地认识到持续存在的邪恶(奥古斯丁可能称之为人类堕落的状态),也要认识到可以通过平衡它们产生善(马基雅维利可能会称之为人的状态)。即便我们没有如伯林所说辛辛苦苦地与这些矛盾生活在一起,它们也"从未让人们消停过"。[44]

7

日期是 1962 年 2 月 16 日,地点在日惹的印度尼西亚大学。美国司法部部长罗伯特·肯尼迪正在回答学生关于墨西哥战争的问题:"得克萨斯州的一些人可能不同意,但我认为我们没有道理。我认为我们没有理由为这段经历感到骄傲。"得克萨斯州的许多人确实不同意,达到这样的程度,以至肯尼迪不得不向他的兄长承诺,他将与时任美国副总统一起澄清未来关于该州的所有言论。[45] 几个月后,作为得克萨斯大学奥斯汀分校的一年级研究生,我观看了耶鲁外交史学家塞缪尔·弗莱格·比密斯的讲座录像,他对过去与现在的关系有着清晰的认识。比密斯禁不住评论肯尼迪的言论,开始时言语温和,结束时则令人难忘:"你会愿意把一切都还回去吗?"

嗯，当然不，如果我们对自己保持诚实，我们大多数人都不会同意这么做，即便在这个更看重政治正确的时代。在这种情况下，顺应正义的主张，不仅会扰乱现在和未来，而且还会扰乱过去：墨西哥人需要把这一切全都还给西班牙人，然后西班牙人又需要将其归还给被其灭绝的土著民族，而土著民族则又需要将其归还给那些动植物，在他们几千年前从西伯利亚来到这里后，这些生物就已经靠边站。这个论点是荒谬的，但这只是因为它拒绝认可任何矛盾在时间或空间上的共存：它从而证实了伯林的说法，即并非所有值得称赞的事物都可能同时存在。要学会生活在这种状况（且称之为历史）下适应不相容的东西。

这就是大战略起作用的地方。"在所有公平交易中，"伯克在1775年提醒他的议会同人，"购买的东西必须在一定比例上物有所值。"[46] 这个比例就源于大战略：潜在无限的期望与必然有限的能力保持一致。公平问题呢？我会说调整这一致性以达到自由，或者用伯林的话来说，向"消极"自由的方向发展。

这就是克劳塞维茨所谓的让"战争"服从于"政策"，因为失控的暴力能带来什么自由呢？这也正是奥古斯丁所寻求的，让战争变得"正义"。这也正是孙子令人意外地温和地表达的："怒可以复喜，愠可以复悦，亡国不可以复存，死者不可以复生。"[47]

无论我们生存于何种"当下"，生与死之间的矛盾在我们的思想或精神上最不可轻忽。所有走在那根钢丝的任何一端者（或者说，几乎所有人）都值得尊敬。

注　释

序　言

1. For Naval War College Strategy and Policy curricula, see www.usnwc.edu/Faculty-and-Departments/Academic-Departments/Strategy-and-Policy-Department. For the Yale course, www.grandstrategy.yale.edu/ background; also Linda Kulman, *Teaching Common Sense: The Grand Strategy Program at Yale University* (Westport, Connecticut: Prospecta Press, 2016).
2. Some readers may worry that I've forgotten the Cold War. Not at all—it's just that I've said enough already on that subject. See, most recently, the revised edition of my *Strategies of Containment* (New York: Oxford University Press, 2005), and my article on "Grand Strategies in the Cold War," in Melvyn P. Leffler and Odd Arne Westad, *The Cambridge History of the Cold War* (New York: Cambridge University Press, 2010), vol. 2, pp. 1–21.
3. Special thanks to Anthony Kronman, the former dean of the Yale Law School, for suggesting the relevance of these to grand strategy.

第一章

1. Herodotus, *The History,* Book VII:1–56. I've used David Grene's translation

(Chicago: University of Chicago Press, 1987), pp. 466–90. For a recent appreciation of Herodotus, see Robert D. Kaplan, "A Historian for Our Time," *The Atlantic,* January/February 2007.

2. Michael Ignatieff, *Isaiah Berlin: A Life* (New York: Metropolitan Books, 1998), p. 173. See also Ramin Jahanbegloo, *Conversations with Isaiah Berlin,* second edition (London: Halban, 1992), pp. 188–89, and Isaiah Berlin, *Enlightening: Letters, 1946–1960,* edited by Henry Hardy and Jennifer Holmes (London: Chatto and Windus, 2009), p. 31n. The inspiration could also have come from C. M. Bowra, "The Fox and the Hedgehog," *The Classical Quarterly 34* (January–April 1940), 26–29.

3. Stephen Jay Gould's last book, *The Hedgehog, the Fox, and the Magister's Pox: Mending the Gap Between Science and the Humanities* (Cambridge, Massachusetts: Harvard University Press, 2011), pp. 1–8, has a brief history of the aphorism.

4. Isaiah Berlin, *The Hedgehog and the Fox,* edited by Henry Hardy (Princeton: Princeton University Press, 2013), p. 91. I've also drawn on an essay by a former student, Joseph Carlsmith, "The Bed, the Map, and the Butterfly: Isaiah Berlin's Grand Strategy of Grand Strategy," prepared for the 2011 Yale "Studies in Grand Strategy" seminar.

5. Isaiah Berlin, "The Hedgehog and the Fox: An Essay on Tolstoy's View of History," in his *The Proper Study of Mankind: An Anthology of Essays*, edited by Henry Hardy and Roger Hausheer (New York: Farrar, Straus and Giroux, 1998), pp. 436–37, 498.

6. A. N. Wilson, *Tolstoy: A Biography* (New York: Norton, 1988), pp. 506–17.

7. Berlin, *The Hedgehog and the Fox*, pp. xv–xvi.

8. Herodotus, I:12, p. 38.

9. *Ibid.*, VII:8, 10, pp. 469, 472. See also Tom Holland, *Persian Fire: The First World Empire and the Battle for the West* (New York: Doubleday, 2005), p. 238.

10. Herodotus, VII:8, 22–24, pp. 469, 478–79; Holland, *Persian Fire*, pp. 212–14.

11. For more on the Achilles-Odysseus distinction in strategy, see Lawrence Freedman, *Strategy: A History* (New York: Oxford University Press, 2013), p. 22.

12 Not literally, of course. If born by then, Herodotus would have been a mere tyke.
13 Philip E. Tetlock, *Expert Political Judgment: How Good Is It? How Can We Know?* (Princeton: Princeton University Press, 2005), especially pp. xi, 73–75, 118, 128–29. For a popularization of Tetlock's findings, see Dan Gardner, *Future Babble: Why Expert Predictions Are Next to Worthless, and You Can Do Better* (New York: Dutton, 2011). Tetlock and Gardner have collaborated, in turn, on an update, *Superforecasting: The Art and Science of Prediction* (New York: Crown, 2015).
14 Herodotus, VII:101, 108–26, pp. 502, 505–10.
15 John R. Hale, *Lords of the Sea: The Epic Story of the Athenian Navy and the Birth of Democracy* (New York: Penguin, 2009), pp. 36–39, 55–74; also Barry Strauss, *The Battle of Salamis: The Naval Encounter That Saved Greece—and Western Civilization* (New York: Simon and Schuster, 2005).
16 Aeschylus, The Persians, lines 819–20, Seth G. Benardete translation (Chicago: University of Chicago Press, 1956), p. 77. For Themistocles' rumor, see Plutarch, *Lives of the Noble Grecians and Romans*, translated by John Dryden (New York: Modern Library, no date), p. 144.
17 Victor Parker, "Herodotus' Use of Aeschylus' Persae as a Source for the Battle of Salamis," *Symbolae Osloenses: Norwegian Journal of Greek and Latin Studies* 82:1, 2–29.
18 Herodotus, VII:8, p. 469.
19 A point linked to more recent examples in Victor Davis Hanson, *The Savior Generals: How Five Great Commanders Saved Wars That Were Lost—from Ancient Greece to Iraq* (New York: Bloomsbury Press, 2013), p. 11.
20 Herodotus, VII:38–39, pp. 483–84.
21 F. Scott Fitzgerald, "The Crack-Up," *Esquire,* February 1936.
22 Jeffrey Meyers, *Scott Fitzgerald: A Biography* (New York: HarperCollins, 1994), pp. 261–65, 332–36.
23 My Yale colleague Charles Hill, often Delphic himself, is fond of quoting the aphorism in seminars without explaining it to puzzled students.
24 This is a simplified summary of three great Berlin essays, "Two Concepts of

Liberty" (1958), "The Originality of Machiavelli" (1972), and "The Pursuit of the Ideal" (1988). All are in *The Proper Study of Mankind,* where I've relied particularly on pp. 10–11, 239, 294, and 302. The Halloween kid, however, is my own formulation.

25 Jahanbegloo, *Conversations with Isaiah Berlin,* pp. 188–89. See also Berlin, *The Hedgehog and the Fox,* p. 101, quoting an interview with Michael Ignatieff.

26 Or, as Berlin once put it, on Procrustean beds. Carlsmith develops this point in "The Bed, the Map, and the Butterfly."

27 See Anthony Lane's review, "House Divided," in *The New Yorker,* November 19, 2012.

28 IMDb, *Lincoln* (2012), at www.imdb.com/title/tt0443272/quotes.

29 Tolstoy's tribute concludes the final volume of Michael Burlingame's *Abraham Lincoln: A Life* (Baltimore: Johns Hopkins University Press, 2008), p. 834.

30 I've borrowed elements of this and the previous paragraph from my article "War, Peace, and Everything: Thoughts on Tolstoy," *Cliodynamics: The Journal of Theoretical and Mathematical History* 2 (2011), 40–51.

31 Berlin, "The Hedgehog and the Fox," in *The Proper Study of Mankind,* p. 444.

32 Tetlock, *Expert Political Judgment,* pp. 214–15; Daniel Kahneman, *Thinking, Fast and Slow* (New York: Farrar, Straus and Giroux, 2011), especially pp. 20–21. For Kahneman on Tetlock, see pp. 218–20.

33 Most famously in the 2002 film *Spider-Man,* but the quote has appeared in various forms in the franchise's other movies and comics. Strangely, a close approximation would have shown up in Franklin D. Roosevelt's Jefferson Day dinner address on April 13, 1945, had he lived to deliver it (www.presidency.ucsb.edu/ws/? pid=16602).

34 Homer, *The Iliad,* translated by Robert Fagles (New York: Penguin, 1990), p. 371. Homer, of course, recorded by remembering, since the Greeks of his age had forgotten how to write.

35 I owe this suggestion to my former student Christopher R. Howell, who advances it in "The Story of Grand Strategy: The History of an Idea and the Source of Its Confusion," a 2013 Yale Senior Essay in Humanities, p. 2. See also

Freedman, *Strategy,* pp. 3–7.

36 For what he read, see Richard Carwardine, *Lincoln: A Life of Purpose and Power* (New York: Random House, 2006), pp. 4–10; also Fred Kaplan, *Lincoln: The Biography of a Writer* (New York: HarperCollins, 2008). The only other comparably self-educated presidents appear to have been Zachary Taylor and Andrew Johnson.

37 Henry Kissinger, *White House Years* (Boston: Little, Brown, 1979), p. 54.

38 See Michael Billig, *Learn to Write Badly: How to Succeed in the Social Sciences* (New York: Cambridge University Press, 2013). I gave further attention to the relationship between history and theory in *The Landscape of History: How Historians Map the Past* (New York: Oxford University Press, 2002). James C. Scott discusses the distinction between universal and local knowledge in his *Seeing Like a State: How Certain Schemes to Improve the Human Condition Have Failed* (New Haven: Yale University Press, 1998).

39 Niccolò Machiavelli, *The Prince,* translated by Harvey C. Mansfield, second edition (Chicago: University of Chicago Press, 1998), pp. 3–4.

40 The standard edition is Carl von Clausewitz, *On War,* edited and translated by Michael Howard and Peter Paret (Princeton: Princeton University Press, 1976).

41 Donald Rumsfeld, *Known and Unknown: A Memoir* (New York: Penguin, 2011), especially pp. xiii–xiv.

42 For the history of this famous misquotation, see Elizabeth Longford, *Wellington* (London: Abacus, 2001), pp. 16–17.

―――― 第二章 ――――

1 Victor Davis Hanson, *A War Like No Other: How the Athenians and Spartans Fought the Peloponnesian War* (New York: Random House, 2005), p. 66.

2   My description of the Athenian walls comes chiefly from Thucydides, for whom I have used Robert B. Strassler, ed., *The Landmark Thucydides: A Comprehensive Guide to the Peloponnesian War,* a revised version of the Richard Crawley translation (New York: Simon and Schuster, 1996), 1:89–93 [hereafter Thucydides, followed by the book and paragraph numbers standard in all editions]. See also Brent L. Sterling, *Do Good Fences Make Good Neighbors? What History Teaches Us About Strategic Barriers and International Security* (Washington, D.C.: Georgetown University Press, 2009), pp. 15–16; and David L. Berkey, "Why Fortifications Endure: A Case Study of the Walls of Athens During the Classical Period," in Victor Davis Hanson, ed., *Makers of Ancient Strategy: From the Persian Wars to the Fall of Rome* (Princeton: Princeton University Press, 2010), pp. 60–63. Plutarch's comments are in his *Lives of the Noble Grecians and Romans,* translated by John Dryden (New York: Modern Library, no date), pp. 191–93.

3   Victor Davis Hanson, *The Savior Generals: How Five Great Commanders Saved Wars That Were Lost—from Ancient Greece to Iraq* (New York: Bloomsbury Press, 2013), pp. 33–34.

4   Donald Kagan, *Pericles of Athens and the Birth of Democracy* (New York: Free Press, 1991), pp. 4–5.

5   Thucydides, 1:18, p. 14. See also *ibid.,* 1:10, p. 8; and Herodotus, 6:107–8, pp. 450–51.

6   Hanson, *The Savior Generals,* pp. 18–22, 29.

7   An image more often used to describe the positions of France and Great Britain after the battles—both in 1805—of Austerlitz and Trafalgar. For Pericles' characterization of the two strategies, see Thucydides, 1:143, p. 83.

8   Hanson, *The Savior Generals,* pp. 10–12, provides striking quantitative measures of the destruction.

9   Thucydides, 1:21–22. Emphasis added.

10 Kagan, *Pericles,* p. 10. Professor Kagan refers to "Athenians," but I think he won't mind my expanding his scope.

11 Thucydides, 1:89–92, pp. 49–51. See also Plutarch, p. 145.

12 Hanson, *The Savior Generals,* pp. 34–36.
13 The classic life of Pericles is Plutarch's, pp. 182–212, while the best modern biography is Kagan's.
14 Hanson, *The Savior Generals,* p. 18.
15 Hanson, *A War Like No Other,* pp. 38–45. For Pericles' offer, see Thucydides, 2:13, p. 98.
16 Hanson, *A War Like No Other,* pp. 236–39, 246–47; Kagan, *Pericles,* p. 66. See also, for the wider context, John R. Hale, *Lords of the Sea: The Epic Story of the Athenian Navy and the Birth of Democracy* (New York: Penguin, 2009).
17 Plutarch, p. 186.
18 All Pericles quotations in this section are from Thucydides, 2:34–46, pp. 110–18. For the theme of distinctiveness and universality, see Donald Kagan, "Pericles, Thucydides, and the Defense of Empire," in Hanson, *Makers of Ancient Strategy,* p. 31.
19 Kagan, *Pericles,* pp. 49–54, describes how the assembly functioned. See also Cynthia Farrar, "Power to the People," in Kurt A. Raaflaub, Josiah Ober, and Robert W. Wallace, with Paul Cartledge and Cynthia Farrar, *Origins of Democracy in Ancient Greece* (Berkeley: University of California Press, 2007), pp. 184–89.
20 Hanson, *A War Like No Other,* p. 27.
21 For the importance of reassurance as an accompaniment to deterrence, see Michael Howard, *The Causes of Wars,* second edition (Cambridge, Massachusetts: Harvard University Press, 1984), pp. 246–64.
22 Kagan, *Pericles,* pp. 102–5.
23 *Ibid.,* p. 86.
24 Thucydides, 1:24–66, 86–88, pp. 16–37, 48–49. See also J. E. Lendon, *Song of Wrath: The Peloponnesian War Begins* (New York: Basic Books, 2010).
25 The quote is, supposedly, Bismarck's.
26 I base this generalization on Kagan, *Pericles,* p. 192, and Hanson, *A War Like No Other,* pp. 10–12.
27 Thucydides, 1:67–71, pp. 38–41.

28 *Ibid.*, 1:72–79, pp. 41–45.
29 *Ibid.*, 1:79–85, pp. 45–47.
30 *Ibid.*, 1:86–87, p. 48.
31 Kagan, *Pericles,* pp. 206, 214.
32 I've discussed this at greater length in *The Landscape of History: How Historians Map the Past* (New York: Oxford University Press, 2002), pp. 116–18.
33 Thucydides, 1:144, pp. 83–84; Plutarch, p. 199. See also Kagan, *Pericles,* pp. 84, 92, 115–16.
34 Thucydides, 1:77, p. 44.
35 *Ibid.*, 1:140–44, pp. 80–85. I've followed Kagan's analysis of the Megarian decree in his *Pericles,* pp. 206–27.
36 Thucydides, 2:12, p. 97.
37 Plutarch, pp. 194–95; Thucydides, 1:127, p. 70.
38 Kagan, *Pericles,* p. 207.
39 See Shakespeare's *Troilus and Cressida,* act 1, scene 3, lines 112–27.
40 Thucydides, 2:59, p. 123.
41 *Ibid.*, 2:60–64, pp. 123–27.
42 *Ibid.*, 3:82, p. 199.
43 *Ibid.*, 3:2–6, 16–18, 25–26, 35–50, pp. 159–61, 166–67, 171, 175–84. The Mytilenians didn't escape punishment. The Athenians executed the ringleaders of the revolt, pulled down the walls of the city, seized its ships, and expropriated property. This was far less, though, than what Cleon demanded.
44 *Ibid.*, 5:84–116, pp. 350–57.
45 *Ibid.*, 3:82, p. 199.
46 For more on this, see John Lewis Gaddis, "Drawing Lines: The Defensive Perimeter Strategy in East Asia, 1947–1951," in Gaddis, *The Long Peace: Inquiries into the History of the Cold War* (New York: Oxford University Press, 1987), pp. 71–103. Taiwan was not included, because the Chinese Nationalists had fled there. Defending them, the administration feared, would be seen as intervention in the Chinese civil war, which it had hoped to avoid.
47 The casualty figures are from Britannica Online, "Korean War," www.britannica.com.

48 Carl von Clausewitz, *On War,* edited and translated by Michael Howard and Peter Paret (Princeton: Princeton University Press, 1976), p. 471. Emphasis in the original.

49 Plutarch, pp. 204–7; Kagan, *Pericles,* pp. 221–27.

50 Thucydides, 6:6, p. 365.

51 *Ibid.,* 6:9–26, pp. 366–76. There was also a third commander, Lamachus, of whom Thucydides tells us little.

52 *Ibid.,* 7:44, 70–87, pp. 453, 468–78.

53 Hanson, *A War Like No Other,* pp. 205, 217.

54 Henry Kissinger, *White House Years* (Boston: Little, Brown, 1979), p. 1049.

55 See www.archives.gov/research/military/vietnam-war/casualty-statistics.html.

56 For specifics, see Ilya V. Gaiduk, *The Soviet Union and the Vietnam War* (Chicago: Ivan R. Dee, 1996); Qiang Zhai, *China and the Vietnam Wars, 1950–1975* (Chapel Hill: University of North Carolina Press, 2000); and Lien-Hang Nguyen, *Hanoi's Wars: An International History of the War for Peace in Vietnam* (Chapel Hill: University of North Carolina Press, 2012).

57 John Lewis Gaddis, *The Cold War: A New History* (New York: Penguin, 2005), pp. 149–55.

58 Thucydides, 1:140, p. 81; Kennedy remarks to Fort Worth Chamber of Commerce, November 22, 1963, *Public Papers of the Presidents: John F. Kennedy, 1963* (Washington, D.C.: Government Printing Office, 1964), p. 889.

59 To whom I'm grateful for having inspired my *Strategies of Containment: A Critical Appraisal of American National Security Policy During the Cold War,* revised and expanded edition (New York: Oxford University Press, 2005), as well as Yale's long-standing "Studies in Grand Strategy" seminar.

第三章

1. Sun Tzu, *The Art of War,* translated by Samuel B. Griffith (New York: Oxford University Press, 1963), pp. 66, 89, 95, 109. I'm indebted to Schuyler Schouten for the marketing analogy.
2. *Hamlet,* act 3, scene 2. Polonius on borrowers and lenders is in act 1, scene 3.
3. *The Art of War,* pp. 63–64, 66, 89, 95, 129. Emphasis added.
4. *Ibid.,* pp. 91–92.
5. I've relied chiefly, for this and the following account of Octavian's upbringing and education, on Anthony Everitt, *Augustus: The Life of Rome's First Emperor* (New York: Random House, 2006), pp. 3–50; and Adrian Goldsworthy, *Augustus: First Emperor of Rome* (New Haven: Yale University Press, 2014), pp. 19–80. Goldsworthy uses Augustus' names as titles for the five sections of his book. The portents are in Suetonius, *The Twelve Caesars,* translated by Robert Graves (New York: Penguin, 2007, first published in 1957), II:94, pp. 94–95.
6. Mary Beard explores the paradox of a republican empire in the first half of her *S.P.Q.R.: A History of Ancient Rome* (New York: Norton, 2015).
7. The most recent account is Barry Strauss, *The Death of Caesar: The Story of History's Most Famous Assassination* (New York: Simon and Schuster, 2015). Plutarch's observation is in his *Lives of the Noble Grecians and Romans,* translated by John Dryden (New York: Modern Library, no date), p. 857.
8. John Williams, *Augustus* (New York: New York Review of Books, 2014; first published in 1971), pp. 21–22. For Caesar's probable intentions for Octavian, see Adrian Goldsworthy, *Caesar: Life of a Colossus* (New Haven: Yale University Press, 2006), pp. 497–98, and Strauss, *The Death of Caesar,* pp. 45–46.
9. At which point, he ceased to use the name Octavian and began to call himself Caesar. To avoid confusion, I've followed the practice of Everitt and most other historians—although not Goldsworthy—and continued to refer to him as Octavian until he himself took the name Augustus.

10 Commentary by Tu Mu, in *The Art of War*, p. 65.
11 The best evidence is Octavian's surprise, apparently genuine, on learning the contents of Caesar's will. Even if Caesar had revealed his intentions, neither he nor Octavian could have anticipated how little time Caesar had left.
12 See Isaiah Berlin's letter to George F. Kennan, February 13, 1951, in Berlin, *Liberty,* edited by Henry Hardy (New York: Oxford University Press, 2007), pp. 341–42.
13 Goldsworthy, *Augustus,* pp. 87–101. For Cicero's shifts, see Anthony Everitt, *Cicero: The Life and Times of Rome's Greatest Politician* (New York: Random House, 2003), pp. 273–96.
14 John Buchan, *Augustus* (Cornwall: Stratus Books, 2003; first published in 1937), p. 32.
15 Goldsworthy, *Augustus,* pp. 105–7.
16 Well described in Plutarch, pp. 1106–7.
17 Everitt, *Augustus,* p. 76. See also, on Octavian's purposefulness, Ronald Syme, *The Roman Revolution* (New York: Oxford University Press, 1939), p. 3.
18 Everitt, *Augustus,* pp. 32, 45, 88–91, 110, 139, 213.
19 Goldsworthy, *Augustus,* pp. 115–25. Antony would later claim that Octavian ran away from the first Mutina battle. [Suetonius, II:10, p. 47.]
20 Syme, *The Roman Revolution,* p. 124.
21 Later immortalized as a cipher by Shakespeare in *Julius Caesar.*
22 The episode anticipates the Treaty of Tilsit, signed by the emperor Napoleon of France and Tsar Alexander I of Russia in the middle of the river Niemen in July 1807, discussed in chapter seven. But they were on a raft, not an island.
23 Everitt, *Cicero,* pp. 313–19. For background on the proscriptions, see Syme, *The Roman Revolution,* pp. 187–201.
24 Goldsworthy, *Augustus,* p. 122.
25 There was a connection. The fortress of Philippi was named for Philip of Macedon, the father of Alexander the Great, who built it in 356 B.C.E. The first *Philippics,* a set of four speeches delivered shortly thereafter by the Greek

orator Demosthenes, were directed against Philip. Cicero modeled his fourteen *Philippics* on these.

26 Goldsworthy, *Augustus*, p. 142; Everitt, *Augustus*, pp. 88–94.
27 Appian, *The Civil Wars*, translated by John Carter (New York: Penguin, 1996), V, p. 287. See also Everitt, *Augustus*, pp. 98–99.
28 *Ibid.*, pp. 100–103; also Syme, *The Roman Revolution*, p. 215.
29 Goldsworthy, *Augustus*, pp. 144–47.
30 Suetonius, II:15, p. 49; also Everitt, *Augustus*, pp. 104–5.
31 *Ibid.*, pp. 108–13. Antony also reported to Octavian the disloyalty of the latter's old friend Salvidienus Rufus, who with unclear motives had approached Antony's agents in Gaul. Octavian promptly had him executed. [Appian, *The Civil Wars*, V:65, pp. 312–13.]
32 A point made by Symes, *The Roman Revolution*, p. 114.
33 See, on this point, chapter two.
34 Plutarch, p. 1106.
35 Goldsworthy, *Augustus*, pp. 156–59.
36 The fullest account is in Appian, *The Civil Wars*, V:85–92, pp. 322–26.
37 Everitt, *Augustus*, pp. 129–30.
38 Appian, *The Civil Wars*, V:98–126, pp. 328–42.
39 The Romans' grievance went back to the Parthians' defeat of Marcus Licinius Crassus and his army at the battle of Carrhae in 53, which resulted in the loss of several Roman legions' standards. Julius Caesar had been planning to avenge the humiliation when he was assassinated in 44—this was the mission the young Octavian was training for—and Antony had inherited it after his victory at Philippi two years later.
40 He was also, in the Egyptian manner, his mother's co-monarch Ptolemy XV. Goldsworthy, *Caesar*, pp. 496–97, provides a plausible assessment of the paternity issue.
41 Everitt, *Augustus*, pp. 145–53.
42 Goldsworthy, *Augustus*, pp. 186–88.
43 Plutarch, p. 1142.

44 For an informed suggestion of where the story originated, see Adrian Tronson, "Vergil, the Augustans, and the Invention of Cleopatra's Suicide—One Asp or Two?" *Vergilius* 44 (1998), 31–50. I am indebted to Toni Dorfman for this reference.
45 A point made in Stacy Schiff, *Cleopatra: A Life* (New York: Little, Brown, 2010), pp. 101, 108, 133.
46 Cassius Dio, *The Roman History: The Reign of Augustus,* translated by Ian Scott-Kilvert (New York: Penguin, 1987), LI:16, p. 77.
47 For a different view, see Goldsworthy, *Augustus,* p. 207.
48 Robin Lane Fox, *Alexander the Great* (New York: Penguin, 2004; first published in 1973), pp. 369–70, 461–72.
49 *The Art of War,* p. 106. The distinction is most often associated, in the modern era, with the British strategist B. H. Liddell-Hart, but he has acknowledged Sun Tzu's anticipation of it. [Foreword, *ibid.,* p. vii.]
50 *The Art of War,* pp. 66–68, 70.
51 For a fictionalization of this principle as applied to writing poems, see Williams, *Augustus,* pp. 38–39.
52 *The Georgics of Virgil,* translated by David Ferry (New York: Farrar, Straus and Giroux, 2005), p. 89.
53 *Ibid.,* p. xix. Wikipedia claims to have counted the hexameters.
54 Buchan, *Augustus,* p. 114. There are more general discussions of Virgil in Everitt, *Augustus,* pp. 114–16, and Goldsworthy, *Augustus,* pp. 307–17.
55 Everitt, *Augustus,* pp. 199–211; Goldsworthy, *Augustus,* pp. 217–38.
56 Beard, *S.P.Q.R.,* pp. 354–56, 368–69, 374; also Goldsworthy, *Augustus,* pp. 476–81.
57 *The Aeneid,* translated by Robert Fagles (New York: Viking, 2006), VIII:21–22, p. 242.
58 *Ibid.,* VI:915, p. 208.
59 Hermann Broch, *The Death of Virgil,* translated by Jean Starr Untermeyer (New York: Vintage Books, 1995; first published in 1945), pp. 319, 321. My Yale colleague Charles Hill first alerted me to the significance both of the *Georgics*

and of Broch. His commentary on the latter is in Charles Hill, *Grand Strategies: Literature, Statecraft, and World Order* (New Haven: Yale University Press, 2010), pp. 282–85.

60 Beard, *S.P.Q.R.,* pp. 415–16. For two recent accounts of how rules of inheritance could ruin lives and endanger states, see Geoffrey Parker, *Imprudent King: A New Life of Philip II* (New Haven: Yale University Press, 2014); and Janice Hadlow, *A Royal Experiment: The Private Life of King George III* (New York: Henry Holt, 2014).

61 John Williams portrays Julia with particular richness in his novel *Augustus.*

62 Not the one to Mark Antony.

63 Fagles translation, Book VI:993–1021, p. 211. Octavia is said to have fainted when she heard Virgil read these lines.

64 For a graphic illustration of the genealogical complexities Augustus created, see Beard, *S.P.Q.R.,* pp. 382–83.

65 Everitt, *Augustus,* p. 302.

66 Goldsworthy, *Augustus,* p. 453.

67 Cassius Dio, *Augustus,* LVI:30, p. 245; Suetonius, II:99, p. 100.

68 Williams, *Augustus,* p. 228.

69 The term is Greg Woolf's, whose *Rome: An Empire's Story* (New York: Oxford University Press, 2012), provides in its introductory chapters a succinct overview of the Roman legacy.

70 A twist neatly captured in the final line of Williams's *Augustus,* p. 305.

71 See, on this point, Woolf, *Rome,* pp. 216–17; Beard, *S.P.Q.R.,* pp. 412–13.

第四章

1 George Kennan, *Tent-Life in Siberia and Adventures Among the Koraks and*

Other Tribes in Kamtchatka and Northern Asia (New York: G. P. Putnam and Sons, 1870), pp. 208–12. For more on Kennan, see Frederick F. Travis, *George Kennan and the American-Russian Relationship, 1865–1924* (Athens: Ohio University Press, 1990).

2 See Greg Woolf, *Rome: An Empire's Story* (New York: Oxford University Press, 2012), pp. 113–26; and Mary Beard, *S.P.Q.R.: A History of Ancient Rome* (New York: Norton, 2015), pp. 428–34.

3 The Jews were by no means alone in their monotheism, but its consequences, for them, Christians, and Muslims, shaped subsequent history to a greater extent than in any other faith. For a useful introduction, see Jonathan Kirsch, *God Against the Gods: The History of the War Between Monotheism and Polytheism* (New York: Penguin, 2005).

4 Brilliantly documented in Jack Miles, *God: A Biography* (New York: Knopf, 1995).

5 Edward Gibbon, *The Decline and Fall of the Roman Empire* (New York: Modern Library, 1977), I, pp. 382–83, 386.

6 *Ibid.*, p. 383.

7 Matthew 22:21.

8 St. Augustine, *Confessions,* translated by R. S. Pine-Coffin (New York: Penguin, 1961), pp. 28, 32–33, 39–41. The best biography is still Peter Brown's classic *Augustine of Hippo: A Biography,* revised edition (Berkeley: University of California Press, 2000; first published in 1967).

9 Augustine, *Confessions,* pp. 45–53.

10 For a recent (and controversial) answer, see Robin Lane Fox, *Augustine: Conversions to Confessions* (New York: Basic Books, 2015), especially pp. 522–39.

11 Augustine, *Confessions,* p. 36.

12 Brown, *Augustine of Hippo,* pp. 431–37.

13 *Ibid.*, pp. 131–33.

14 I owe this point to David Brooks, *The Road to Character* (New York: Random House, 2015), p. 212.

15 I've relied chiefly, as a guide, on G. R. Evans's introduction to St. Augustine, *Concerning the City of God Against the Pagans,* translated by Henry Bettenson (New York: Penguin, 2003), pp. ix–lvii, but also on notes prepared by Michael Gaddis, shared with me in a valiant effort to explain *City.*

16 See John Mark Mattox, *Saint Augustine and the Theory of Just War* (New York: Continuum, 2006), pp. 4–6; also David D. Corey and J. Daryl Charles, *The Just War Tradition: An Introduction* (Wilmington, Delaware: ISI Books, 2012), p. 53.

17 *Ibid.,* pp. 56–57.

18 Such is the argument of Douglas Boin's *Coming Out Christian in the Roman World: How the Followers of Jesus Made a Place in Caesar's Empire* (New York: Bloomsbury, 2015), but Gibbon in a backhanded way anticipated it by suggesting complacency, on the part of Rome's inattentive emperors, about Christianity's spread.

19 A kind of order exists even among thugs, as Augustine knew from his adolescent experience, and as viewers of *The Sopranos, The Wire,* and *Breaking Bad* will have reason to understand.

20 With the exception of the emperor Julian's failed attempt to restore the old gods during his brief reign, 361–63.

21 Corey and Charles, *The Just War Tradition,* p. 57.

22 Brown, *Augustine of Hippo,* pp. 218–21. Although Brown later qualified this judgment in the light of new evidence, together with the admission that in the 1960s, when he was writing his first edition, authority figures tended especially to offend younger scholars. [*Ibid.,* p. 446.]

23 See, for examples, Mattox, *Augustine and the Theory of Just War,* pp. 48–49.

24 *Ibid.,* p. 171.

25 As Homer and Virgil, the best ancient guides to the Underworld, make poignantly clear.

26 Corey and Charles survey the process in *The Just War Tradition,* chapters 4 through 9.

27 For an appreciation, see Brown, *Augustine of Hippo,* pp. 491–93.

28 Lane Fox, *Augustine,* pp. 2–3.

29 See James Turner Johnson, *Just War Tradition and the Restraint of War: A Moral and Historical Inquiry* (Princeton: Princeton University Press, 2014; first published in 1981), especially pp. 121–73.
30 I'm extending here, beyond her approval, I fear, a point made by G. R. Evans in her introduction to the *City of God,* p. xlvii.
31 Michael Gaddis, *There Is No Crime for Those Who Have Christ: Religious Violence in the Christian Roman Empire* (Berkeley: University of California Press, 2005), especially pp. 131–50.
32 The unforgettable antihero of Voltaire's *Candide,* who saw everything, even the great Lisbon earthquake of 1759, as for the best. For Augustine's rationalizations, tracked with greater precision than I'm able to do here, see Mattox, *Augustine and the Theory of Just War,* pp. 32–36, 56–59, 94–95, 110–14, 126–31.
33 Sebastian de Grazia, *Machiavelli in Hell* (New York: Random House, 1989), pp. 318–40.
34 *The Discourses on the First Ten Books of Titus Livius,* translated by Leslie J. Walker, S.J., with revisions by Brian Richardson (New York: Penguin, 1970), p. 97. See also De Grazia, *Machiavelli in Hell,* p. 21. The best recent biography is Miles J. Unger, *Machiavelli: A Biography* (New York: Simon and Schuster, 2011).
35 *The Prince,* translated by Harvey C. Mansfield, second edition (Chicago: University of Chicago Press, 1998), p. 103. See also De Grazia, *Machiavelli in Hell,* pp. 58–70.
36 Brown, *Augustine of Hippo,* pp. 400–410, thoroughly explains how.
37 Milan Kundera, *The Unbearable Lightness of Being,* translated by Michael Henry Heim (New York: Harper and Row, 1984).
38 *The Prince,* p. 98. See also Unger, *Machiavelli,* pp. 218–19.
39 Machiavelli in 1504 went so far as to support a scheme, conceived by Leonardo da Vinci, to isolate the rival city of Pisa by diverting the Arno. Fortune defeated the effort, though, through a combination of miscalculated topography, unexpected rainfall, and sabotage by clever Pisans. This was one of several bad

breaks that brought an end to Machiavelli's official career. The details are in Unger, *Machiavelli*, pp. 143–46.
40 Machiavelli's careful translator explains the linguistic nonequivalencies in *The Prince*, p. xxv. For a fuller discussion of the term, see Philip Bobbitt, *The Garments of Court and Palace: Machiavelli and the World That He Made* (New York: Grove Press, 2013), pp. 76–77.
41 *The Prince*, p. 22. See also Unger, *Machiavelli*, pp. 33–34.
42 *Ibid.*, p. 273.
43 De Grazia, *Machiavelli in Hell*, p. 64, suggests that Machiavelli read Augustine, but an electronic search turns up no mention of him in *The Prince, The Discourses*, or Machiavelli's less well-known *The Art of War*. There's a single glancing reference—not to Augustine but to a monk of his order—in Machiavelli's *History of Florence and Italy*. Nevertheless, there are parallels, perhaps best set forth in Paul R. Wright, "Machiavelli's *City of God*: Civil Humanism and Augustinian Terror," in John Doody, Kevin L. Hughes, and Kim Paffenroth, eds., *Augustine and Politics* (Lanham, Maryland: Lexington Books, 2005), pp. 297–336.
44 *The Prince*, pp. 3–4; Unger, *Machiavelli*, pp. 204–7.
45 Bobbitt, *The Garments of Court and Palace*, p. 5.
46 For the book's reception and reputation, see *ibid.*, pp. 8–16, and Unger, *Machiavelli*, pp. 342–47. Jonathan Haslam tracks Machiavelli's influence on political science in *No Virtue Like Necessity: Realist Thought in International Relations Since Machiavelli* (New Haven: Yale University Press, 2002). The only book that rivals *The Prince* in unsettling my students is the second volume of Robert Caro's Lyndon B. Johnson biography, which argues that LBJ could never have given the 1965 "We Shall Overcome" speech had he not stolen the 1948 Texas Democratic senatorial primary.
47 *The Prince*, pp. 29–33. See also Unger, *Machiavelli*, pp. 129–30, who notes that his subject probably witnessed the spectacle. Remirro's fate curiously parallels that of Pythias' unfortunate son at the hands of Xerxes, as described in Herodotus and cited in chapter one.

48 Quoted in Gaddis, *There Is No Crime for Those Who Have Christ,* p. 138.
49 The phrase became notorious during the Vietnam War after the appearance of a brief news story, "Major Describes Move," in the *New York Times* on February 8, 1968. For the idea as applied to nuclear weapons in the Cold War, see Campbell Craig, *Destroying the Village: Eisenhower and Thermonuclear War* (New York: Columbia University Press, 1998).
50 *The Prince,* pp. 22, 35.
51 The quotes are from Mattox, *Augustine and the Theory of Just War,* p. 60, and *The Prince,* p. 61. They're worth comparing with Sun Tzu, *The Art of War,* translated by Samuel B. Griffith (New York: Oxford University Press, 1963), p. 77: "[T]o win one hundred victories" is not as skillful as "[t]o subdue the enemy without fighting."
52 *The Prince,* p. 61.
53 Harvey C. Mansfield, in his introduction, *ibid.,* p. xi. Italics added.
54 Charles Dickens, *A Tale of Two Cities* (New York: New American Library, 1960), p. 367.
55 *The Prince,* p. 45.
56 *Ibid.,* p. 4.
57 *Ibid.,* p. 20.
58 *Ibid.,* p. 39.
59 *Ibid.,* pp. 38, 40–41, 61, 66–67.
60 Unger, *Machiavelli,* p. 54; Bobbitt, *The Garments of Court and Palace,* p. 80.
61 Unger, *Machiavelli,* pp. 132, 238, 255–56.
62 *Ibid.,* pp. 261–62.
63 The best recent account, unsurprisingly, is Henry Kissinger, *World Order* (New York: Penguin, 2014), pp. 11–95, 283–86.
64 *The Discourses,* p. 275.
65 See, on these points, Unger, *Machiavelli,* pp. 266–68; Kissinger, *World Order,* pp. 256–69; and Bobbitt, *The Garments of State and Palace,* pp. 155–64, who usefully reminds us that Machiavelli assumed the permanence of no international order, and that neither should we.

66　Isaiah Berlin, "The Originality of Machiavelli," in Berlin, *The Proper Study of Mankind: An Anthology of Essays,* edited by Henry Hardy and Roger Hausheer (New York: Farrar, Straus and Giroux, 1998), pp. 269–325.
67　*Ibid.,* p. 279.
68　*The Prince,* pp. 4, 10.
69　Thomas Hobbes, *Leviathan,* edited by C. B. Macpherson (New York: Penguin, 1985; first published in 1651), p. 186.
70　Augustine, *Confessions,* p. 28.
71　Berlin, "The Originality of Machiavelli," pp. 286–91.
72　*Ibid.,* pp. 296–97, 299.
73　*Ibid.,* pp. 312–13.
74　*Ibid.,* p. 310.
75　*Ibid.,* pp. 310–11. See also De Grazia, *Machiavelli in Hell,* p. 311; and Gaddis, *There Is No Crime for Those Who Have Christ,* p. 149.
76　Berlin, "The Originality of Machiavelli," p. 311. Italics added. Berlin attributes the insight to Sheldon S. Wolin.
77　"The Pursuit of the Ideal," in Berlin, *The Proper Study of Mankind,* pp. 9–11.
78　Berlin, "The Originality of Machiavelli," pp. 324–25.

第五章

1　I've used Dictionary.com.
2　As argued, most famously, by Thomas Hobbes in *Leviathan,* first published in 1651.
3　Virginia Woolf, *Orlando: A Biography* (New York: Harcourt Brace, 1956; first published in 1928), p. 22.

4　Quoted in Geoffrey Parker, *Imprudent King: A New Life of Philip II* (New Haven: Yale University Press, 2014), p. 363.

5　See Anne Somerset, *Elizabeth I* (New York: Random House, 2003; first published in 1991), p. 572.

6　Parker, *Imprudent King,* p. 366.

7　For a classic account, see Garrett Mattingly, *The Armada* (New York: Houghton Mifflin, 1959), pp. 11-12. Machiavelli was himself an occasional poet and a playwright. See Sebastian de Grazia, *Machiavelli in Hell* (New York: Random House, 1989), pp. 360-66.

8　*Elizabeth I: Collected Works,* edited by Leah S. Marcus, Janet Mueller, and Mary Beth Rose (Chicago: University of Chicago Press, 2000), p. 54.

9　Parker, *Imprudent King,* p. 29; Miles J. Unger, *Machiavelli: A Biography* (New York: Simon and Schuster, 2011), pp. 343-44; and, for Elizabeth's linguistic proficiency, Somerset, *Elizabeth I,* pp. 11-12.

10　Robert Hutchinson, *The Spanish Armada* (New York: St. Martin's, 2013), p. xix. Henry VIII died in 1547, to be succeeded by his nine-year-old son, Edward VI, who in turn died in 1553.

11　Alison Weir, *The Life of Elizabeth I* (New York: Random House, 2008; first published in 1998), p. 11; A. N. Wilson, *The Elizabethans* (New York: Farrar, Straus and Giroux, 2011), pp. 7-14, 32-33.

12　The imperial title and its central European possessions went to Charles's brother Ferdinand, thereby splitting the Hapsburg empire into Austrian and Spanish branches, an early acknowledgment of what Paul Kennedy has called "imperial overstretch." See his *The Rise and Fall of the Great Powers: Economic Change and Military Conflict from 1500 to 2000* (New York: Random House, 1987), pp. 48-49.

13　Parker, *Imprudent King,* pp. 4-5, 23.

14　*Ibid.,* p. 276. See also Parker's second set of plates.

15　Geoffrey Parker, *The Grand Strategy of Philip II* (New Haven: Yale University Press, 1998), p. 72, contrasts Elizabeth's attitude toward delegation with that of Philip.

16 Mattingly, *The Armada*, p. 24.
17 Parker, *Imprudent King*, pp. xv, 61–64, 85 103–6; also Parker, *The Grand Strategy of Philip II*, pp. 47–75; and Robert Goodwin, *Spain: The Center of the World, 1519–1682* (New York: Bloomsbury, 2015), pp. 129–41.
18 Parker, *Imprudent King*, pp. 43–49, 51–58. For an assessment of England's strengths and weaknesses at the time of Elizabeth's accession, see Kennedy, *The Rise and Fall of the Great Powers*, pp. 60–61.
19 Somerset, *Elizabeth I*, pp. 42–43.
20 *Ibid.*, pp. 311–12.
21 *Ibid.*, pp. 48–51.
22 *Ibid.*, p. 56.
23 Popes and Holy Roman emperors were elected, but even there blood ties were influential.
24 Weir, *The Life of Elizabeth I*, p. 25; Somerset, *Elizabeth I*, pp. 91–92.
25 *Ibid.*, pp. 50–51.
26 Parker, *Imprudent King*, pp. 121–25.
27 For a list, see Arthur Salusbury MacNalty, *Elizabeth Tudor: The Lonely Queen* (London: Johnson Publications, 1954), p. 260.
28 Weir, *The Life of Elizabeth I*, pp. 47–48.
29 Mattingly, *The Armada*, p. 24.
30 Parker, *The Grand Strategy of Philip II*, p. 151; Parker, *Imprudent King*, p. 58.
31 *Ibid.*, p. 364. The Hapsburgs also, through their intermarriages, debilitatingly depleted their gene pool. See *ibid.*, pp. 180–81.
32 *Ibid.*, p. 2.
33 For a sympathetic assessment, see Hugh Thomas, *World Without End: Spain, Philip II, and the First Global Empire* (New York: Random House, 2014), pp. 285–99.
34 Mauricio Drelichman and Hans-Joachim Voth, *Lending to the Borrower from Hell: Debt, Taxes, and Default in the Age of Philip II* (Princeton: Princeton University Press, 2014). For the more conventional argument on Philip's finances, see Kennedy, *The Rise and Fall of the Great Powers*, pp. 46–47.

35 Parker, *Imprudent King,* pp. 126, 129, 256–57.
36 Thomas, *World Without End,* p. 17.
37 Weir, *The Life of Elizabeth I,* pp. 11, 26. See also Somerset, *Elizabeth I,* pp. 58–59.
38 I have based this paragraph on Weir, *The Life of Elizabeth I,* pp. 17–18, and on Mattingly, *The Armada,* p. 23. The "heart and stomach" quotation is in Elizabeth I's *Collected Works,* p. 326.
39 James Anthony Froude, *History of England from the Fall of Wolsey to the Defeat of the Spanish Armada* (London: Longmans, Green, 1870), XII, p. 558. See also J. B. Black, *The Reign of Elizabeth, 1558–1603* (Oxford: Oxford University Press, 1959), p. 23.
40 Weir, *The Life of Elizabeth I,* p. 30. Somerset, *Elizabeth I,* pp. 72–88, provides a thorough analysis of Elizabeth's religious policies.
41 Somerset, *Elizabeth I,* pp. 280–82; Kennedy, *The Rise and Fall of the Great Powers,* pp. 60–61. For a thorough discussion of Elizabethan finance, see William Robert Smith, *The Constitution and Finance of the English, Scottish and Irish Joint-Stock Companies to 1720* (Cambridge: Cambridge University Press, 1911), pp. 493–99.
42 Somerset, *Elizabeth I,* pp. 70–71.
43 For a rousing account, see A. N. Wilson's chapter on Sir Francis Drake in *The Elizabethans,* pp. 173–84.
44 Thought, by a few fools even now, to have written the plays of William Shakespeare.
45 Weir, *The Life of Elizabeth I,* p. 257. The story first appeared in John Aubrey, *Brief Lives,* compiled between 1669 and 1696 (Oxford: Clarendon Press, 1898), p. 305.
46 Niccolò Machiavelli, *The Prince,* translated by Harvey C. Mansfield, second edition (Chicago: University of Chicago Press, 1998), p. 69. For Machiavelli's views on women, see *ibid.,* p. 101; but also De Grazia, *Machiavelli in Hell,* pp. 229–32.
47 Parker, *Imprudent King,* p. 295.
48 William Shakespeare, *Antony and Cleopatra,* act 2, scene 2.

49 De Grazia, *Machiavelli in Hell*, pp. 102–3.
50 N. A. M. Rodger, *The Safeguard of the Sea: A Naval History of Britain, 660–1649* (New York: HarperCollins, 1998), pp. 238–48.
51 I've followed, in these paragraphs, Parker, *The Grand Strategy of Philip II*, pp. 153–57.
52 *Ibid.*, pp. 158–59. See also Christopher Tyerman, *God's War: A New History of the Crusades* (Cambridge, Massachusetts: Harvard University Press, 2006), pp. 902–3; and, on the evolution of Augustinian doctrine, James Turner Johnson, *Just War Tradition and the Restraint of War: A Moral and Historical Inquiry* (Princeton: Princeton University Press, 1981), pp. 167–69.
53 Parker, *The Grand Strategy of Philip II*, pp. 157–62.
54 Somerset, *Elizabeth I*, p. 246.
55 *Ibid.*, pp. 237–38.
56 *Ibid.*, pp. 249–62; Parker, *The Grand Strategy of Philip II*, pp. 160–63.
57 Examples also include Julius Caesar, Caesar Augustus, Napoleon, the Duke of Wellington, Lincoln, and, as it happens, Philip II. See Parker, *Imprudent King*, pp. 293–94.
58 Somerset, *Elizabeth I*, pp. 405–8; Parker, *Imprudent King*, pp. 206–7. The quotation is from Stephen Alford, *The Watchers: A Secret History of the Reign of Elizabeth I* (New York: Bloomsbury, 2012), p. xvii. See also John Cooper, *The Queen's Agent: Sir Francis Walsingham and the Rise of Espionage in Elizabethan England* (New York: Pegasus, 2012).
59 John Guy, *Elizabeth: The Forgotten Years* (New York: Viking, 2016), particularly emphasizes this point.
60 Lisa Hilton, *Elizabeth: Renaissance Prince* (New York: Houghton Mifflin Harcourt, 2015), p. 224.
61 Mattingly, *The Armada*, pp. 75–76. See also Felipe Fernández-Armesto, *Pathfinders: A Global History of Exploration* (New York: Norton, 2006), pp. 129–38.
62 Rodger, *The Safeguard of the Sea*, pp. 243–46.
63 *Ibid.*, pp. 248–50.

64　Somerset, *Elizabeth I,* pp. 405–11.
65　*Ibid.,* pp. 47–48, 389–93, 396–405.
66　*Ibid.,* pp. 424–42.
67　Parker, *The Grand Strategy of Philip II,* pp. 163–69, 179. The quotation is on p. 166.
68　*Ibid.,* pp. 179–80; Parker, *Imprudent King,* pp. 281, 305–7. For Philip's non-reaction to Mary's death, see Mattingly, *The Armada,* pp. 69–81.
69　Parker, *Imprudent King,* pp. 307–19.
70　Hutchinson, *The Spanish Armada,* p. 52.
71　This, and the dates that follow, are New Style, the calendar employed in Europe at the time. The English calendar ran ten days behind in Elizabeth's time.
72　Hutchinson, *The Spanish Armada,* p. 202; Parker, *The Grand Strategy of Philip II,* pp. 269–70.
73　Philip sent two smaller armadas against England in 1596 and 1597, but storms forced both back before they'd even entered from the Channel.
74　Parker, *The Grand Strategy of Philip II,* pp. 270–71. See also Parker, *Imprudent King,* pp. 324, 367–68.
75　*Ibid.,* p. 369.
76　Parker, *The Grand Strategy of Philip II,* p. 283. See also Barbara Farnham, ed., *Avoiding Losses/Taking Risks: Prospect Theory and International Conflict* (Ann Arbor: University of Michigan Press, 1995).
77　Parker, *The Grand Strategy of Philip II,* pp. 275–76.
78　*Ibid.,* p. 276, and *Imprudent King,* p. 369.
79　Speech of November 30, 1601, in Elizabeth I's *Collected Works,* p. 339.
80　Wilson, *The Elizabethans,* p. 371.
81　*Ibid.,* pp. 366–68. The definition comes, again, from Dictionary.com.
82　Robert B. Strassler, ed., *The Landmark Thucydides: A Comprehensive Guide to the Peloponnesian War,* a revised version of the Richard Crawley translation (New York: Simon and Schuster, 1996), 3:82.
83　Keith Roberts, *Pavane* (Baltimore: Old Earth Books, 2011; first published in 1968), pp. 11–12. Geoffrey Parker precedes me in using this passage to conclude

his counterfactual account of the Armada's "success" in "The Repulse of the English Fireships," in Robert Cowley, ed., *What If? The World's Foremost Military Historians Imagine What Might Have Been* (New York: Berkley Books, 1999), pp. 149–50.
84 Roberts, *Pavane,* p. 147.
85 *Ibid.,* pp. 151, 238–39.
86 I'm indebted to my colleague Paul Kennedy for pointing this out.

---- 第六章 ----

1 Keith Roberts, *Pavane* (Baltimore: Old Earth Books, 2011; first published in 1968), p. 11.
2 I echo here the title of Michel Faber's novel on faith and extraterrestrial exploration, *The Book of Strange New Things* (New York: Hogarth, 2014). Felipe Fernández-Armesto's *Pathfinders: A Global History of Exploration* (New York: Norton, 2006) places the terrestrial process in a broad comparative context.
3 Jay Sexton, *The Monroe Doctrine: Empire and Nation in Nineteenth- Century America* (New York: Hill and Wang, 2011), pp. 3–8.
4 Geoffrey Parker, "The Repulse of the English Fireships," in Robert Cowley, ed., *What If? The World's Foremost Military Historians Imagine What Might Have Been* (New York: Berkley Books, 1999), pp. 141–42.
5 J. Hamel, *Early English Voyages to Northern Russia* (London: Richard Bentley, 1857), p. 5.
6 Fernández-Armesto, *Pathfinders,* pp. 218–22. See also, for Elizabeth's curiosity, A. N. Wilson, *The Elizabethans* (New York: Farrar, Straus and Giroux, 2011), pp. 183–84; and, for cooling, Geoffrey Parker, *Global Crisis: War, Climate*

Change, and Catastrophe in the Seventeenth Century (New Haven: Yale University Press, 2013).

7   J. H. Elliott, *Empires of the Atlantic World: Britain and Spain in America, 1492–1830* (New Haven: Yale University Press, 2006), pp. 23–28.
8   *Ibid.*, p. 177.
9   In this way resembling monoculture in forestry. See James C. Scott, *Seeing Like a State: How Certain Schemes to Improve the Human Condition Have Failed* (New Haven: Yale University Press, 1998), pp. 11–22.
10 Elliott, *Empires of the Atlantic World*, p. 134. See also Nick Bunker, *An Empire on the Edge: How Britain Came to Fight America* (New York: Knopf, 2014), pp. 13–14.
11 I've adapted this paragraph from *The Landscape of History*, p. 87, which in turn draws on M. Mitchell Waldrop, *Complexity: The Emerging Science at the Edge of Order and Chaos* (New York: Viking, 1992), pp. 292–94.
12 Anne Somerset, *Elizabeth I* (New York: Random House, 1991), pp. 188–91.
13 See Robert Tombs, *The English and Their History* (New York: Knopf, 2015), pp. 224–45.
14 Elliott, *Empires of the Atlantic World*, p. 177. See also Tim Harris, *Restoration: Charles II and His Kingdoms, 1660–1685* (New York: Allen Lane, 2005), especially pp. 46–47.
15 The phrase is Daniel Defoe's, quoted in Tombs, *The English and Their History*, p. 252.
16 Elliott, *Empires of the Atlantic World*, pp. 150–52; also Steve Pincus, *1688: The First Modern Revolution* (New Haven: Yale University Press, 2009), pp. 316–22, 475.
17 John Locke, *Second Treatise of Government*, 1690, section 149.
18 Tombs, *The English and Their History*, p. 263.
19 "Speech on Conciliation with America," in *The Writings and Speeches of Edmund Burke*, III, edited by W. M. Elofson (Oxford: Clarendon Press, 1996), pp. 118, 124. David Bromwich provides context and analysis in *The Intellectual Life of Edmund Burke: From the Sublime and Beautiful to American*

Independence (Cambridge, Massachusetts: Harvard University Press, 2014), pp. 228–61.

20 Gabriel Johnson to Lord Wilmington, February 10, 1737, quoted in James A. Henretta, *"Salutary Neglect": Colonial Administration Under the Duke of Newcastle* (Princeton: Princeton University Press, 1972), p. 324.

21 "Observations Concerning the Increase of Mankind," 1751, published in 1755, *The Papers of Benjamin Franklin*, Digital Edition, IV, 225–34. See also Dennis Hodgson, "Benjamin Franklin on Population: From Policy to Theory," *Population and Development Review* 17 (December 1991), 639–61.

22 The details are in Ron Chernow, *Washington: A Life* (New York: Penguin, 2010), pp. 78–116.

23 Bunker, *An Empire on the Edge*, pp. 17–18; Tombs, *The English and Their History*, p. 348. See also Colin G. Calloway, *The Scratch of a Pen: 1763 and the Transformation of North America* (New York: Oxford University Press, 2006), pp. 11–12.

24 A point made by Bromwich, *The Intellectual Life of Edmund Burke*, pp. 190–91.

25 Speech to Parliament, May 13, 1767, in *Burke Writings and Speeches*, II, edited by Paul Langford (Oxford: Clarendon Press, 1981), p. 59.

26 Speech to Parliament, April 19, 1769, in *ibid.*, p. 231.

27 Speech to Parliament, March 22, 1775, in *ibid.*, III, pp. 157, 165.

28 Bromwich, *The Intellectual Life of Edmund Burke*, p. 193.

29 See chapter two.

30 Thomas Paine, *Common Sense* (Wisehouse Classics, 2015), p. 21. See also Trevor Colbourn, *The Lamp of Experience: Whig History and the Intellectual Origins of the American Revolution* (Indianapolis: Liberty Fund, 1998; originally published in 1965), pp. 26, 237–43; and Bernard Bailyn, "1776: A Year of Challenge—a World Transformed," *The Journal of Law and Economics* 19 (October 1976), especially pp. 437–41.

31 Paine, *Common Sense*, pp. 13–14, 23.

32 *Ibid.*, pp. 19, 23–24.

33 *Ibid.*, pp. 25–26.

34 For Paine's impact, see Joseph J. Ellis, *American Creation: Triumphs and Tragedies at the Founding of the Republic* (New York: Random House, 2007), pp. 41–44; John Ferling, *Whirlwind: The American Revolution and the War That Won It* (New York: Bloomsbury, 2015), pp. 141–43; and the chapter on Paine in Sophia Rosenfeld, *Common Sense: A Political History* (Cambridge, Massachusetts: Harvard University Press, 2011).

35 National Archives and Records Administration transcription of the Declaration of Independence, available at: www.archives.gov/exhibits/charters. Emphases added.

36 Joseph J. Ellis, *American Sphinx: The Character of Thomas Jefferson* (New York: Random House, 1996), pp. 11, 27–28.

37 The phrase "clearer than truth" is Dean Acheson's, from his *Present at the Creation: My Years in the State Department* (New York: Norton, 1969), p. 375.

38 Ferling, *Whirlwind*, p. 164.

39 Paine, *Common Sense*, p. 39.

40 John Adams to Abigail Adams, July 3, 1776, Adams Family Papers: An Electronic Archive, Massachusetts Historical Society: www.masshist.org/digitaladams/. Adams mistakenly believed that the celebrations would commemorate the signing on July 2, not the approval by the Continental Congress on July 4.

41 Paine, *Common Sense*, p. 21; Benjamin Franklin to Joseph Priestley, October 3, 1775, *The Papers of Benjamin Franklin*, Digital Edition, XXII, 217–18. See also Hodgson, "Benjamin Franklin on Population," pp. 653–54.

42 George Washington to John Adams, September 25, 1798, quoted in Chernow, *Washington*, p. 208. See also Ellis, *American Creation*, pp. 4–5.

43 Eliga H. Gould, *Among the Powers of the Earth: The American Revolution and the Making of a New World Empire* (Cambridge, Massachusetts: Harvard University Press, 2012), pp. 10, 142.

44 Quoted in *ibid.*, p. 127. See also Ferling, *Whirlwind*, pp. 235–38, 320–21.

45 George C. Herring, *From Colony to Superpower: U.S. Foreign Relations Since 1776* (New York: Oxford University Press, 2008), pp. 26–34.

46 See Gordon S. Wood, *The Creation of the American Republic, 1776–1787* (Chapel Hill: University of North Carolina Press, 1998; first published in 1969), p. ix.
47 Here I respectfully dissent from Ellis, *American Creation,* p. 18, who dissents from himself, I think, on p. 9.
48 Wood points out the parallel in *Empire of Liberty: A History of the Early Republic, 1787–1815* (New York: Oxford University Press, 2006), p. 54.
49 Wood, *The Creation of the American Republic,* p. 16.
50 Quoted in *ibid.,* p. 395. I have followed, in these paragraphs, Wood's analysis in his chapter ten, but see also his summary in *Empire of Liberty,* pp. 14–20.
51 Quoted in Gould, *Among the Powers of the Earth,* p. 128.
52 Travel times from the Mississippi to the East Coast could, in this pre-railroad era, approach those across the Atlantic before there were steamships.
53 *Thoughts upon the Political Situation of the United States of America in Which That of Massachusetts Is More Particularly Considered,* attributed to Jonathan Jackson (Worcester, Massachusetts, 1788), pp. 45–46, quoted in Gould, *Among the Powers of the Earth,* p. 133.
54 For the pyramid, see David O. Stewart, *Madison's Gift: Five Partnerships That Built America* (New York: Simon and Schuster, 2015), pp. 18–25.
55 Chernow, *Washington,* pp. 313, 356, 518, 607–10. British repression after the Boston "tea party," an earlier Massachusetts tax protest, had pushed Washington into rebellion [*ibid.,* pp. 198–201] but Shays' Rebellion put the shoe on the other foot.
56 Washington in this sense, but few others, anticipated Woody Allen.
57 See www.comparativeconstitutionsproject.org/chronology/, based in turn on Zachary Elkins, Tom Ginsburg, and James Melton, *The Endurance of National Constitutions* (New York: Cambridge University Press, 2009).
58 The Constitution, without amendments, comes to about 4,500 words. *The Federalist* contains some 170,000.
59 Chernow, *Hamilton,* pp. 261–69.

60 James Boswell, *Life of Johnson,* edited by R. W. Chapman (New York: Oxford University Press, 1998; first published in 1791), p. 849.

61 "We must, indeed, all hang together, or most assuredly we shall all hang separately." [Quoted, without a source, in Jared Sparks, *The Works of Benjamin Franklin* (Boston: Hilliard Gray, 1840), I, p. 408.]

62 *The Federalist,* Modern Library College Edition (New York: Random House, no date), *#1,* pp. 3–4. Emphases added.

63 See Lynne Cheney, *James Madison: A Life Reconsidered* (New York: Penguin, 2014), pp. 2–8.

64 *Federalist #10,* pp. 53–58. Emphases in the original.

65 There are only three direct references to Machiavelli in the online edition of Madison's papers, none substantive. The link is: www.founders.archives.gov/about/ Madison.

66 *The Discourses on the First Ten Books of Titus Livius,* translated by Leslie J. Walker, S.J., with revisions by Brian Richardson (New York: Penguin, 1970), p. 275; also chapter four. For a thorough recent discussion, see Alissa M. Ardito, *Machiavelli and the Modern State:* The Prince, *the* Discourses on Livy, *and the Extended Territorial Republic* (New York: Cambridge University Press, 2015).

67 *Federalist #10,* pp. 60–61. For Burke's "inconveniences," see his speech to Parliament of March 22, 1775, discussed above.

68 For a similar argument about the Constitution, see Daniel M. Braun, "Constitutional Fracticality: Structure and Coherence in the Nation's Supreme Law," *Saint Louis University Law Journal* 32 (2013), 389–410, although the Roman analogy is my own.

69 Akhil Reed Amar succinctly explains why in *America's Constitution: A Biography* (New York: Random House, 2005), pp. 19–21.

70 In its most recent official edition of the Constitution, the Government Printing Office, normally scrupulous in its neutrality, calls the exclusion a "strained attempt" that "scarcely hid the regional divisions that would remain unresolved under the terms of union agreed to in 1787." ["Historical Note," *The Constitution of the United States of America, as Amended* (Washington, D.C.:

Government Printing Office, 2007), p. vi.] Madison may have influenced the editors, but he isn't referenced.

71 *Federalist #42, #54*, pp. 272–73, 358.
72 The choice is succinctly stated in Ellis, *American Creation*, pp. 18–19.
73 Hamilton's argument is in *Federalist #11*, p. 65, which, interestingly, immediately follows Madison's better-known *#10*. For Hamilton on slavery, see Chernow, *Hamilton*, pp. 210–16.
74 Ellis, *American Sphinx*, pp. 154–55.
75 Thomas Jefferson to John B. Colvin, September 20, 1810, in the Founders Online edition of the Jefferson papers at: founders.archives.gov. The territory acquired ran from the Mississippi to Texas in the south, and to the intersection of the Rocky Mountains and the 49th parallel in the north.
76 John Quincy Adams to Abigail Adams, June 30, 1811, quoted in Samuel Flagg Bemis, *John Quincy Adams and the Foundations of American Foreign Policy* (New York: Knopf, 1949), p. 182.
77 Elliott chronicles the process in his *Empires of the Atlantic World*, pp. 369–402.
78 John Quincy Adams to George W. Erving, U.S. minister in Madrid, November 28, 1818, quoted in Bemis, *John Quincy Adams*, p. 327. See also Charles N. Edel, *Nation Builder: John Quincy Adams and the Grand Strategy of the Republic* (Cambridge, Massachusetts: Harvard University Press, 2014), pp. 138–54.
79 Thoroughly covered in William Earl Weeks, *John Quincy Adams and American Global Empire* (Lexington: University Press of Kentucky, 1992), with full attention to how negotiation of the "Transcontinental Treaty" intersected with the earlier Florida controversy.
80 Monroe's message was the equivalent of what would later become the presidential State of the Union address, but in the nineteenth century they weren't given in person.
81 Sexton, *The Monroe Doctrine*, pp. 49–50.
82 *Federalist #11*, p. 65.
83 The quotations are from Adams's diary, March 3 and November 29, 1820,

quoted in Edel, *Nation Builder,* pp. 157–59. Edel analyzes Adams's dilemma in terms of Isaiah Berlin's irreconcilable incompatibilities, discussed in chapter four.

84 Charles H. Sherrill, "The Monroe Doctrine and the Canning Myth," *The Annals of the American Academy of Political and Social Science* 94 (July 1914), 96–97. See also Wendy Hinde, *George Canning* (Oxford: Basil Blackwell, 1989), pp. 345–74, 422.

85 The quotation is from the typescript notes for the speech, in the Churchill Archive, CHAR 9/140A/9-28, at: www.churchillarchive.com. For background, see John Lukacs, *Five Days in London: May 1940* (New Haven: Yale University Press, 1999).

86 "Reply of a South American to a Gentleman of This Island [Jamaica]," September 6, 1815, in *Selected Writings of Bolívar,* translated by Lewis Bertrand (New York: Colonial Press, 1951), I, p. 118.

87 Bolívar's argument here anticipates Jared Diamond, who has argued that it is far easier to organize regions spread across latitude than longitude. See his *Guns, Germs, and Steel: The Fates of Human Societies* (New York: Norton, 1999), pp. 176–91.

88 Bolívar, "Reply," pp. 109, 118. The Greeks, of course, didn't build a single state either, but maybe Bolívar, like Keats placing "stout Cortez" on a peak in Darien, merits a certain poetic license. Panama seems to bring out the need for one.

89 Bolívar, "Reply," p. 111.

90 *Ibid.,* p. 122.

91 Sexton, *The Monroe Doctrine,* provides the context at pp. 36–46.

92 Available online at: www.millercenter.org/president/jqadams/speeches/speech-3484.

第七章

1. Leo Tolstoy, *War and Peace,* translated by Richard Pevear and Larissa Volokhonsky (New York: Knopf, 2007), p. 774. For more on this passage, see W. B. Gallie, *Philosophers of Peace and War: Kant, Clausewitz, Marx, Engels and Tolstoy* (New York: Cambridge University Press, 1978), pp. 117–19; and Lawrence Freedman, *Strategy: A History* (New York: Oxford University Press, 2013), pp. 98–99. I've adapted portions of this chapter from my article "War, Peace, and Everything: Thoughts on Tolstoy," *Cliodynamics: The Journal of Theoretical and Mathematical History* 2 (2011), 40–51.
2. Donald Stoker, *Clausewitz: His Life and Work* (New York: Oxford University Press, 2014), pp. 94–128.
3. Alan Forrest and Andreas Herberg-Rothe assess the likelihood in their respective contributions to Rick McPeak and Donna Tussing Orwin, eds., *Tolstoy on War: Narrative Art and Historical Truth in "War and Peace"* (Ithaca: Cornell University Press, 2012), pp. 115, 143–44.
4. Michael Howard, "The Influence of Clausewitz," in Carl von Clausewitz, *On War,* edited and translated by Michael Howard and Peter Paret (Princeton: Princeton University Press, 1976), pp. 32–41; also Christopher Bassford, *Clausewitz in English: The Reception of Clausewitz in Britain and America, 1815–1945* (New York: Oxford University Press, 1994).
5. Clausewitz, *On War,* p. 113. Emphasis added.
6. Tolstoy, *War and Peace,* pp. 799–801.
7. Clausewitz, *On War,* p. 467.
8. *Ibid.,* p. 370.
9. Mikhail Kizilov, "The Tsar in the Queen's Room: The Visit of Russian Emperor Alexander I to Oxford in 1814," no date, available at: www.academia.com.
10. Clausewitz, *On War,* p. 605.
11. "A Few Words Apropos of the Book *War and Peace,*" in Tolstoy, *War and Peace,* p. 1217.

12 "The Hedgehog and the Fox," in Isaiah Berlin, *The Proper Study of Mankind: An Anthology of Essays,* edited by Henry Hardy and Roger Hausheer (New York: Farrar, Straus and Giroux, 1997), p. 458.
13 Clausewitz employs a wrestling analogy as early as the second paragraph of *On War,* p. 75.
14 Tolstoy, *War and Peace,* p. 1200.
15 Clausewitz, *On War,* p. 151. Emphasis added.
16 "Author's Preface to an Unpublished Manuscript on the Theory of War," in *ibid.,* p. 61.
17 Peter Paret, *Clausewitz and the State: The Man, His Theories, and His Times* (Princeton: Princeton University Press, 1985: first published by Oxford University Press in 1976), pp. 169–79.
18 Michael Howard, *Clausewitz: A Very Short Introduction* (New York: Oxford University Press, 2002), p. 41. Sir Michael doubts (p. 21) that Clausewitz, even if blessed with longevity, would have employed it to achieve brevity.
19 Tolstoy, *War and Peace,* p. 1181.
20 Dictionary.com.
21 Andrew Roberts, *Napoleon: A Life* (New York: Viking, 2014), pp. 577–80, 634–35.
22 Clausewitz, *On War,* pp. 75–76. The first italics are in the original; the remaining ones are mine.
23 I'm following here—although oversimplifying—Gallie, *Philosophers of Peace and War,* p. 52; also Howard, *Clausewitz,* pp. 13–14, and Peter Paret, "The Genesis of *On War,*" in Clausewitz, *On War,* pp. 2–3, 15–16.
24 Clausewitz, *On War,* p. 523.
25 Howard, *Clausewitz,* pp. 4, 18–19. For the Americans' role, see R. R. Palmer's classic *The Age of Democratic Revolution: A Political History of Europe and America, 1760–1800* (Princeton: Princeton University Press, 2014; first published in two volumes in 1959 and 1964).
26 These English equivalents for Clausewitz's term *Politik* draw on Bassford, *Clausewitz in English,* p. 22.

27 Thereby anticipating fears of all-out thermonuclear war during the Cold War, one of several reasons for the post–World War II revival of interest in Clausewitz. An influential example is Bernard Brodie, *War and Politics* (New York: Macmillan, 1973).
28 Clausewitz, *On War*, p. 87.
29 Roberts, *Napoleon*, pp. 555–79, provides a thorough account.
30 The exception was the Peninsular Campaign in Spain and Portugal.
31 Quoted in Roberts, *Napoleon*, p. 595.
32 For Kutuzov's abandonment of Moscow, see Dominic Lieven, *Russia Against Napoleon: The True Story of the Campaigns of* War and Peace (New York: Viking, 2010), pp. 209–14.
33 Clausewitz, *On War*, p. 97.
34 *Ibid.*, p. 161. For the role of emotion in Clausewitz's thinking, see Jon Tetsuro Sumida, "The Relationship of History and Theory in *On War*: The Clausewitzian Ideal and Its Implications," *Journal of Military History* 65 (April 2001), 337–38.
35 Tolstoy, *War and Peace*, pp. 993, 1000–1001.
36 Roberts, *Napoleon*, pp. 612–34; also Lieven, *Russia Against Napoleon*, pp. 252–57.
37 John Quincy Adams to John Adams, August 16, 1812, and to Abigail Adams, December 31, 1812, quoted in Samuel Flagg Bemis, *John Quincy Adams and the Foundations of American Foreign Policy* (New York: Knopf, 1949), pp. 177–78.
38 Clausewitz, *On War*, pp. 100, 112.
39 Sumida, "The Relationship of History and Theory in *On War*," pp. 345–48.
40 Clausewitz, *On War*, pp. 102, 109. Which is similar, I think, to what Malcolm Gladwell describes in *Blink: The Power of Thinking Without Thinking* (New York: Little, Brown, 2005).
41 See chapter four.
42 *Ibid.*, pp. 104, 119. For Tolstoy on travelers, inns, and plans gone awry, see *War and Peace*, pp. 347–49.
43 Paret, *Clausewitz and the State*, pp. 197–99, provides a thorough discussion.
44 Roberts, *Napoleon*, p. 596.

45 "Preface to an Unpublished Manuscript," in Clausewitz, *On War,* p. 61.
46 See, for elaborations, Hew Strachan, *Carl von Clausewitz's* On War: *A Biography* (London: Atlantic Books, 2007), p. 153; Howard, *Clausewitz,* p. 25; and Fred R. Shapiro, *The Yale Book of Quotations* (New Haven: Yale University Press, 2006), for admirably comprehensive derivations of the last two principles.
47 Clausewitz, *On War,* p. 120.
48 *Ibid.,* p. 103.
49 *Ibid.,* p. 112.
50 Tolstoy, *War and Peace,* pp. 618–27.
51 *Ibid.,* pp. 738–45.
52 See chapter three.
53 "Preface to an Unpublished Manuscript," in Clausewitz, *On War,* p. 61.
54 *Ibid.,* pp. 122, 141, 374.
55 *Ibid.,* p. 142.
56 *Ibid.,* pp. 168–69. Emphases in the original.
57 Quoted in Stoker, *Clausewitz,* p. 109.
58 Tolstoy, *War and Peace,* p. 640.
59 Pierre and Natasha do this at the end of *War and Peace,* pp. 1174–77.
60 Clausewitz, *On War,* pp. 85–86.
61 *Ibid.,* p. 89.
62 See Alan Beyerchen, "Clausewitz, Nonlinearity, and the Unpredictability of War," *International Security* 17 (Winter 1992–93), especially pp. 61–72.
63 Clausewitz, *On War,* pp. 107, 135.
64 *Ibid.,* p. 595.
65 See chapter four.
66 Tolstoy, *War and Peace,* p. 1203.
67 For more on this, see chapter six.
68 Tolstoy, *War and Peace,* pp. 1212–13.
69 A. N. Wilson, *Tolstoy* (New York: Norton, 1988), pp. 297–301.
70 A point well made in Paret, *Clausewitz and the State,* p. 338.

71　See Paul Bracken, "Net Assessment: A Practical Guide," *Parameters* (Spring 2006), 90–100.
72　Clausewitz, *On War*, p. 158.
73　Never better explained than in John Keegan, *The Face of Battle: A Study of Agincourt, Waterloo, and the Somme* (New York: Penguin, 1983).
74　Lieven, *Russia Against Napoleon,* p. 259.
75　*The Federalist,* Modern Library College Edition (New York: Random House, no date), *#28,* p. 171.
76　Clausewitz, *On War*, p. 523.

第八章

1　Adams was there as United States minister from 1809 to 1814, but he'd also spent 1781–82 as a teenage French translator for Francis Dana, who'd unsuccessfully sought diplomatic recognition from Catherine II. James Traub, *John Quincy Adams: Militant Spirit* (New York: Basic Books, 2016), pp. 28–30, 160–82, provides the best recent account.
2　John Quincy Adams diary, May 8, 1824, Massachusetts Historical Society online edition, at: www.masshist.org/jqadiaries. See also Charles Edel, *Nation Builder: John Quincy Adams and the Grand Strategy of the Republic* (Cambridge, Massachusetts: Harvard University Press, 2014), pp. 194–96. The Adams diaries, some fourteen thousand pages in fifty-one volumes, extend, with gaps, from 1779 to 1848. For a new abridgement, see *John Quincy Adams: Diaries,* edited by David Waldstreicher, two volumes (New York: Library of America, 2017).
3　See Samuel Flagg Bemis, *John Quincy Adams and the Foundations of American Foreign Policy* (New York: Knopf, 1949), especially pp. 566–72.
4　Washington, Jefferson, Madison, and Monroe had all come from Virginia.

注 释

5   Adams diary, May 8, 1824.
6   For his annihilation of the British at the battle of New Orleans, fought in January 1815, after Adams and his fellow peace negotiators had concluded the Treaty of Ghent on December 24, 1814, but before word of it had crossed the Atlantic.
7   Sean Wilentz, *The Rise of American Democracy: Jefferson to Lincoln* (New York: Norton, 2005), p. 255. See also Edel, *Nation Builder,* p. 192.
8   The Adams message, dated December 6, 1825, is available online from the University of Virginia's Miller Center of Public Affairs at: www.millercenter.org/the-presidency/presidential-speeches/december-6-1825-message-regarding-congress-american-nations. For its reception, see Traub, *John Quincy Adams,* pp. 322–27; also Fred Kaplan, *John Quincy Adams: American Visionary* (New York: HarperCollins, 2014), pp. 404–5.
9   These explanations appear, respectively, in Edel, *Nation Builder,* p. 188; Traub, *John Quincy Adams,* p. 294; Walter Russell Mead, *Special Providence: American Foreign Policy and How It Changed the World* (New York: Knopf, 2001), pp. 218–63; and Robert Kagan, *Dangerous Nation: America's Place in the World from Its Earliest Days to the Dawn of the Twentieth Century* (New York: Knopf, 2006), pp. 265–300. For Adams on the Missouri Compromise, see chapter six.
10 *The Congressional Globe* for February 21, 1848, records two votes on the resolution, with Adams and Lincoln both against in each instance. Just after the second, the *Globe* notes a hasty adjournment after "the venerable John Quincy Adams . . . was observed to be sinking from his seat in what appeared to be the agonies of death." See also Traub, *John Quincy Adams,* pp. 525–28.
11 Michael Burlingame, *Abraham Lincoln: A Life,* vol. 1 2 vols. (Baltimore: Johns Hopkins University Press, 2008), pp. 4, 26–27, 43–44, 172. Mark Twain's novel wouldn't appear in the United States until 1885.
12 Burlingame, *Lincoln I,* pp. 1, 41–42. See also Richard Carwardine, *Lincoln: A Life of Purpose and Power* (New York: Random House, 2006), pp. 50–51.
13 Burlingame, *Lincoln I,* pp. 53–56. See also Doris Kearns Goodwin, *Team of Rivals: The Political Genius of Abraham Lincoln* (New York: Simon and Schuster, 2005), p. 50.

14 Carwardine, *Lincoln,* pp. 39–40.
15 Fred Kaplan, *Lincoln: The Biography of a Writer* (New York: HarperCollins, 2008), especially pp. 30–59.
16 Burlingame, *Lincoln I,* pp. 51, 66–71, 75–81. Lincoln's military service took place, he'd have said ingloriously, as a volunteer in the Black Hawk War of 1832. The New Salem general store he co-owned briefly went bankrupt, and he appears to have spent more time as the town's postmaster telling stories than putting up mail. Rail-splitting, I've had to explain to my students, involved the construction of wooden fences, not railroads.
17 *Ibid.,* pp. 71–75, 81–85.
18 A process described carefully in Wilentz, *The Rise of American Democracy,* pp. 482–518.
19 Although their successful candidate, William Henry Harrison, died shortly after taking office in 1841, leaving the vice president John Tyler, a closeted southern Democrat, to succeed him.
20 Burlingame, *Lincoln I,* pp. 264–70.
21 *Ibid.,* pp. 296–310.
22 Lincoln speech at Peoria, Illinois, October 16, 1854, in *Abraham Lincoln Speeches and Writings, 1832–1858* (New York: Library of America, 1989), pp. 337–38 [hereafter *Lincoln Speeches and Writings I*]. All capitalizations and emphases from this source are in the original.
23 The compromise of 1820 admitted Missouri to the Union as a slave state, but left territories to the north and west of it, as far as the Rocky Mountains, free. In the 1850 compromise that followed the Mexican War, California became a free state, with slavery to be allowed in the New Mexico and Utah territories if their citizens supported it.
24 Lincoln to George Robertson, August 15, 1855, in *Lincoln Speeches and Writings I,* p. 359. For the increasing profitability of slavery, see Sven Beckert, *Empire of Cotton: A Global History* (New York: Knopf, 2014), pp. 105–20.
25 Lewis E. Lehrman, *Lincoln at Peoria: The Turning Point* (Mechanicsburg,

注　释

Pennsylvania: Stackpole Books, 2008), pp. 71–99, provides a careful assessment of Douglas and his motives. See also Burlingame, *Lincoln I*, pp. 370–74.
26　Quoted in *ibid.*, p. 374.
27　*Lincoln Speeches and Writings I*, p. 315. Lincoln spoke at Springfield on October 4 and in Peoria on October 16, 1854, with Douglas present on both occasions. Only the Peoria version of the speech was published, however. Lehrman, *Lincoln at Peoria*, provides the best account of the speech's origins, content, and implications.
28　Burlingame describes the circuit in *Lincoln I*, pp. 322–32.
29　*Ibid.*, p. 418.
30　*Ibid.*, pp. 333–34. For Adams on Euclid, see his diary, March 26, 1786.
31　*Lincoln Speeches and Writings I*, p. 303.
32　*Ibid.*, pp. 322, 328–33.
33　Lehrman, *Lincoln at Peoria*, p. 107, calls this a "hijacking," although a "sincere and shrewd" one.
34　*Lincoln Speeches and Writings I*, pp. 308–9, 316–17, 320–21, 323, 337, 340.
35　Goodwin makes a similar point in *Team of Rivals*, p. 103.
36　*Lincoln Speeches and Writings I*, p. 426. See also Wilentz, *The Rise of American Democracy*, pp. 677–715.
37　For *Dred Scott v. Sandford*, see Don E. Fehrenbacher, *The Dred Scott Case: Its Significance in American Law and Politics* (New York: Oxford University Press, 1978).
38　*Lincoln Speeches and Writings I*, p. 426.
39　Douglas had included the most inflammatory provision of the Kansas-Nebraska Act, the explicit repeal of the Missouri Compromise, only at the last minute because southern congressmen made it the price of their support. See Wilentz, *The Rise of American Democracy*, p. 672.
40　The quotation is from Jesus, at Mark 3:25.
41　*Lincoln Speeches and Writings I*, p. 426.
42　The voluminous transcripts are in *ibid.*, pp. 495–822.
43　*Ibid.*, pp. 769, 814.

44 Senators would not be popularly elected until after the ratification of the Seventeenth Amendment, in 1913.
45 I'm appropriating here J. H. Hexter's taxonomy in his *On Historians* (Cambridge, Massachusetts: Harvard University Press, 1979), pp. 241–43. Burlingame, *Lincoln I*, pp. 598–99, explains the origins of Lincoln's nickname.
46 With a few exceptions, summarized in Carwardine, *Lincoln*, pp. 93–94.
47 Their portraits, as they appeared in *Harper's*, are in Goodwin, *Team of Rivals*, pp. 1–2.
48 Lincoln to Samuel Galloway, March 24, 1860, in *Abraham Lincoln Speeches and Writings, 1859–1865* (New York: Library of America, 1989), p. 152 [hereafter *Lincoln Speeches and Writings II*].
49 See *ibid.*, pp. 29–101, 111–50.
50 He'd have had in mind the "corrupt bargain" charges that ruined John Quincy Adams's presidency.
51 Kevin Peraino, *Lincoln in the World: The Making of a Statesman and the Dawn of American Power* (New York: Crown, 2013), pp. 7–8.
52 Burlingame, *Lincoln I*, pp. 627–83, provides a full account.
53 Quoted in Goodwin, *Team of Rivals*, p. 319. See also Burlingame, *Lincoln I*, p. 720.
54 Lincoln to William Seward, February 1, 1861, in *Lincoln Speeches and Writings II*, p. 197. For Lincoln's consideration of compromises, see Burlingame, *Lincoln I*, pp. 745–53.
55 Parmenas Taylor Turnley, *Reminiscences, From the Cradle to Three-Score and Ten* (Chicago: Donohue and Henneberry, 1892), p. 264. I owe this quotation to Burlingame, who cites it incorrectly in *Lincoln I*, p. 903.
56 Thus echoing the Athenians at Sparta.
57 *Lincoln Speeches and Writings II*, pp. 215–24.
58 James M. McPherson, *Tried by War: Abraham Lincoln as Commander in Chief* (New York: Penguin, 2008), pp. 20–21.
59 Carwardine, *Lincoln*, pp. 24–26.

60 Russell F. Weigley, *The American Way of War: A History of United States Military Strategy and Policy* (New York: Macmillan, 1973), pp. 97–127.

61 Henry Halleck to Lincoln, January 6, 1862, quoted in McPherson, *Tried by War*, p. 70. See also Weigley, *The American Way of War*, p. 83; and Mark Greenbaum, "Lincoln's Do-Nothing Generals," *New York Times*, November 27, 2011.

62 Lincoln to Halleck and Don C. Buell, January 13, 1862, in *Lincoln Speeches and Writings II*, p. 302.

63 See Weigley, *The American Way of War*, p. 95; and McPherson, *Tried by War*, pp. 70–71.

64 Weigley, *The American Way of War*, pp. 77–91; Peter Paret, *Clausewitz and the State: The Man, His Theories, and His Times* (Princeton: Princeton University Press, 1985; first published by Oxford University Press in 1976), pp. 152–53; Christopher Bassford, *Clausewitz in English: The Reception of Clausewitz in Britain and America, 1815–1945* (New York: Oxford University Press, 1994), pp. 56–59. Francis Lieber, a Prussian émigré whose writings on the laws of war influenced Lincoln, was a careful student of Clausewitz, whom he read in the original German. See John Fabian Witt, *Lincoln's Code: The Laws of War in American History* (New York: Free Press, 2012), pp. 185–86.

65 McPherson lists the failed generals in *Tried by War*, p. 8.

66 *Ibid.*, p. 142; also James M. McPherson, *Abraham Lincoln and the Second American Revolution* (New York: Oxford University Press, 1991), pp. 68–72.

67 Carl von Clausewitz, *On War*, edited and translated by Michael Howard and Peter Paret (Princeton: Princeton University Press, 1976), p. 75.

68 Quoted in Burlingame, *Lincoln II*, p. 154; also Lincoln to Orville H. Browning, September 22, 1861, in *Lincoln Speeches and Writings II*, p. 269.

69 Allen C. Guelzo, *Lincoln's Emancipation Proclamation: The End of Slavery in America* (New York: Simon and Schuster, 2004), pp. 31–33, 46–59.

70 Lincoln to Albert G. Hodges, April 4, 1864, in *Lincoln Speeches and Writings II*, p. 585.

71 Clausewitz, *On War*, p. 87. See also McPherson, *Tried by War*, pp. 5–6.

72 Guelzo, *Lincoln's Emancipation Proclamation*, pp. 3–4; McPherson, *Lincoln*

and the Second American Revolution, p. 91. Clausewitz states his paradox in *On War*, p. 119.
73　McPherson, *Tried by War*, p. 52.
74　Quoted in *ibid.*, p. 66.
75　McPherson, *Lincoln and the Second American Revolution*, pp. 85–86.
76　Guelzo, *Lincoln's Emancipation Proclamation*, pp. 83–90; McPherson, *Tried by War*, pp. 158–59.
77　Lincoln to Greeley, August 22, 1862, in *Lincoln Speeches and Writings II*, p. 358; Carwardine, *Lincoln*, p. 209.
78　Charles Francis Adams, *John Quincy Adams and Emancipation Under Martial Law (1819–1842)*, in Adams and Worthington Chauncey Ford, *John Quincy Adams* (Cambridge, Massachusetts: John Wilson and Son, 1902), pp. 7–79. See also Guelzo, *Lincoln's Emancipation Proclamation*, pp. 123–27; and Witt, *Lincoln's Code*, pp. 204–5.
79　Preliminary Emancipation Proclamation, September 22, 1862, in *Lincoln Speeches and Writings II*, p. 368.
80　Guelzo, *Lincoln's Emancipation Proclamation*, p. 173.
81　Annual Message to Congress, December 1, 1862, in *Lincoln Speeches and Writings II*, pp. 393–415.
82　Eulogy on Henry Clay, July 6, 1852, in *Lincoln Speeches and Writings I*, p. 264.
83　See, for example, *ibid.*, pp. 315, 340.
84　Special Message to Congress, July 4, 1861, *Lincoln Speeches and Writings II*, p. 259.
85　Quoted in Burlingame, *Lincoln II*, p. 167.
86　*Lincoln Speeches and Writings II*, pp. 409–11.
87　See note 8, above.
88　Edel, *Nation Builder*, p. 298; Kagan, *Dangerous Nation*, pp. 258–64, 269; McPherson, *Lincoln and the Second American Revolution*, pp. 39–40.
89　Peraino, *Lincoln in the World*, pp. 183, 187.
90　Beckert, *Empire of Cotton*, pp. 242–65; Witt, *Lincoln's Code*, pp. 142–57.
91　Quoted in Burlingame, *Lincoln II*, pp. 119, 167.

注 释

92 Peraino, *Lincoln in the World*, pp. 66-69; also Walter Stahr, *Seward: Lincoln's Indispensable Man* (New York: Simon and Schuster, 2012), pp. 269-73.
93 Lincoln to Seward, April 1, 1861 (apparently not sent), in *Lincoln Speeches and Writings II*, p. 228.
94 Witt, *Lincoln's Code*, pp. 164-69. See also Burlingame, *Lincoln II*, pp. 221-29; and Peraino, *Lincoln in the World*, pp. 123-62.
95 For a good account of this neglected episode, see *ibid.*, pp. 224-95. Maximilian went to Mexico anyway, despite Union victories and Napoleon's withdrawal of support. He wound up before a firing squad there in 1867.
96 Richard Overy, *Why the Allies Won* (London: Pimlico, 1995), pp. 282-313, stresses the importance of moral high ground in a more recent major war.
97 Peraino, *Lincoln in the World*, pp. 207-15; Guelzo, *Lincoln's Emancipation Proclamation*, pp. 253-54. For an older but comprehensive assessment, see D. P. Crook, *The North, the South, and the Powers, 1861-1865* (New York: Wiley, 1974), pp. 236-55.
98 Beckert, *Empire of Cotton*, pp. 265-67. See also McPherson, *Lincoln and the Second American Revolution*, pp. vii-viii, 6-7.
99 *Ibid.*, pp. 17-18.
100 Memorandum on Probable Failure of Re-election, August 23, 1864, in *Lincoln Speeches and Writings II*, p. 624. For more on the "blind memorandum," which Lincoln made his cabinet sign but only later allowed them to read, see Burlingame, *Lincoln II*, pp. 674-76.
101 McPherson, *Tried by War*, pp. 231-44.
102 Quoted in Burlingame, *Lincoln II*, p. 729.
103 Address of the International Working Men's Association to Abraham Lincoln, President of the United States of America, written by Marx in late November 1864, and presented to Ambassador Charles Francis Adams, January 28, 1865, available at: www.marxists.org/archive/marx/iwma/documents/1864/lincoln-letter.htm.
104 Quoted in Edel, *Nation Builder*, pp. 157-59. For the context, see chapter six.
105 J. David Hacker, "Recounting the Dead," *New York Times*, September 20, 2011.

The regimental figures are from www.civilwararchive.com/regim.htm, and the service estimates from www.civilwar.org/education/history/faq. The best overall account is Drew Gilpin Faust, *This Republic of Suffering: Death and the American Civil War* (New York: Knopf, 2008).

106 See note 55, above.
107 McPherson, *Lincoln and the Second American Revolution*, pp. 23–25, 41–42.
108 Weigley, *The American Way of War*, pp. xxi–xxiii; also Paul Kennedy, *The Rise and Fall of the Great Powers: Economic Change and Military Conflict from 1500 to 2000* (New York: Random House, 1987), pp. 178–82.
109 Gettysburg Address, *Lincoln Speeches and Writings II*, November 19, 1863; ibid., p. 536; Edel, *Nation Builder*, stresses this line of inheritance at pp. 297–99.
110 Burlingame, *Lincoln I*, p. xii. Burlingame's "conclusion" comes at the beginning of his 1976-page two-volume biography.
111 I'm expanding, here, on an argument made in McPherson, *Lincoln and the Second American Revolution*, pp. 93–95.
112 It's revealing, in this respect, to compare *Federalist #10* with the constitutional doctrines of the mature John C. Calhoun, who saw costs in all compromises. See Merrill D. Peterson, *The Great Triumvirate: Webster, Clay, and Calhoun* (New York: Oxford University Press, 1987), pp. 409–13.
113 See Carwardine, *Lincoln*, pp. 221–35.
114 *Ibid.*, p. 228.
115 Guelzo, *Lincoln's Emancipation Proclamation*, pp. 171–72.
116 "Meditation on the Divine Will," September 1862, in *Lincoln Speeches and Writings II*, p. 359.
117 *Ibid.*, p. 687.
118 Lee surrendered, at Appomattox, on April 9, 1865.
119 See Rosamund Bartlett, *Tolstoy: A Russian Life* (Boston: Houghton Mifflin Harcourt, 2011), pp. 251–93.
120 Lincoln to Albert G. Hodges, April 4, 1864, in *Lincoln Speeches and Writings II*, p. 586.

第九章

1 Andrew Roberts, *Salisbury: Victorian Titan* (London: Phoenix, 2000), pp. 46–50, 170. I prefer the term "Great War" for the years before anyone knew to call it "World War I."
2 Walter Stahr, *Seward: Lincoln's Indispensable Man* (New York: Simon and Schuster, 2012), pp. 482–504. For the larger pattern of decentralization, see John A. Thompson, *A Sense of Power: The Roots of America's Global Role* (Ithaca: Cornell University Press, 2015), pp. 38–39.
3 Robert Kagan, *Dangerous Nation: America's Place in the World from Its Earliest Days to the Dawn of the Twentieth Century* (New York: Knopf, 2006), p. 302; also C. Vann Woodward, "The Age of Reinterpretation," *American Historical Review* 66 (October 1960), 2–8.
4 Roberts, *Salisbury*, pp. 105–6, 436–37, 490.
5 Olney's July 20 note is in U.S. Department of State, *Papers Relating to the Foreign Affairs of the United States, 1895*, vol. I, pp. 542–63. Jay Sexton, *The Monroe Doctrine: Empire and Nation in Nineteenth-Century America* (New York: Hill and Wang, 2011), pp. 201–8, provides context.
6 The classic account is Henry Kissinger, "The White Revolutionary: Reflections on Bismarck," *Daedalus* 97 (Summer 1968), 888–924. See also Jonathan Steinberg, *Bismarck: A Life* (New York: Oxford University Press, 2011), pp. 441–50.
7 Quoted in Paul Kennedy, *The Rise of the Anglo-German Antagonism, 1860–1914* (London: Allen and Unwin, 1980), p. 220.
8 Roberts, *Salisbury*, pp. 619–26; Kennedy, *The Rise of the Anglo-German Antagonism*, pp. 464–65. See also Paul Kennedy, *The Rise and Fall of the Great Powers: Economic Change and Military Conflict from 1500 to 2000* (New York: Random House, 1987), p. 201.
9 Quoted in Roberts, *Salisbury*, p. 610.
10 For comprehensive accounts, see Bradford Perkins, *The Great Rapprochement: England and the United States, 1895–1914* (New York: Atheneum, 1968);

Stephen R. Rock, *Why Peace Breaks Out: Great Power Rapprochement in Historical Perspective* (Chapel Hill: University of North Carolina Press, 1989), pp. 24–63; and Charles A. Kupchan, *How Enemies Become Friends: The Sources of Stable Peace* (Princeton: Princeton University Press, 2010), pp. 73–111.

11 See Roberts, *Salisbury,* p. 633. For an alternative view, see Michael Howard, *The Continental Commitment: The Dilemma of British Defence Policy in the Era of the Two World Wars* (London: Ashfield Press, 1989; first published in 1972), pp. 29–30.

12 The phrase is from Georgi Arbatov, as quoted in Jean Davidson, "UCI Scientists Told Moscow's Aim Is to Deprive U.S. of Foe," *Los Angeles Times,* December 12, 1988.

13 Roberts, *Salisbury,* pp. 51–52.

14 See chapter six.

15 Quoted in Roberts, *Salisbury,* p. 662.

16 *Ibid.,* p. 512.

17 H. J. Mackinder, "The Geographical Pivot of History," *The Geographical Journal* 23 (April 1904), 421–44. See also Brian W. Blouet, *Halford Mackinder: A Biography* (College Station: Texas A& M University Press, 1987); and, for the railroad revolution, Christian Wolmar, *Blood, Iron, and Gold: How the Railroads Transformed the World* (New York: Public Affairs, 2010).

18 Mackinder, "The Geographical Pivot of History," p. 437.

19 Blouet, *Mackinder,* pp. 118–20.

20 For background on the Crowe memorandum, which remained unpublished until 1928, see K. M. Wilson, "Sir Eyre Crowe on the Origin of the Crowe Memorandum of 1 January 1907," *Historical Research* 56 (November 1983), 238–41; also Zara S. Steiner, *The Foreign Office and Foreign Policy, 1898–1914* (Cambridge: Cambridge University Press, 1969), pp. 108–18; and, for Crowe's continuing influence, Jeffrey Stephen Dunn, *The Crowe Memorandum: Sir Eyre Crowe and Foreign Office Perceptions of Germany, 1918–1925* (Newcastle upon Tyne: Cambridge Scholars Publishing, 2013). I've discussed the "long telegram" in *George F. Kennan: An American Life* (New York: Penguin, 2011), pp. 215–22.

21 Memorandum on the Present State of British Relations with France and

Germany, January 1, 1907, in *British Documents on the Origins of the War, 1898-1914,* III, pp. 397-420, available at: www.dbpo.chadwyck.com/marketing/index.jsp. All quotations below are from this version.

22 See chapter two.
23 For a 1951 version of this argument, see my *George F. Kennan,* p. 415.
24 Steinberg, *Bismarck,* pp. 180-81.
25 For Bismarck's colonial policy, see Kennedy, *The Rise of the Anglo-German Antagonism,* pp. 167-83.
26 Emphasis added.
27 The classic account remains Barbara Tuchman, *The Guns of August* (New York: Macmillan, 1962). But see also Christopher Clark, *The Sleepwalkers: How Europe Went to War in 1914* (New York: HarperCollins, 2013); Margaret MacMillan, *The War That Ended Peace: The Road to 1914* (New York: Random House, 2013); and Sean McMeekin, *July 1914: Countdown to War* (New York: Basic Books, 2013).
28 Wikipedia thoroughly assesses the complicated statistics.
29 Henry Kissinger, *Diplomacy* (New York: Simon and Schuster, 1994), p. 200.
30 Howard, *The Continental Commitment,* pp. 30-31.
31 Total British army deaths, including those from the dominions and the colonies, exceeded 900,000 (www.1914-1918.net/faq.htm). The maximum estimate for Civil War deaths is now 750,000, as discussed in chapter eight.
32 Sir John Robert Seeley, *The Expansion of England: Two Courses of Lectures* (New York: Cosimo Classics, 2005; first published in 1891), p. 8.
33 Mackinder himself developed this idea in a book, *Democratic Ideals and Reality: A Study in the Politics of Reconstruction* (New York: Henry Holt, 1919), which never gained the influence of his article. See also Blouet, *Mackinder,* pp. 164-65.
34 Roberts, *Salisbury,* pp. 812-14.
35 See Christopher Howard, "Splendid Isolation," *History* 47, 159 (1962), 32-41.
36 Kennedy, *The Rise and Fall of the Great Powers,* p. 248. The comparisons in this paragraph are from pp. 200-202; but see also Robert J. Gordon, *The Rise*

and Fall of American Growth: The U.S. Standard of Living Since the Civil War (Princeton: Princeton University Press, 2016), pp. 27–318.

37 Kennedy, *The Rise and Fall of the Great Powers*, p. 248.
38 See Walter Lippmann, *U.S. Foreign Policy: Shield of the Republic* (Boston: Little, Brown, 1943), especially pp. 11–26.
39 I owe this point to Michael Howard, in *The Continental Commitment*, p. 9. See also Thompson, *A Sense of Power*, pp. 41–43.
40 Quoted in John Milton Cooper, *Woodrow Wilson: A Biography* (New York: Random House, 2009), p. 263.
41 Charles E. Neu, *Colonel House: A Biography of Woodrow Wilson's Silent Partner* (New York: Oxford University Press, 2015), pp. 23, 142. House wasn't a real colonel, but had been awarded that title by Texas governor James Stephen Hogg in 1893, presumably for political services rendered.
42 David Milne, *Worldmaking: The Art and Science of American Diplomacy* (New York: Farrar, Straus and Giroux, 2015), pp. 95–96.
43 Neu, *Colonel House*, p. 142; also Cooper, *Woodrow Wilson*, pp. 263–66.
44 See Katherine C. Epstein, *Torpedo: Inventing the Military-Industrial Complex in the United States and Great Britain* (Cambridge, Massachusetts: Harvard University Press, 2014).
45 Cooper, *Woodrow Wilson*, pp. 285–89; also Erik Larson, *Dead Wake: The Last Crossing of the* Lusitania (New York: Broadway Books, 2015).
46 Neu, *Colonel House*, p. 270.
47 Thomas Boghardt, *The Zimmermann Telegram: Intelligence, Diplomacy, and America's Entry into World War I* (Annapolis: Naval Institute Press, 2012).
48 Cooper, *Woodrow Wilson*, p. 387; also David Runciman, *The Confidence Trap: A History of Democracy in Crisis from World War I to the Present* (Princeton: Princeton University Press, 2013), pp. 39–40.
49 Cooper, *Woodrow Wilson*, p. 380.
50 *Ibid.*, pp. 341–42, 462–66; also A. Scott Berg, *Wilson* (New York: G. P. Putnam's Sons, 2013), pp. 515–23.
51 Neu, *Colonel House*, p. 384; Cooper, *Woodrow Wilson*, p. 421.

52 Paul Cambon, quoted in Berg, *Wilson*, p. 534. See also Cooper, *Woodrow Wilson*, p. 419, and, for an overall assessment, Gaddis Smith, *Woodrow Wilson's Fourteen Points After 75 Years* (New York: Carnegie Council for Ethics in International Affairs, 1993).

53 Here, and in the following paragraph, I've used the text of the "Fourteen Points" speech, available at: www.avalon.law.yale.edu/20th_century/wilson14.asp.

54 A recent comprehensive account is Sean McMeekin, *The Russian Revolution: A New History* (New York: Basic Books, 2017). See also Arno J. Mayer's earlier but influential *Wilson vs. Lenin: The Political Origins of the New Diplomacy, 1917–1918* (Cleveland: World Publishing, 1964; first published under the subtitle by the Yale University Press in 1959).

55 The best accounts are still George F. Kennan's two Princeton University Press volumes: *Soviet-American Relations, 1917–1920: Russia Leaves the War* (1956) and *The Decision to Intervene* (1958).

56 I've discussed this paradox in *Russia, the Soviet Union, and the United States: An Interpretive History*, second edition (New York: McGraw Hill, 1990), pp. 71–72. For a reassessment of the German victory in the east and its aftermath, see Adam Tooze, *The Deluge: The Great War, America and the Remaking of the Global Order* (New York: Penguin, 2014）, pp. 108–70.

57 Runciman, *The Confidence Trap*, pp. 74–75, makes a similar argument.

58 See Jonathan D. Spence, *God's Chinese Son: The Taiping Heavenly Kingdom of Hong Xiuquan* (New York: Norton, 1996).

59 A point made by Kennan in *The Decline of Bismarck's European Order*, pp. 3–7.

60 See chapter two.

61 Shrewdly assessed in Thompson, *A Sense of Power*, pp. 76–79.

62 In the sense of the support for war on which each belligerent relied, not the more rigorous definitions devised by "democratic peace" theorists in their efforts to convince themselves that democracies don't fight one another. Bruce Russett summarizes these in *Grasping the Democratic Peace: Principles for a Post–Cold War World* (Princeton: Princeton University Press, 1993), pp. 73–83.

63 See note 53, above.

64 Paul Kennedy, *The Parliament of Man: The Past, Present, and Future of the United Nations* (New York: Random House, 2006), pp. 3–8.
65 Keith Robbins, *Sir Edward Grey: A Biography of Lord Grey of Fallodon* (London: Cassell, 1971), pp. 156–57, 319–20; also Howard, *The Continental Commitment*, pp. 51–52; and Neu, *Colonel House*, pp. 214–15.
66 Kissinger, *Diplomacy*, p. 223.
67 See chapter six.
68 Kissinger, *Diplomacy*, pp. 78–102; also Erez Manela, *The Wilsonian Moment: Self- Determination and the International Origins of Anticolonial Nationalism* (New York: Oxford University Press, 2007).
69 See Berg, *Wilson*, p. 585.
70 Robert B. Strassler, ed., *The Landmark Thucydides: A Comprehensive Guide to the Peloponnesian War*, a revised version of the Richard Crawley translation (New York: Simon and Schuster, 1996), 4:65.
71 *Ibid.*, 5:89.
72 See Robert V. Daniels, *The Rise and Fall of Communism in Russia* (New Haven: Yale University Press, 2007), pp. 32, 48.
73 Lenin's speech of November 27, 1920, in Jane Degras, ed., *Soviet Documents on Foreign Policy* (New York: Oxford University Press, 1951), I, p. 221.
74 Quoted in Catherine Merridale, *Lenin on the Train* (New York: Metropolitan Books, 2017), p. 195.
75 See chapter one.
76 Quoted in Stephen Kotkin, *Stalin: The Paradoxes of Power, 1878–1928* (New York: Penguin, 2014), p. 612. See also, for this and the following paragraph, Gaddis, *Russia, the Soviet Union, and the United States*, pp. 98–116.
77 Robert Gellately, *Lenin, Stalin, and Hitler: The Age of Social Catastrophe* (New York: Knopf, 2007), pp. 163–65.
78 Thompson, *A Sense of Power*, pp. 110–11, 127–31. Lenin's concept of dictatorship as vanguard dates back to his 1902 pamphlet "What Is to Be Done?" available at: www.marxists.org/archive/lenin/works/1901/witbd/index.htm.
79 Tooze, *The Deluge*, pp. 515–16.

80　Adam Tooze, *The Wages of Destruction: The Making and Breaking of the Nazi Economy* (New York: Penguin, 2007), especially pp. xxiv–xxvi and 7–12; also Timothy D. Snyder, *Black Earth: The Holocaust as History and Warning* (New York: Tim Duggan, 2015), pp. 11–28.

81　Tooze, *Wages of Destruction,* pp. 12–33.

82　Stalin's report is available at: www.marxists.org/reference/archive/stalin/works/1933/01/07.htm.

83　Isaiah Berlin, *Personal Impressions,* edited by Henry Hardy, third edition (Princeton: Princeton University Press, 2014), pp. 37–39, 41. Berlin's essay on Roosevelt first appeared as "Roosevelt Through European Eyes," *The Atlantic* 196 (July 1955), 67–71.

84　Conrad Black, *Franklin Delano Roosevelt: Champion of Freedom* (New York: Public Affairs, 2003), pp. 126–27, 254–55; Alonzo L. Hamby, *For the Survival of Democracy: Franklin Roosevelt and the World Crisis of the 1930s* (New York: Free Press, 2004), pp. 129–35.

85　Gaddis, *Russia, the Soviet Union, and the United States,* pp. 118–21; also Thomas R. Maddux, *Years of Estrangement: American Relations with the Soviet Union, 1933–1941* (Tallahassee: University Presses of Florida, 1980), pp. 11–26; Mary E. Glantz, *FDR and the Soviet Union: The President's Battles over Foreign Policy* (Lawrence: University Press of Kansas, 2005), pp. 15–23.

86　Black, *Roosevelt,* pp. 21, 60, 65–66. See also Alonzo L. Hamby, *Man of Destiny: FDR and the Making of the American Century* (New York: Basic Books, 2015), pp. 54–55; and www.fdrlibrary.tumblr.com/post/94080352024/day-77-fdr-visits-the-panama-canal.

87　Robert Dallek, *Franklin D. Roosevelt and American Foreign Policy, 1932–1945* (New York: Oxford University Press, 1979), pp. 75–76. See also David Kaiser, *No End Save Victory: How FDR Led the Nation into War* (New York: Basic Books, 2014), pp. 22–23.

88　Germany had finally been admitted to the League in 1926. Japan was a founding member.

89　Dallek, *Franklin D. Roosevelt and American Foreign Policy,* pp. 75, 175–76.

90 Maddux, *Years of Estrangement*, pp. 85-88.
91 See chapter eight.
92 The secretary of the navy, Josephus Daniels, willingly relinquished that responsibility. See Hamby, *Man of Destiny*, pp. 73-81.
93 David M. Kennedy, *Freedom from Fear: The American People in Depression and War, 1929-1945* (New York: Oxford University Press, 1999), pp. 56-57, 106-7, 120-24.
94 Samuel I. Rosenman, *Working with Roosevelt* (New York: Harper, 1952), p. 167.
95 Dallek, *Franklin D. Roosevelt and American Foreign* Policy, pp. 101-68; Thompson, *A Sense of Power*, pp. 145-50; and, on the last point, Gaddis, *George F. Kennan*, pp. 101-8.
96 Maddux, *Years of Estrangement*, pp. 90-91; Glantz, *FDR and the Soviet Union*, pp. 33-35, 43-52. See also Elizabeth Kimball MacLean, *Joseph E. Davies: Envoy to the Soviets* (Westport, Connecticut: Praeger, 1992), pp. 24-26, 45; and David Mayers, *The Ambassadors and America's Soviet Policy* (New York: Oxford University Press, 1995), pp. 118-19.
97 MacLean, *Joseph E. Davies*, p. 67; Charles E. Bohlen, *Witness to History, 1929-1969* (New York: Norton, 1973), pp. 67-87.
98 Speech to the American Youth Congress, February 10, 1940, available at: www.fdrlibrary.marist.edu/_resources/images/msf/msf01314.
99 Adolf Berle, quoted in Dallek, *Franklin D. Roosevelt and American Foreign Policy*, p. 215.
100 Glantz, *FDR and the Soviet Union*, pp. 54-57.
101 Robert E. Sherwood, *Roosevelt and Hopkins: An Intimate History*, revised edition (New York: Grosset and Dunlap, 1950), pp. 233-34. The Lincoln quote comes from an 1879 article by Noah Brooks, "Lincoln's Imagination," republished in Harold K. Bush, *Lincoln in His Own Time: A Biographical Chronicle of His Life* (Iowa City: University of Iowa Press, 2011), p. 176. See also Henry Wadsworth Longfellow Dana, "Sail On, O Ship of State!," *Colby Library Quarterly* 2 (February 1950), 1-6.
102 Susan Dunn, *1940: FDR, Willkie, Lindbergh, Hitler—the Election amid the*

Storm (New Haven: Yale University Press, 2013), pp. 278–79. Dunn's book ably covers the events I've summarized in the preceding paragraph.

103 Churchill's February 9, 1941, radio address is available at: www.youtube.com/watch?v=rJuRv2ixGaM.

104 I've chiefly followed, in these three paragraphs, Maddux, *Years of Estrangement*, pp. 128–55. But see also Glantz, *FDR and the Soviet Union*, pp. 71, 77–87; MacLean, *Joseph E. Davies*, pp. 76–77; and my own *Russia, the Soviet Union, and the United States*, pp. 145–47.

105 Winston S. Churchill, *The Second World War: The Grand Alliance* (New York: Bantam Books, 1962; first published in 1950), pp. 511–12.

106 I've estimated American combat deaths at 400,000, and equivalents for all participants in World War II at 23 million. These figures exclude civilian casualties from both totals. For details, see: www.en.wikipedia.org/wiki/World_War_II_casualties.

107 Thompson, *A Sense of Power*, p. 230.

108 Hal Brands and Patrick Porter, "Why Grand Strategy Still Matters in a World of Chaos," *The National Interest,* December 10, 2015, available at: www.nationalinterest.org/feature/why-grand-strategy-still-matters-world-chaos-14568.

109 Berlin, *Personal Impressions*, pp. 39–44, 48–49.

110 I owe this story to Robert Kaplan, whose 2015 road trip and subsequent book, *Earning the Rockies: How Geography Shapes America's Role in the World* (New York: Random House, 2017), was inspired by it. DeVoto's account is in his "Letter from Santa Fe," *Harper's Magazine* 181 (July 1940), 333–36. See also Arthur M. Schlesinger, Jr., *A Life in the 20th Century: Innocent Beginnings, 1917–1950* (Boston: Houghton Mifflin, 2000), pp. 168–71, 232–35.

111 John J. O'Neill, "Enter Atomic Power," *Harper's Magazine* 181 (June 1940), 1–10.

112 Radio address, "On National Defense," May 26, 1940, at: www.docs.fdrlibrary.marist.edu/052640.

第十章

1 Berlin to Stephen Spender, February 26, 1936, in Henry Hardy, ed., *Isaiah Berlin: Letters, 1928–1946* (New York: Cambridge University Press, 2004), p. 152 [hereafter *Berlin Letters, 1928–1946*]. Berlin admired E. M. Forster and Virginia Woolf, but claimed to find them intimidating. [*Ibid.*, pp. 70–71, 166.]
2 Berlin to Marion Frankfurter, June 23, 1940, in *ibid.*, p. 306. See also Michael Ignatieff, *Isaiah Berlin: A Life* (New York: Henry Holt, 1998), p. 10.
3 *Ibid.*, p. 82.
4 The most recent biographies are Andrew Lownie, *Stalin's Englishman: Guy Burgess, the Cold War, and the Cambridge Spy Ring* (New York: St. Martin's, 2015); and Stewart Purvis and Jeff Hulbert, *Guy Burgess: The Spy Who Knew Everyone* (London: Biteback, 2016).
5 Editorial note, *Berlin Letters, 1928–1946*, p. 319; also Ignatieff, *Isaiah Berlin*, pp. 97–99.
6 Berlin to Mary Fisher, July 30, 1940, in *Berlin Letters, 1928–1946*, p. 322. See also p. 319.
7 Ignatieff, *Isaiah Berlin*, p. 98.
8 Christopher Nolan's 2017 film *Dunkirk* movingly evokes Churchill's speech.
9 John Wheeler-Bennett, *Special Relationships: America in Peace and War* (London: Macmillan, 1975), pp. 87–88.
10 Berlin explains the format in his introduction to H. G. Nicholas, ed., *Washington Despatches, 1941–1945: Weekly Political Reports from the British Embassy* (Chicago: University of Chicago Press, 1981), pp. vii–xiv.
11 Summaries for January 12, February 4, March 20, August 16, 1942, *ibid.*, pp. 12, 18, 26, 71; also Berlin's introduction, pp. x–xi.
12 Summaries for May 14, November 21, 1942, March 14, 1943, *ibid.*, pp. 38–39, 116, 160.
13 Summaries for February 28, April 3, October 22, 1943, *ibid.*, pp. 157, 172, 263.
14 Summaries for December 29, 1943, January 17, 18, 1944, *ibid.*, pp. 288, 307, 309.

注　释   391

15 Summaries for February 28, April 25, 1943, January 18, February 20, December 24, 1944, *ibid.,* pp. 155–56, 184, 309, 319, 485–86.
16 Ignatieff, *Isaiah Berlin,* p. 126. Berlin's own account is in *Berlin Letters, 1928–1946,* pp. 478–80.
17 Isaiah Berlin to Marie and Mendel Berlin, August 16, 1943, in *ibid.,* p. 456; Berlin to Katharine Graham, January 1949, in Isaiah Berlin, *Enlightening: Letters, 1946–1960,* edited by Henry Hardy and Jennifer Holmes (London: Chatto and Windus, 2009), p. 73.
18 Berlin to Stuart Hampshire, June 6, 1945, in *Berlin Letters, 1928–1946,* p. 569.
19 Ignatieff, *Isaiah Berlin,* pp. 138–39.
20 *Ibid.,* p. 137.
21 Except for being raucously summoned by an inebriated Randolph Churchill, son of the (now) former prime minister, to translate instructions to his hotel's staff on how to ice down caviar. Few unforgettable moments are unattended by others better forgotten.
22 Ignatieff, *Isaiah Berlin,* p. 168. I've followed Ignatieff's account at pp. 148–69; but also Berlin's reminiscences, composed in 1980, which appear in his *The Proper Study of Mankind: An Anthology of Essays,* edited by Henry Hardy and Roger Hausheer (New York: Farrar, Straus and Giroux, 1998), pp. 525–52.
23 *Ibid.,* pp. 541, 543, 547.
24 *The Complete Poems of Anna Akhmatova,* translated by Judith Hemschemeyer (Boston: Zephyr Press, 1997), p. 547.
25 Berlin to Philip Graham, November 14, 1946, in Berlin, *Enlightening,* p. 21.
26 Isaiah Berlin, "Russian Intellectual History," written in 1966 and reprinted in *The Power of Ideas,* edited by Henry Hardy (Princeton: Princeton University Press, 2000), p. 84.
27 *Berlin Letters, 1928–1946,* pp. 488–89. See also Ignatieff, *Isaiah Berlin,* p. 131.
28 Isaiah Berlin, "Political Ideas in the Twentieth Century," *Foreign Affairs* 28 (April 1950), 356–57.
29 *Ibid.,* pp. 362–63.

30 *Ibid.*, pp. 364–66; also Berlin, "The Originality of Machiavelli," in Berlin, *The Proper Study of Mankind*, p. 310.

31 Isaiah Berlin, *Personal Impressions*, edited by Henry Hardy (Princeton: Princeton University Press, 2014), pp. 41–42, 46. See also Noel Annan's introduction to Berlin, *The Proper Study of Mankind*, p. xxxv; and, for the *Short Course*, Stephen Kotkin, *Stalin: Waiting for Hilter, 1929–1941* (New York: Penguin Press, 2017), pp567–79.

32 Berlin, "The Originality of Machiavelli," in Berlin, *The Proper Study of Mankind*, pp. 324–25. It's "no accident," as the Marxists used to like to say, that one of the best early studies of Roosevelt's leadership is James MacGregor Burns, *Roosevelt: The Lion and the Fox* (New York: Harcourt, Brace, and World, 1956), a title inspired by Machiavelli.

33 Quoted in Warren F. Kimball, *The Juggler: Franklin Roosevelt as Wartime Statesman* (Princeton: Princeton University Press, 1991), p. 7.

34 *Ibid.*, pp. 8–19. See also Wilson D. Miscamble, C.S.C., *From Roosevelt to Truman: Potsdam, Hiroshima, and the Cold War* (New York: Cambridge University Press, 2007), especially pp. 79–86.

35 Kimball, *The Juggler*, p. 7. Emphasis added.

36 Geoffrey C. Ward, *A First-Class Temperament: The Emergence of Franklin D. Roosevelt, 1905–1928* (New York: Vintage Books, 1989), chapters 13–16.

37 *Ibid.*, pp. xiii–xv.

38 Carl von Clausewitz, *On War*, edited and translated by Michael Howard and Peter Paret (Princeton: Princeton University Press, 1976), p. 100.

39 In one of several versions, a small boy finds a large pile of manure under a Christmas tree. Undaunted, he shouts excitedly that "there's got to be a pony in here somewhere," and starts digging. For the provenance, see www.quoteinvestigator.com/2013/12/13/pony-somewhere/.

40 Philip E. Tetlock, *Expert Political Judgment: How Good Is It? How Can We Know?* (Princeton: Princeton University Press, 2005), pp. 214–15; further discussed in chapter one.

41 Tetlock, *Expert Political Judgment*, p. 215. The citation of Fitzgerald is on p. 67.

42　Isaiah Berlin, "Two Concepts of Liberty," in Berlin, *The Proper Study of Mankind,* pp. 191–242.
43　I'm following here Noel Annan's explanation of Berlin's "pluralism" in his foreword to *ibid.,* pp. xii– xiii, although the tightrope metaphor is my own.
44　Berlin, "The Originality of Machiavelli," in *ibid.,* p. 324.
45　"Robert F. Kennedy Shocks Texans by Questioning Mexican War," *New York Times,* February 17, 1962; "Robert Kennedy Bows in 'War' with Texas," *New vwYork Times,* March 5, 1962. See also Arthur M. Schlesinger, Jr., *Robert F. Kennedy and His Times* (Boston: Houghton Mifflin, 1978), p. 568.
46　See chapter six.
47　Sun Tzu, *The Art of War*, translated by Samuel B. Griffith (New York: Oxford University Press, 1963), pp. 142–43.